なるほど、
そうか！

儲かる経営の方程式

キャッシュフローを改善する勘所がストーリーでわかる

MQ会計×TOCで会社が劇的に変わる

西順一郎［監修］　相馬裕晃［著］

ダイヤモンド社

目次

第3章 早苗、MQ会計に出合う！

第4章 原価計算の罠

第5章 売上至上主義を超えろ！

第6章 工場の大改革

第7章 利益より大切なこと

第8章 ビジネスモデルの大転換

[主な登場人物]

千葉早苗《ちばさなえ》 27歳
大学卒業後、千葉精密工業に勤務。父親・大吉の死をきっかけに総務部の一社員から社長に就任。会社の立て直しに奮闘する。剣道三段で全国大会への出場経験を持つ。

川上龍太《かわかみりょうた》 29歳
大学在学中に公認会計士試験に合格し、大手監査法人を経て、フリーのコンサルタントとして全国を飛び回っている。早苗の中学時代の剣道部の先輩。

広瀬智子《ひろせともこ》 32歳
千葉精密工業　製造部管理課長　工学部卒のリケジョ。優秀な頭脳の持ち主で工場のことはすべて把握している。

大下慎也《おおしたしんや》 27歳
千葉精密工業　営業部　お調子者だが憎めない性格で顧客や上司からかわいがられている。早苗と同期。

島田晃一《しまだこういち》 56歳
千葉精密工業　専務取締役　製造部長　製造一筋で大吉前社長の右腕的存在だった。コスト削減こそメーカーの使命と信じている。

山崎敬志《やまざきたかし》 46歳
千葉精密工業　常務取締役　営業部長　抜群の営業力で短期間に千葉精密の売上を２倍に引き上げた実績を持つ。売上至上主義者。

吉田　誠《よしだまこと》 50歳
千葉精密工業　経理部長　千葉精密の経理を一手に任されている。保守的な性格。

ポール・アンダーソン 65歳
ブラック・シップス代表　千葉精密工業　社外取締役　ハーバード・ビジネス・スクールでＭＢＡを取得。世界屈指のヘッジファンドを経て、ブラック・シップスを設立。

伊藤直人《いとうなおと》 45歳
大江戸銀行　錦糸町支店長　アメリカでＭＢＡを取得。国際派のエリート銀行員。企業を見る目は厳しい。

滝川美樹《たきがわみき》 30歳
ヘルシーアイス代表取締役　ネット通販業界では有名な美人社長。元モデル。

プロローグ

臨時株主総会

東京都墨田区向島《むこうじま》にある時計部品メーカー千葉精密工業の会議室では、これから臨時株主総会が始まろうとしていた。

「俺は部品屋では終わらんぞ。いつか必ずオリジナルの機械式時計を作るんだ！」

千葉早苗は、父の大吉がいつも口癖のようにそう言っていたことを思い出していた。

1976年に創業した千葉精密工業は、大手時計メーカーの一次下請けとして機械式時計の「ムーブメント（機械式時計を動かす主要部品）」を製造する町工場だ。創業時は3人だけだった会社も、現在ではパート社員を含めて130人を抱えるまでに成長した。

幼くして病気で母を亡くした早苗にとって、父の職場に遊びに行くのはごくふつうのことであった。工場の社員たちも、早苗をわが子のようにかわいがってくれた。

早苗にとって千葉精密の社員たちは、まさに「家族」のような存在となった。大学を卒業後、早苗が千葉精密で働くようになったのも自然な流れであった。早苗にとっては、父や工場の人と一緒に働ける日々は、平凡ながらもとても充実していた。

しかし、突然「それ」は起きた。

父の大吉が急逝したのである。2017年11月、ある雨の日曜日。早苗は、自宅2階の書斎で父が倒れているのを発見した。すぐに救急車で病院に搬送されたが、意識が戻ることはなかった。死因は心筋梗塞だった。

面倒見が良く、商工会議所の役員も務めていた大吉の葬儀には、たくさんの友人・知人が集まった。しかし、早苗は葬儀のことはほとんど覚えていない。大好きだった父親との突然の別れという過酷な現実を受け入れるには、あまりに時間が少なかった……。

千葉精密工業の臨時株主総会は、葬儀の1週間後に開催されることになった。総会には、父親の株を相続し筆頭株主となる予定の早苗、専務取締役・島田晃一、常務取締役・山崎敬志、オブザーバーとしてメインバンクである大江戸銀行錦糸町《きんしちょう》支店長・伊藤直人の4人が参加した。

早苗の左手首には、女性にしては大きすぎる42㎜の機械式時計がはめられていた。父が自ら製作し、最後の日にも身につけていた愛用のオリジナル時計だ。父が倒れた時の衝撃で壊れたのか、いくらリューズを巻いても時計の針は止まったままだった。父を近くに感じられる気がして、早苗は父の葬式以来、それを肌身離さずにいた。

（次期社長は、島田さんかしら？　それとも山崎さん？）

早苗は次期社長について、他人事のように考えていた。

創業時より父の右腕として製造トップを任されていた島田専務、営業部長に昇格してから、短期間のうちに千葉精密の売上を2倍にした営業部トップの山崎常務。いずれも社長となるには十分な実績である。

社内でも次期社長がどちらになるかの話で持ちきりだった。ライバル関係にある両者もまんざらでもない様子で総会に臨んでいた。

議題が次期社長の選任に及んだとき、今まで沈黙をつらぬいていた大江戸銀行の伊藤が手を挙げて話し始めた。

「先代の社長は、一代で千葉精密を成長させた素晴らしい経営者でした。この度は心からお悔やみ申し上げます」

伊藤は深々と頭を下げた。

「御社の新社長を選任するにあたって、メインバンクの立場から意見を述べさせて頂きます」

伊藤は咳払いをしたあと、持ってきた資料に目を通しながら続けた。

「当行からの貴社に対する10億円の融資に対して、千葉社長には連帯保証に加えて、ご自宅も担保に入れて頂いております」

早苗は大吉が生前に「会社が潰れるときは、家もなくなるぞ」と言っていたことを思い出した。

「今回、島田専務、山崎常務のいずれかが社長に就任すれば、先代の社長と同様に連帯保証と自宅の担保設定をさせて頂きます。ただ、それだけでは……」

伊藤は穏やかな口調で話していたものの、千葉家と比べると資金力で劣る島田、山崎の社長就任を牽制した。

伊藤が話し終えると、会議室は重苦しい空気に包まれた。

オブザーバーとはいえ、資金の最大の出し手であるメインバンクの意向を無視することはできない。

（それじゃあ、いったい誰が社長をやるんだろう……）

「選択肢は、ないということか……」

島田の歯切れの悪いつぶやきに、伊藤が黙ってうなずいた。

早苗が顔を上げると、心配そうな表情をした島田と目が合った。

「まぁ、仕方ないですね。新社長のお手並み拝見といきますか」

憮然とした表情の山崎も、早苗に視線を送った。

（えっ？　何この展開？　も、もしかして……）

「え、私が社長をやるんですか――？」

早苗は、思わず立ち上がってそう叫んでしまった。

こうして早苗は、先代社長の一人娘という理由だけで、本人の意思とは関係なく、千葉精密工業の新社長に27歳の若さで就任した。

第1章

融資打ち切りの危機!?

険悪ムードの社内会議

２０１８年4月13日。今日は製造部と営業部の幹部が集う「製販会議」の日だ。

会議室には険悪な空気が流れていた。

「松本時計のムーブメントの品質問題は、いつ解決するんだ?」

営業部の山崎常務が製造部にかみついた。

山崎は、松本時計との大型商談をまとめてきたが、今回のクレーム問題で、交渉の矢面に立たされており心中穏やかではない。

「申し訳ありません。今、全力で対応しているので、もう少しお待ちください」

製造管理課の広瀬智子が答える。智子は工学部を卒業後、千葉精密に新卒で入社。昨年、32歳の若さで課長に就任した。いわゆる「リケジョ」である。

「先方は、かなりご立腹だ。品質で選んでもらったのに、品質トラブルを起こすなんて、千葉精密の信頼はガタ落ちだよ」

「品質問題を製造部だけに押しつけるつもりか?」

専務の島田が議論に割って入り、山崎に反論した。

「営業が無理な売価を設定するから、製造部にコスト削減のしわ寄せがきているんだ」

「コストを下げてくれとはお願いしたが、品質を下げてくれとは言ってませんよ！」

山崎は吐き捨てるように言った。

「それだけじゃない。納期だって今までほとんど遅れたことなんてなかったのに、最近は納期を守れないことが常態化しているじゃないですか！」

山崎は島田と智子をにらみながら、大声を上げた。

「申し訳ないです。品質問題に加えて、新規の仕事も増えているので、なかなか生産計画通りにはいかなくて……」

「製造部は、営業部が仕事をとってくるのが迷惑のようだね？」

謝る智子に対して、山崎は皮肉で返した。

「それじゃあ、トーケイ社向けのムーブメントは、いつ納品できるんだ？　営業が今期は前期の2倍の注文がとれるというから、工場をフル稼働で製造した。それなのに納品したのは半分だけじゃないか？」

島田は論点をすり替えて、もう一つ社内で問題になっている**滞留在庫**に言及した。

「トーケイ社の当初の販売計画では、『M36G』の売上は2倍になるはずだった。でも実際には、当初見込んだほどは売れなかったんだから仕方ないでしょう」

山崎が視線をそらして答える。

M36Gはトーケイ社の主力商品だ。しかし、プロモーションが上手くいかずに販売が伸び悩み、部品を提供している千葉精密もその影響を受けていた。

「仕方ないですまされる問題じゃないだろう！　残りの半分は出荷されないまま在庫として倉庫に積んである。こんなに在庫を抱えて3月の決算を迎えたのは初めてだ」

「製造にもM36Gの販売状況は伝えていましたよね？　それなのにかなり早い段階から、すべての部品を手配済みで、製造ラインを止めなかったのは製造部の責任でしょ！」

「それは営業が要求していたコストまで下げるためには、もともとの予定数量を作らないといけない。作る数を減らせばコストは高くなるから、製造を止めたくても止められないんだ！」

早苗は島田と山崎の議論を聞きながら、昨日できたばかりの**損益計算書**《そんえきけいさんしょ》**（P《ピー》／L《エル》）**の速報値を眺めていた。経理部長の吉田誠が作成したものだ（**図表1―1**）。

（このP／L、本当に正しいのかな……）

社長就任以来の半年間、簿記の勉強をしてきたので、なんとなく数値の意味は分かる。P／Lの速報値を見る限りでは、千葉精密がそんな深刻な状況にあるとは到底思えない。売上、利益ともに増加しているからだ。

（売上が増加した理由は、松本時計向けの新規取引だけど、納品したものがクレームを受けているのよね。本当に売上に計上していいのかしら？　代金ももらってないし……。

図表 1-1　千葉精密工業の損益計算書（2期比較）

（単位:百万円）

項目	2017/3期	2018/3期	増減
売上高	4,500	5,000	500
売上原価	3,880	4,200	320
売上総利益	620	800	180
販売費及び一般管理費	500	600	100
営業利益	120	200	80
営業外収益	0	0	0
営業外費用	30	50	20
経常利益	90	150	60
特別利益	0	0	0
特別損失	0	0	0
税引前当期純利益	90	150	60
法人税等	30	50	20
当期純利益	60	100	40

売上も利益も増加しているのに、
社内には険悪な空気が…　なぜ??

それに在庫が増えたってことは、売れ残りが増えたのよね。**売れ残りが増えたけど、利益は増えている。これってどういうこと？** 現実と乖離している感じがする。でもうまく説明できない。う――っ）

早苗は議論の蚊帳《かや》の外《そと》に置かれ、会議では製造部と営業部の議論が収束しないまま、時間切れとなってしまった。

良い利益と悪い利益

製販会議の翌日、大江戸銀行錦糸町支店長の伊藤が千葉精密にやってきた。決算の状況を確認するためだ。P／Lを眺めているときは穏やかな表情だったが、**貸借対照表**《たいしゃくたいしょうひょう》（**B**《ビー》**／S**《エス》）に目を移したときに眉間にしわが寄り、一気に表情が厳しくなった（**図表1―2**）。

「1年前と比べて、売掛金《うりかけきん》の増加が気になるのですが……」

「えっと……、**売掛金が増えている**のは、主に新規先である松本時計に対するものです。少し品質面でトラブルを起こしておりまして、問題が解決するまで入金はされません」

同席していた吉田は、バツが悪そうに答えた。

伊藤は「うーん」と深いため息をついた。しばらく間を空けてから、次の質問をした。

「それでは、**棚卸資産の増加**の理由は何でしょうか？　昨年に比べると2倍に膨らんでい

図表 1-2 千葉精密工業の貸借対照表(2期比較)

(単位:百万円)

資産の部	2017/3期	2018/3期	負債・純資産の部	2017/3期	2018/3期
現預金	400	100	買掛金ほか	770	820
売掛金	950	1,250	短期借入金	750	1,000
棚卸資産	400	800	流動負債合計	1,520	1,820
			長期借入金	850	800
流動資産合計	1,750	2,150	固定負債合計	850	800
固定資産	1,050	1,000	資本金	30	30
			利益剰余金	400	500
固定資産合計	1,050	1,000	純資産合計	430	530
資産合計	2,800	3,150	負債・純資産合計	2,800	3,150

①売掛金が増えたのは、品質不良で入金が遅れているため(＋300百万円)

②棚卸資産が増えたのは、見込み生産した製品の注文が来ないため(＋400百万円)

ますよね」

「ああ……、それはトーケイ社向けのムーブメントが在庫として残ってしまいました。先方の販売計画に合わせて、見込みで生産をしたのですが、思ったほど注文が来なくて……」

「ということは、**受注のない在庫**なんですね」

「………」

痛いところを突かれた経理部長の吉田は、言葉に窮した。

「御社の状況は理解いたしました。非常に申し上げにくいことですが……、当行からの新規の融資はしばらく難しいでしょう」

「えっ！　なんでですか？　売上も利益も増えているじゃないですか！」

早苗は伊藤の思いもよらない発言に動揺を隠せないでいた。今回の伊藤の訪問を機に、4月末の支払いのため、大江戸銀行に追加の融資を依頼しようと考えていたからだ。

「たしかに、売上も利益も増加しております。しかし、利益は計上しているものの、**御社は本当の意味で儲けてはいません**」

「利益はあるけど、儲けていない？　支店長の言っていることの意味が私にはよく理解できないのですが……」

「千葉社長。利益には質があります。**質の『良い利益』は利益の増加に伴いキャッシュも**

増えるので、儲けていると言えるでしょう。しかし、**利益が増加しているのにキャッシュが減少する質の『悪い利益』**も存在します。質の悪い利益を計上しているときには、会社のお金が減ってしまうのです」

「良い利益と悪い利益？　それじゃあ千葉精密の利益は、悪い利益ということですか？」

「はい。B／Sをご覧ください。**悪い利益が出ている証拠に、現金の残高が減少しています。その代わりに、売掛金や在庫が増えています**」

「でも、それでは今月末の支払いができなくなります！　なんとかなりませんか？」

早苗にとっては、会計の講釈より資金繰りのほうがよっぽど重要だ。

「困りましたね。当行としても御社とはお付き合いが長いのでなんとかして差しあげたいのですが……。預金者から集めたお金を私の一存で動かすことはできないのですよ」

「そこをなんとかお願いします！」

早苗は半ば泣きだしそうな顔をして、伊藤に頭を下げた。

「そういえば、私の知り合いで日本の製造業に特化して支援している投資ファンドの代表者がおります。御社のムーブメント製造の技術には、目を見張るものがあります。彼ならば、千葉精密の力になってくれるかもしれません」

伊藤は早苗の必死の懇願に、銀行の収益にはつながらない話を持ち出した。

「ぜひ、紹介してください！」

早苗は投資ファンドについてはよく知らなかったが、背に腹はかえられぬ思いで伊藤の申し出を受け入れた。

企業再生ファンド

週が明けた4月18日の10時ちょうど。千葉精密の玄関前に黒塗りのレクサスＬＳが横付けされ、投資ファンドのチームがやってきた。

「ハーイ！　アイム　サナエ　チバ」

早苗は緊張しながら、久しぶりに話す英語で自己紹介をした。

「サナエさん、はじめまして。ポールです。日本語でいいですよ。よろしくお願いします」

男は、１９０cmを超える長身だった。アメリカの企業再生ファンド「ブラック・シップス」代表のポール・アンダーソンである。

伊藤の話によると、アンダーソンはハーバード・ビジネス・スクールでＭＢＡを取得し、世界屈指のヘッジファンドのファンドマネジャーを経て、「ブラック・シップス」を設立した。ファンド業界では知らない人はいない有名人、とのことだ。

さっそく、同席した島田が会社概要について説明を始めた。話題がムーブメントの話になると、アンダーソンはムーブメントの実物を「ジュエル・ボックス（宝石箱）！」と言って手放しに褒め、工場見学を願い出てきた。

会社のためになるなら、と早苗は考え、その意向はすぐ受け入れた。アンダーソンとその一行は、英語が得意な智子の説明に熱心に聞き入った。女性社員がピンセットを使って、小さな香箱の中にぜんまい、歯車、ルビーなどの部品を丁寧に埋め込みムーブメントを完成させていく様子を見ては、アンダーソンはカメラに収め、女性社員には笑顔で話しかけている。

「サナエさん。千葉精密の技術は素晴らしいですね。この後、デュー・デリジェンスを行ったうえで、投資を判断します！」

デュー・デリジェンス（DD《ディーディー》）とは、企業投資を行う際に、その企業の事業性や財務状況などの実態を詳細に調査することだ。

千葉精密は、ブラック・シップスからの投資を受けるにあたって、監査法人系列のコンサルティング会社「SBC」からDDを受けることになった。

SBCから送られてきた、DDに必要な依頼資料一覧を見た早苗と吉田は驚愕した。会社の登記簿謄本、定款《ていかん》、会社案内といった基本的な情報以外に、取締役会議事録、株主名簿、会社組織図、財務諸表3期分、税務申告書、事業計画、資金繰り表、主要取引先別売上など会社に関連するありとあらゆる資料が要求されたのだ。

依頼資料の準備は、吉田を中心に製造部、営業部の助けも借りながら夜を徹して進められた。現地調査前日の夜にようやくすべての資料を準備できたほどだった。

ＤＤの現地調査当日。千葉精密にＳＢＣから４人の公認会計士がやってきた。早苗、島田、山崎の取締役３人、加えて吉田も財務関係について細かくヒアリングされた。

残酷なタイムリミット

ＤＤの調査が終了してから数日後、アンダーソンからアポイントがあり、早苗と吉田は、ブラック・シップスのオフィスがある六本木に向かった。

ミーティングルームは一面大きなガラス張りだった。高層ビルの40階に位置し、地上１５０ｍを超える窓から眺める東京の街並みは壮観で、早苗は思わず見とれてしまった。

ドアのノック音が聞こえ、我に返るとアンダーソンが書類を抱えて現れた。

「ハーイ！　サナエさん、ＤＤへの協力ありがとうございました。さっそく結論から言いましょう。千葉精密に3億円、投資します」

アンダーソンは右手の指を3本立てた。

「ポ、ポールさん！　本当ですか⁉　あ、ありがとうございます！」

早苗は、嬉しさのあまり立ち上がった。

「ただし、投資をするにあたって2つの条件があります」

アンダーソンの表情は、笑顔から真剣な投資家の顔になっていた。

「1つ目は、私を千葉精密の社外取締役にしてください」

早苗は伊藤から、彼が投資先の役員に就任し成果を挙げている事を聞いていた。

「わかりました。経営のプロの方にご指導頂ければ、千葉精密はもっといい会社になれると思います」

早苗の言葉にアンダーソンは頷き、続ける。

「2つ目は、投資は新株引受ではなく**転換社債**で行う。これが条件です」

アンダーソンは早苗の目をまっすぐに捉えて言った。

「テンカンシャサイですか？」

早苗は、もともと株による直接投資と聞いていたため、初めて聞くテンカンシャサイの意味が理解できず、メモする手が止まった。

「社長、転換社債というのは、株に換えることのできる社債のことです。ブラック・シップスが株に換えなければ、借入金と同じように返さなければなりません」

早苗の左隣に座っていた吉田が、小声で耳打ちをした。

「株に換えることのできる借金……ということですか？」

「まぁ、そうですね。普通の株による投資と違って、業績が悪かったら株には換えずに、返済を要求されると思います」

「サナエさん。この条件でどうでしょうか？」

アンダーソンは回答を催促した。

「もともと株による直接投資と伺っていたもので、少し戸惑っております。転換社債に変更された理由を教えて頂けますか？」

早苗は疑問点について率直にアンダーソンにぶつけた。

「オー、ソーリー。ちゃんと説明しますね。千葉精密は技術力についてはとても素晴らしい！　しかし、千葉精密はクリティカルな問題を抱えている！」

（クリティカルな問題？）

早苗は息を呑み、アンダーソンの言葉を待った。

「まず、財務状況が想定より相当悪いことが分かりました。多額の売掛金が滞留しています。レポートには品質問題を起こしており、未だに解決の目途が立っていないと」

「製造部が解決に向けて、一生懸命取り組んでいるところです！」

「アイ シー。でも、問題は売掛金だけではないです。在庫も問題を抱えている。前年に比べて在庫が2倍に膨らんでおり、倉庫に溢れている」

「在庫については営業部がなんとか注文を取ろうと努力しています。でもP／Lではちゃんと利益を出しています。そこまで酷《ひど》いとは思いませんが……」

早苗は、伊藤との間でも同じようなやり取りがあったことを思い出していた。

「サナエさん。あなたは会計のことがあまり分かっていないようですね。**利益はあくまで『意見』**です。決算のやり方次第で赤字を黒字にすることは簡単にできます。**キャッシュが『事実』**です。千葉精密はその**キャッシュ・フロー**が、本業で大幅にマイナスという大きな問題を抱えているのです」

早苗の胃に差し込むような痛みが走った。

「最後に、これが一番クリティカルな問題ですが、千葉精密には経営者がいない！」

「!?」

アンダーソンの思いがけない一言に、早苗は言葉を失った。

「営業も製造も一生懸命働いている。でも、バラバラに行動しており、組織の歯車が噛み合っていない。あなたのお父さんが亡くなられてから、誰も千葉精密の経営をしていない。だから、銀行から融資を断られて、今あなたはここにいるのではないのですか？」

「経営をしていない……」

「経営者不在の会社にいきなり直接投資はできません。ただし、千葉精密には技術がある。人材もいる。だから転換社債で投資して、一定期間、様子を見させてもらいます」

「どれくらい様子を見て頂けるのでしょうか？」

早苗に代わり、吉田が質問をした。アンダーソンは右手の人差し指を立てた。

「1年です。この1年の間に、利益だけでなくキャッシュ・フローを改善してください。業績が改善すれば社債を株に転換して、直接投資に切り換えます。しかしそれができなければ……」

今の千葉精密にとって、他に3億円の当てがあるわけではなく、結局ブラック・シップスからの転換社債の投資を受け入れることにした。

アンダーソンにコミットした条件は、

「経常利益2億円以上、営業キャッシュ・フロー5億円以上を達成すること」

達成できた場合には、社債を株式に転換するので、お金を返す必要はない。

もし達成できなかった場合の選択肢は2つだ。

選択肢1　社債を償還してお金を引き上げる

選択肢2　社債を株に転換する。ただし、経営者を交代し、抜本的な改革に着手する

選択肢1の場合、お金を準備できなければ倒産の危機だ。

選択肢2の場合、お金は返さなくていい代わりに、早苗は社長を退き、抜本的な改革というの名のリストラが実施される……。

早苗は会社に戻る気になれず、一人で歩いていた。いつしか雨が降り始めている。

（経営者がいない……）

アンダーソンに言われたフレーズが早苗の頭の中で繰り返し鳴り響いている。

（だったら私は何なの？　お父さんが亡くなって、何も分からないまま社長にされたのよ。たかが27歳の女の子が、年商50億円のメーカーの社長なんて無理なのよ！　それに社内のみんなだって誰も私のことを社長だなんて思ってないじゃない！　会議だって参加しているだけ。稟議書にハンコをつくだけ……）

気がつけば六本木交差点を通り過ぎ、飯倉片町《いいくらかたまち》交差点まで来ていた。

（さむい……）

降り注ぐ雨が早苗の体温を奪っていく。

顔を上げると、ライトアップされた東京タワーが見えた。まだ小学生のころ、父親と東京タワーに遊びにきた記憶がよみがえり、とめどなく涙が溢れてきた。

早苗は左手に着けた動かない腕時計を右手で強く握りしめた。

（お父さん、私どうしたらいいの……）

第2章

ビジネスの共通言語は「会計」

久しぶりの再会

5月5日、こどもの日。今日は早苗の母校「隅田川第三中学校」で剣道部OB、OGによる大会が行われていた。

早苗は小学3年生のころから剣道を習い始め、中学校、高校では全国大会に出場した経験があり、三段の腕前だ。しかし、社長になってからというもの、竹刀をまったく握っていなかったせいか、トーナメントの第一回戦で格下相手の後輩に2本先取され、あっけなく敗退してしまった。

早苗は憮然として体育館を後にした。なぜか無性に、風にあたりたかった。

「よぉ！　さなえ！」

突如聞き覚えのある陽気な声が聞こえた。早苗が振り返ると、口と顎に髭を生やした剣道着姿の男性が立っていた。

「りょ、りょうた先輩？」

「久しぶり！　前会ったのは3年ぐらい前だよな？」

川上龍太は2つ上の先輩だ。早苗が中学校の剣道部に入部したとき、男子剣道部の部長を務めていた。爽やかだった川上が、ワイルドな雰囲気をまとっている。

「おっ、おひさしぶりです！」

「さっきの試合、見せてもらったよ。らしくないじゃん？」

「へへ。練習不足ですね……」

早苗は力なく笑ったが、川上は早苗の顔を覗き込むようにじっと凝視した。

「ちょ、ちょっとなんですか？」

早苗は川上の視線をこらえきれず、目をそらした。頬が赤らむ。中学生時代の早苗にとって部長を務めていた川上は憧れの存在だった。

「ははぁーん。さなえ、恋愛のことで悩んでいるな？」

「ど、どうしてそうなるんですか！　そんなことで悩んでいません！」

川上からの思わぬ言葉を受け、早苗の語気が強くなった。

「まぁ、誰だって悩みの一つや二つはありますよ！」

「部員の悩みを聞くのも部長の役目だ。俺でよかったら相談に乗るよ」

ビジネスの共通言語

帰り道、早苗は川上と隅田川の河川敷を歩いていた。早苗は、父が急死して自分が社長に就任したことから、今までに起こったすべての経緯を川上に話した。

「そうかぁ。大変だったんだなぁ、さなえ……」

「相談できる相手がいなくて……」

「これからは俺が相談に乗るよ。だから一人で悩むな」

「――ありがとうございます」

早苗は川上の優しさに触れ、心があたたかくなった。2人はしばらく言葉を交わさず、夕暮れの河川敷を歩いた。

「さなえは『アドラー心理学』って聞いたことある？」

川上が早苗のほうに体を向けて質問をした。

「詳しくは知りませんが」

早苗は本屋でアドラーの本が平積みされている光景を思い出していた。

「アドラー心理学では『人間の悩みはすべて対人関係の悩み』と主張しているんだ」

「悩みのすべては対人関係……」

「まぁ、詳しいことは本を読んでほしいんだけど、結局、**ビジネスの悩みも対人関係、つまり、『コミュニケーションの問題』にある**と俺は考えているんだ」

「ビジネスの問題も……、コミュニケーションの問題なんですか？」

早苗は話の方向性が見えず、川上の言葉を待った。

「さなえの会社では、コミュニケーションがうまくいっていると思う？」

早苗は製販会議で製造と営業が言い争っている様子を思い出し、ため息をついた。

「いえ、残念ながらあまり。いつも険悪です」

「なぜ?」

「なぜって言われても……」

「じゃあ、質問を変えるね。コミュニケーションに必要なツールは何かな?」

早苗は今までコミュニケーションについて深く考えたことがなく困惑した。川上はそんな困っている様子の早苗を微笑みながら見つめているだけだった。

「そうですね。笑顔ですか?」

「なるほど! 笑顔は大事だね。だけどもっとシンプルに考えてみて。今、俺とさなえはコミュニケーションをとっているよね? 何を使っているんだろう?」

「あ、そっか。言葉。言葉ですね」

「そう、言葉! 言葉がなければ、コミュニケーションは成り立たない。日本語という2人とも理解できる言語でコミュニケーションをとっているんだ」

「先輩、私の会社でもちゃんと日本語でコミュニケーションしていますよ」

「たしかに日本語でコミュニケーションはしている。だけど、ビジネスの共通言語は使われていないんじゃないかな? だから意思疎通がうまくいってない」

「ビジネスの共通言語? そんなものがあるんですか?」

「もちろん。ただ、それを知らないビジネスマンが多すぎるんだよ。例えば、さなえがアメリカに引っ越したとしよう。英語が話せなかったらどうする？」

「まぁ、ボディランゲージでなんとか頑張りますが、生活していくのは大変そうですね」

早苗はアンダーソンに英語で自己紹介した時のことを思い出しながら答えた。

「大変だよね。でもそれと同じことが会社の中で起きている。社員がビジネスの共通言語を持っていないから、お互いの専門用語で話す。製造は製造の言葉、営業は営業の言葉っていう具合にね。言葉が噛み合っていないんだ」

「専門用語……。たしかに、会議に出ていても分からない言葉が出てきます。でもその場では意味を聞きづらくて分からないまま、ということがよくありますね」

「だから、みんなが理解できるビジネスの共通言語が必要だ。なんだと思う？」

「うーん、なんだろう。ヒントください！」

「ヒントは、俺の仕事と関係している」

川上は大学3年生の時に公認会計士の試験に合格し、大手監査法人に勤務。2年前に経営コンサルタントとして独立していた。

「会計？」

「そう！　**ビジネスの共通言語は会計**なんだよ！　でも今日は時間も時間だから、この話の続きは明日にしようか？」

会計は「お風呂」で理解する

5月6日10時、早苗は川上と待ち合わせをした錦糸町のスターバックスにいた。ホットコーヒーを飲みながら、簿記3級のテキストを読み返す。

（これが共通言語かな？　簿記の話をしても分からないんじゃないかしら……）

「おはよう！　さなえ社長！　今日は暑いね！」

川上が白地のTシャツに短パン、サンダルというラフな格好で現れた。

「さなえ、せっかくのゴールデンウイークだ。有意義な時間にしよう！　今日は昨日の続きで、ビジネスの共通言語である『会計』について話をしよう」

川上はキャラメルマキアートに口をつける。昔から甘いものに目がない。

「そのことですが、私は社長になってから、簿記の勉強をしてきました。なので、会計の基本的なことは分かっているつもりです」

「簿記の勉強をやってきたんだね。それは素晴らしい！　でも**『簿記＝会計ではない』**よ」

「え？　違うんですか？」

早苗の声がうわずった。

「うん。厳密に言うと違う。**簿記は会社の数字を『作る』技術。会計は会社の数字を『読**

む』技術なんだ」

「作る技術と、読む技術ですか？」

「そう。例えば自動車を運転できる人は多いけど、自動車を作れる人はほとんどいないよね。自動車を運転する技術と作る技術では明らかに違うだろう？」

「たしかに。自動車を作れなくても運転できれば困らないです」

「会社の数字も作る技術と読む技術は違う。さなえは簿記を勉強したけど、直接、経理の伝票を作っているわけではない。それより社長として会社の数字の読み方、使い方を理解したいんだろう？」

ここまで聞いて、早苗は川上の言いたいことの意味をやっと理解できた。

「そうです！　別に簿記の資格が欲しくて勉強したんじゃないんです。決算書を読めるようにするために勉強をしたんです」

「そうだよね。誤解のないように言っておくけど、簿記が無駄と言っているわけじゃないよ。当然、簿記も会計を理解するうえで非常に役に立つ。でも、社員全員が会社の数字を作る訳じゃないから、簿記はマストではない。それより、会社の数字を読む技術である**会計を社内の共通言語とすることができればコミュニケーションが円滑になる**」

「そうですね。想像するとワクワクしてきます！」

「よし。それじゃあ、社内で『会計』を共通言語にするために必要なことに絞って講義を

図表 2-1 会計の基本は栓をしていないお風呂

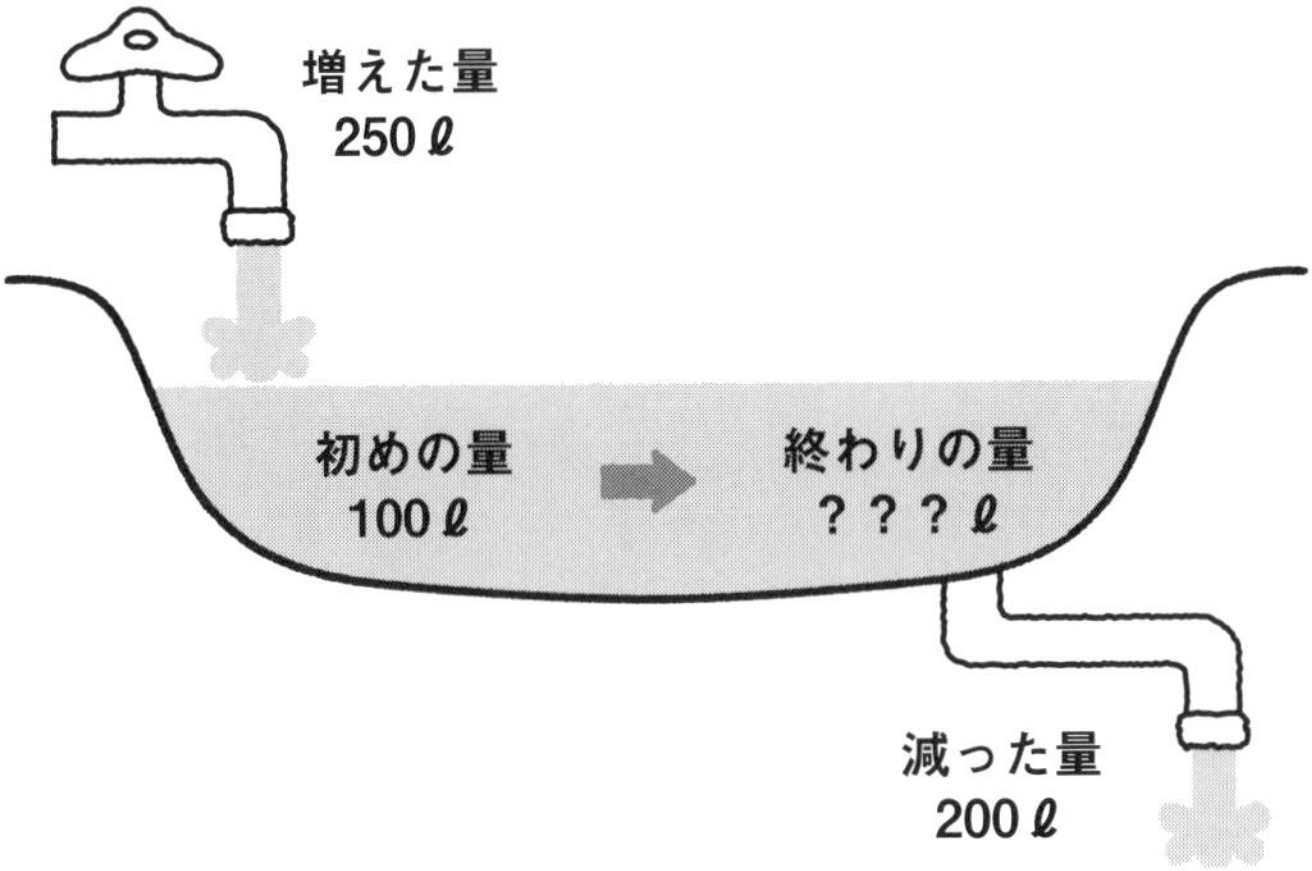

していくよ！」

「よろしくお願いします。川上先生」

早苗は椅子に座りなおして、赤いモレスキンの手帳を取り出しメモの準備をした。

「まずは会計の基本だ！　**会計の基本は、栓をしていないお風呂**だ！」

「先輩、なんですか。藪から棒に」

川上のテンションについていけない早苗は、冷静にツッコミを入れた。

「まぁ、慌てなさんなって。さなえが会社のみんなに説明ができないと、意味ないだろう？　だから極力簡単な言葉やイメージで会計を掴んでほしいんだ」

そう言うと、川上は早苗の赤い手帳に絵を描きだした（**図表2―1**）。

「最初にお湯が１００ℓありました。そ

こに250ℓのお湯を入れました。ただうっかり栓を閉め忘れていたため、200ℓのお湯が流れ出てしまいました。さて、現在のお湯は何ℓあるでしょうか?」

「小学校レベルの問題ですね。えっと、100+250−200で……150です」

「正解! 会計の基本的な考え方は、今さなえが答えてくれたお湯の計算式に集約されている。計算式の4つの情報、つまり、初めにあった数量、増えた数量、減った数量、終わりに残っている数量をこんなふうに『違い棚』を描いて整理していくんだ」

川上は次のページに右と左で棚板の高さの違う棚の絵を描いた(**図表2—2**)。

「違い棚に情報を整理……。ああ、簿記でいう総勘定元帳《そうかんじょうもとちょう》の『**T字勘定**』ですね」

総勘定元帳とは、勘定科目ごとの取引を記録する帳簿である。簿記の学習では、ローマ字の「T」を書いて簡便的な総勘定元帳として、問題を解くことから別名「T字勘定」と呼ばれている。

「そう。『違い棚』はT字勘定のことだ」

「なんか、比喩が多いですね」

「簿記を習っていない人に難しい簿記の専門用語で話しても伝わらない。だから、違い棚のほうがいいの! イメージが掴めるだろう?」

「お風呂に、違い棚かぁ。イメージはしやすいですね」

「で、ここで大事なことなんだけど、会計は左と右で情報を整理して、必ず左と右で数値

図表 2-2　お湯の計算式を違い棚で整理する

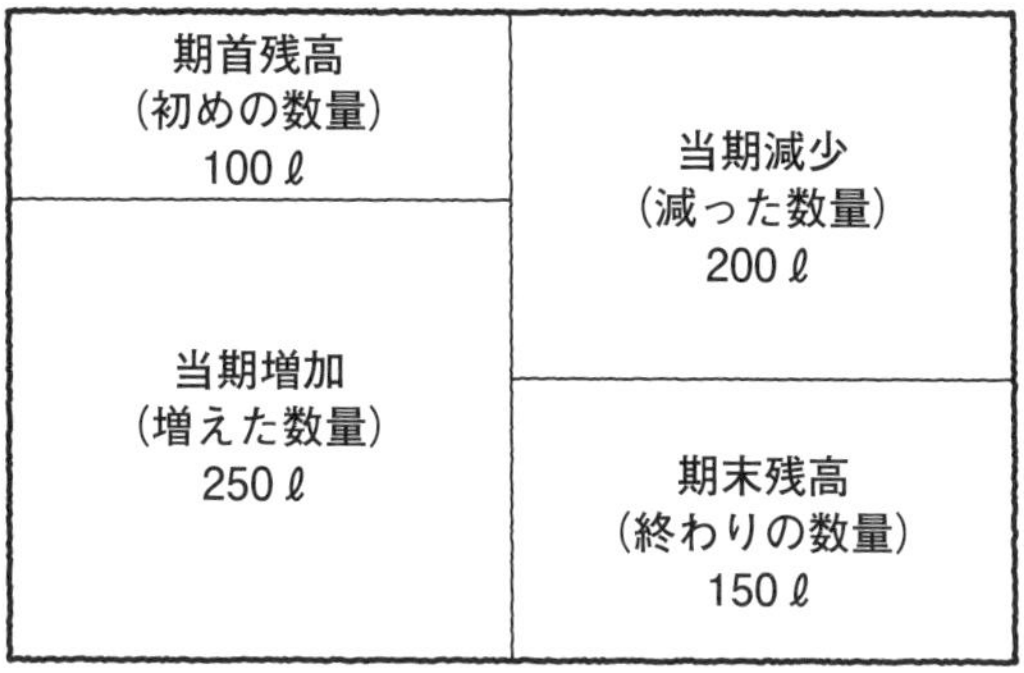

会計恒等式

期首残高 ＋ 当期増加 ＝ 当期減少 ＋ 期末残高

100 ℓ　＋　250 ℓ　＝　200 ℓ　＋　150 ℓ

が常に一致するようになっているんだ。

今回のお風呂の式でいうと、

左側の初めの数量１００ℓ＋増えた数量２５０ℓの合計３５０ℓは、右側の減った数量２００ℓ＋終わりの数量１５０ℓの合計３５０ℓと一致する。

この右と左の数値が一致する公式を**『会計恒等式』**という。会計を貫く大大大原則だ」

「会計恒等式。初めて聞きました」

「これ、すごく大事な概念だから覚えてね」

キャラメルマキアートをかき混ぜながら川上が言った。

会計の5要素

「会計は**『経営を映す鏡』**だ」

休みなく川上の講義が続く。

「名言だろ？　経営が実体で、会計が鏡。つまり、**会計の目的は『経営の実態を数値で見える化』すること**だ」

早苗はペンをはしらせる。

「経営の実態を把握するために、会計には5つの要素がある。さなえ、なにかな？」

「簿記で勉強しました。えっと……、**資産、負債、純資産、収益、費用の5つ**ですね」

「正解。じゃあ、この5要素について、会計のことをぜんぜん分からない千葉精密の社員を相手にしていると思って説明してもらえる？」

「説明ですか。えー、資産は現預金、売掛金、棚卸資産といった流動資産があって……」

川上は両手を広げて肩をすくめて、分からないというポーズをとった。

「さなえ。勘定科目を羅列しているだけじゃない？　それじゃあ、会計の初心者にはぜんぜん分からないよ。もっと自分の言葉で説明してみて」

「たしかに、そうですね。分かりました。資産は私たちが日常的に使っている資産と同じ意味で、会社が持っている財産のことで会社の持ち物です。現金や在庫、工場の機械などです。負債は、借入金とか買掛金《かいかけきん》とか会社の債務です」

「待って。カイカケキンって言われて、みんなは何だか分かるかな？」

川上は首を右に傾けながら、早苗にカイカケキンの説明を求めた。

「はっ、はい。買掛金は、仕入先に対するツケです。材料を仕入れてきた日にお金は払っていません。仕入先と事前に支払い条件の約束をしていて、後日払います」

「うん、いいね。じゃあ純資産は？」

「純資産は、株主から預かった資本金と、今までの儲けである剰余金で、株主の持ち分です。でも、説明するのが難しそうですね」

早苗自身、純資産の概念について、まだ腑に落ちていない。

「純資産は資産から負債を引いた差額の概念だ。身近な具体例を使おう」

川上は、座りなおして続ける。

「例えば太郎君が５００円の現金を持っている。太郎君は花子さんから３００円のお金を借りている。この時、太郎君の純粋な意味での資産、つまり純資産はいくらになるだろう？」

「手元にある５００円のうち、３００円は花子さんから借りている負債だから、残りの２００円が太郎君の純資産です。これなら、純資産の説明ができそうですね」

図表2-3　会計の5要素とは

要素	定義	代表的な科目	決算書	左/右（ホームポジション）
①資産	会社が持っている財産	現金、商品、土地	B/S	左
②負債	会社が負担する債務	借入金、買掛金	B/S	右
③純資産	会社の元手（資産－負債）	資本金、剰余金	B/S	右
④収益	企業活動の成果	売上高	P/L	右
⑤費用	収益を生むための努力	売上原価、販管費	P/L	左

「それじゃあ、負債と純資産の違いは？」

「負債は他人資本、純資産は自己資本と呼ばれることもあります。負債の300円は花子さんにお金を返す必要があるけど、純資産の200円は太郎君のものだから、お金を返す必要はありません」

「OK。それじゃあ収益と費用はどう説明する？」

「ええっと、収益の代表的なものは売上です。会社では、みんなが収益を挙げるために一生懸命活動しています。収益を挙げるために支払われたお金が費用です」

「悪くない説明だ。じゃあ、会計の5要素について、定義、代表的な科目、決算書、ホームポジションをまとめて表にしてみようか」

「ホームポジションって何ですか？」

早苗にとって聞き覚えのない言葉だ。

「会計は左と右に情報を整理するだろう。５つの要素も左か右の定位置がある。すなわち借方《かりかた》科目、貸方《かしかた》科目のことだよ。でも借方・貸方っていうと初心者は戸惑うから、左・右でいいんだ。それでも意味は通じるだろう？」

早苗は「はい」と返事をすると、５つの要素について手帳にまとめていった（**図表２―３**）。

損益計算書は会社の通知表

「さっき、会計の目的は経営の実態を数値で把握することって言ったけど、経営の実態を把握するために決算書をつくるよね？」

「はい。**経営成績を表す『損益計算書＝Ｐ／Ｌ』**と**財政状態を表す『貸借対照表＝Ｂ／Ｓ』**です」

「じゃあ、Ｐ／Ｌが表す『経営成績』って何？」

「ある一定の期間に、どれだけ会社が儲けたか、損したかを表すものです。収益から費用を差し引いて損益を計算します」

「そう。収益－費用がプラスなら『利益』、マイナスなら『損失』だ。つまり、**利益も損失も差額**だ。差額をもとめることによって、P／Lでも会計恒等式が成り立つ。つまり、式の左側と右側が一致するということだ」

「利益は差額概念。あまり深く考えたことがなかったです」

「例えば、太郎君が80円で買ってきたジュースを、花子さんに１２０円で売った場合には、収益１２０円－費用80円＝利益40円となる。逆に１２０円で買ってきたジュースを80円で売った場合には、収益80円－費用１２０円＝損失40円となる。利益と損失はあくまで収益と費用の差額概念で実体はない。利益や損失だけでは存在できないんだ」（**図表２―４**）

「純資産も差額概念でしたね」

「そうだね。P／Lの利益、B／Sの純資産はいずれも差額概念だ。会計では、この差額概念が重要なんだ。ところでP／Lでは単純にすべての収益からすべての費用を引いているかな？」

「そう言われると、費用は『売上原価』、『販売費及び一般管理費』や『営業外費用』などに分けていますよね。これは、どういう意味があるんですか？」

「企業の活動別に収益や費用を分けることで、段階的に利益を出すことができる。つまり企業のどんな活動によって、どれだけ儲かったか、もしくは損をしたかが分かるんだ」

図表 2-4　利益と損失は差額概念！

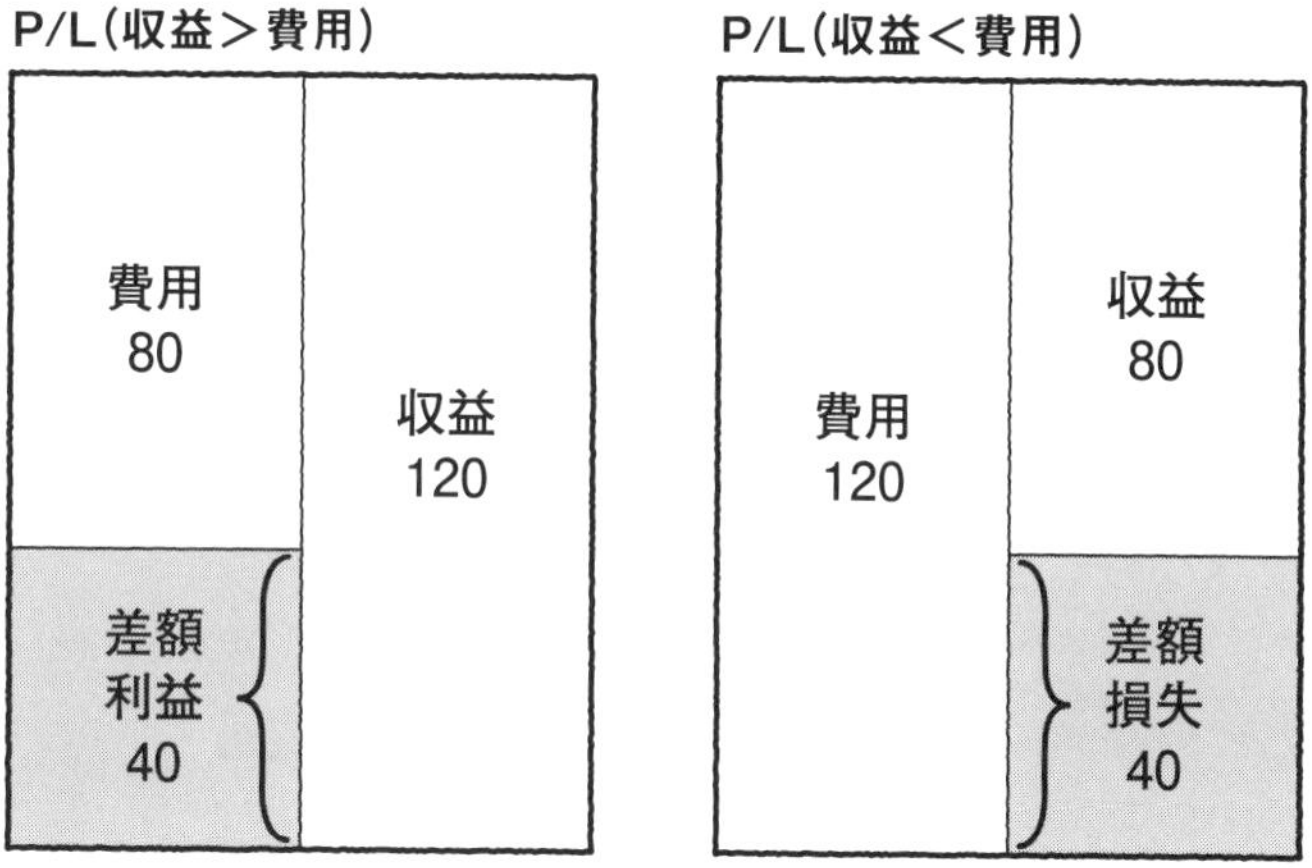

「うーん。まだピンときません」

早苗は段階利益の意味をまだ理解できていない。

「最終利益が黒字でも、本業が赤字で、株式を売却した特別利益でカバーしている場合には、本業の稼ぐ力が弱まっているため注意が必要だ。ただ、最終的には赤字だったとしても、本業は黒字で、バブルの時代に高値で買った不動産の売却によって生じた一時的な特別損失が原因なら、そこまで心配することはないけどね」

「**黒字か赤字よりも、その中身が大事**なんですね」

「さなえ、会社の決算書を持ってきたんだろう？　テキストを見ながらでいいから、各項目の意味についてまとめてみよう」

早苗は千葉精密のP／Lの余白に、各項目の意味を書いていった（**図表2―5**）。

「会社は儲けがないと潰れてしまう。だから、いくら儲かったか、損したかは重要な情報だ。つまり、**P／Lは会社の1年間の『通知表』**だ」

「通知表かぁ。ちなみに千葉精密のP／Lは本当に正しいのでしょうか？　一応、黒字ですが、アンダーソンに『**利益はあくまで意見に過ぎない**』と言われてしまいました」

早苗は千葉精密のP／Lを目の前にして、現実の世界に引き戻されていく。

「本当に儲かっているかどうかは『**MQ会計**』で分析してみないと何とも言えないんだけどね」

川上は呟くように言った。

「エムキューカイケイ？　何ですかそれは？」

早苗が初めて聞く言葉だ。

「MQ会計は、P／Lだけでは分からない、**会社の本当の稼ぐ力を明らかにすることができる会計**だ。まぁ、物事には順番がある。これは別の時に講義にしよう」

早苗はMQ会計について気になったが、川上は話題を貸借対照表（B／S）に切り換えた。

図表 2-5 千葉精密工業の損益計算書(P/L)

項目	(百万円)	各項目の意味
売上高	5,000	企業の本業から得られた収益
売上原価	4,200	仕入・製造コストのうち売上に対応する費用
売上総利益	800	本業の商・製品、サービスが稼ぎ出した利益(=売上－売上原価)
販売費及び一般管理費	600	販売活動や管理活動など本業にかかわる費用
営業利益	200	本業で稼ぎだした利益(=売上総利益－販管費)
営業外収益	0	本業以外の財務活動から生じた収益(ex.受取配当金)
営業外費用	50	本業以外の財務活動から生じた費用(ex.支払利息)
経常利益	150	本業の利益に財務活動を加味した利益(=営業利益＋営業外収益－営業外費用)
特別利益	0	臨時・異常な収益(ex.有価証券売却益)
特別損失	0	臨時・異常な費用(ex.固定資産売却損)
税引前当期純利益	150	法人税を差し引く前の利益(=経常利益＋特別利益－特別損失)
法人税等	50	法人税、住民税、事業税等の税金費用
当期純利益	100	法人税を差し引いた最終的な利益(=税引前当期純利益－法人税等)

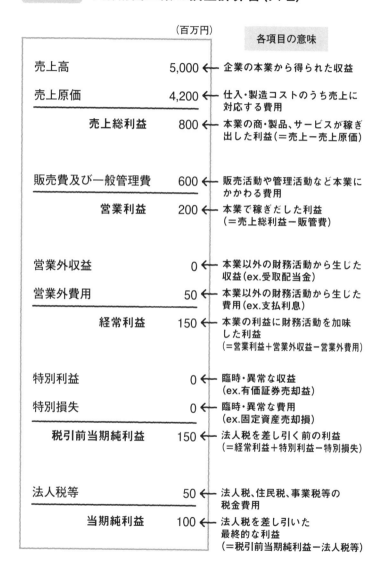

貸借対照表は会社の健康診断書

「B／Sの『財政状態』って、説明できる？」

「B／Sは、ある時点での資産と負債と純資産の情報が載っているから、この3つの状態が財政状態ということですよね」

「この3つは『財産』という観点から考えることができる。資産は『プラス』の財産、負債は『マイナス』の財産、純資産は資産から負債を引いた『ネット（正味）』の財産だ」

「なるほど。B／Sは財産の観点から考えるんですね」

「**財政状態は**『**健康状態**』と言い換えることもできる」

「健康状態……ですか？」

川上によると、

- **B／Sの資産総額＝『体の大きさ』**
- **資産の内訳＝『体型（やせ型、肥満型、筋肉質）、体質（貧血の有無）』**
- **負債・純資産の割合＝『会社の体力』**

を表しており、B／Sは会社の『健康診断書』と表現できる、と言うのだ。

川上は、早苗の赤い手帳に縦長のボックスを3つ描いた。

図表 2-6 どの会社に就職するのがいいか？

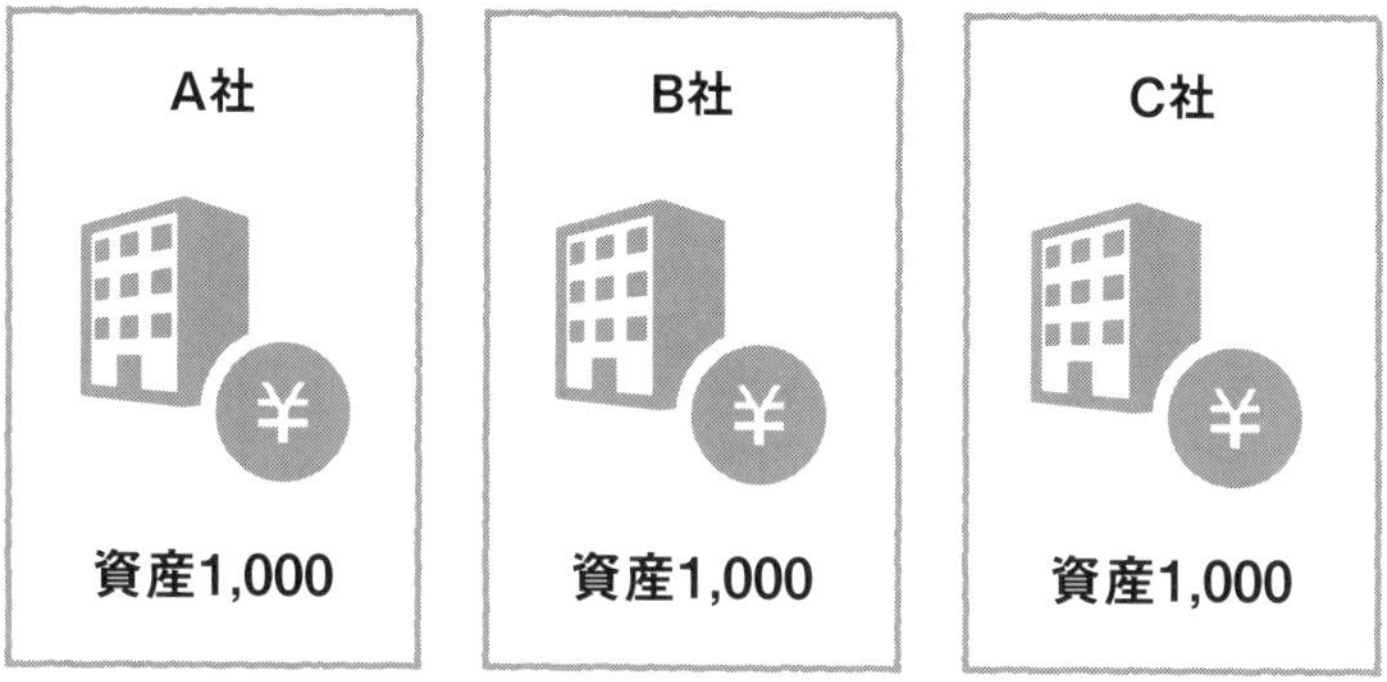

「さなえが就活中だったとしよう。その時、A社、B社、C社の3社が候補にあがった。どの会社に就職したいと思う？」

3つのボックスにはそれぞれ『資産1000』と書かれている（**図表2―6**）。

「これが会社の資産総額ですか？　3社とも同じ数値だから、体の大きさは同じなんですね。うーん……この情報だけではちょっと分からないですね」

早苗は川上の質問の意図がまだ分からない。

川上は続けて、

①現金　＝　血液（現金がないと会社は倒産する）

②在庫　＝　脂肪（経営するために必要だが、多すぎる

図表 2-7　各社の体型と体質

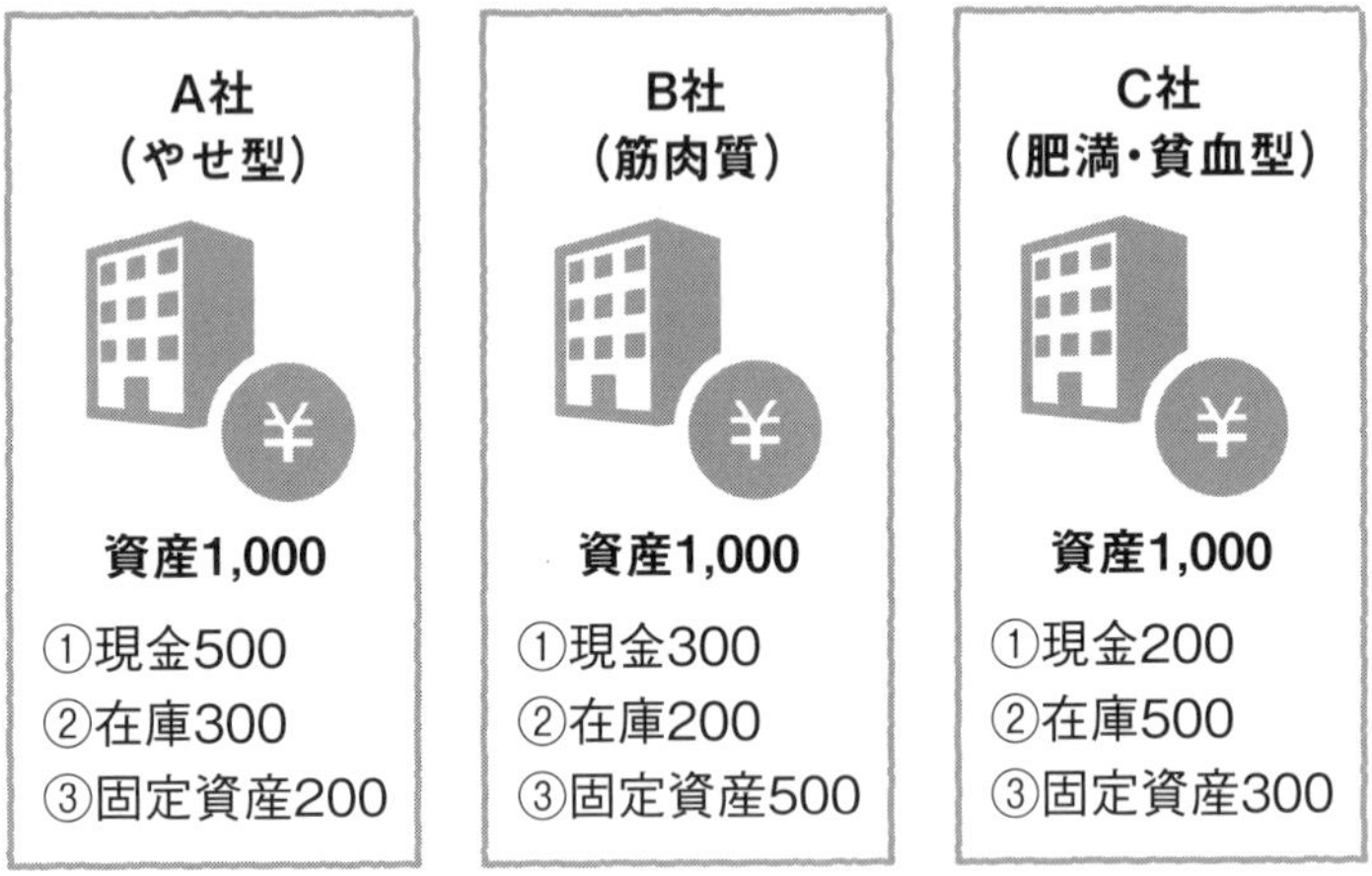

と問題）

③固定資産　＝　筋肉（売上を上げるために必要）

と説明をすると、3社の資産のボックスの中に①〜③を書き加え、それぞれに数値を記入した（**図表2—7**）。

「ああ。なるほど。これが会社の体型、体質ということですか」

　早苗はようやく川上の説明しようとしていることが分かってきた。

「A社は脂肪や筋肉が少ない『やせ型』、B社は脂肪が少なく固定資産の多い『筋肉質』、C社は脂肪の多い『肥満型』かつ、血液の少ない『貧血』体質だ」

「そうですね。この情報を基にするとA社かB社がいいですね」

「A社とB社、どっちにする？　でも資

産の情報だけでいいのかな？」

「そっか！　負債と純資産の情報を把握して、会社の体力も見てみたいですね！」

「そう！　**資産というのはB／Sの左側で『目に見える』情報だ。体の大きさや体型などは目に見える。右側の負債と純資産は『目に見えない』体力の情報**だ。人間だって、どれくらい体力があるかなんて、見た目じゃ分からないだろう？　そしてこの見えない右側の情報があって、はじめて会社の健康状態が分かるんだ」

　そう言うと、川上は3つのボックスの右側に負債と純資産の情報を書き加えた（**図表2—8**）。

「A社はやせ型の健康優良児ですね。B社は筋肉質だけど病弱な感じ。C社は体力がマイナスって病気なんですか？　これだったら、A社に就職したい！　安心感があります」

　早苗は、純資産の一番大きいA社を選んだ。

「俺も就職するならA社だな。会社の健康状態は極めて重要だ。その点、C社は体力が0以下で大病中。**純資産がマイナスの状態を『債務超過』**という。最近でもシャープや東芝が、赤字の影響で債務超過になったのは知っているだろう？」

「はい。ニュースを見てびっくりしました。日本を代表する製造業がこんなに苦境に立たされるなんて、信じられないです」

「シャープや東芝は数兆円の資産を持っている。体はものすごーくでかいけど、いくら体

図表 2-8 各社の体力を比べてみると……

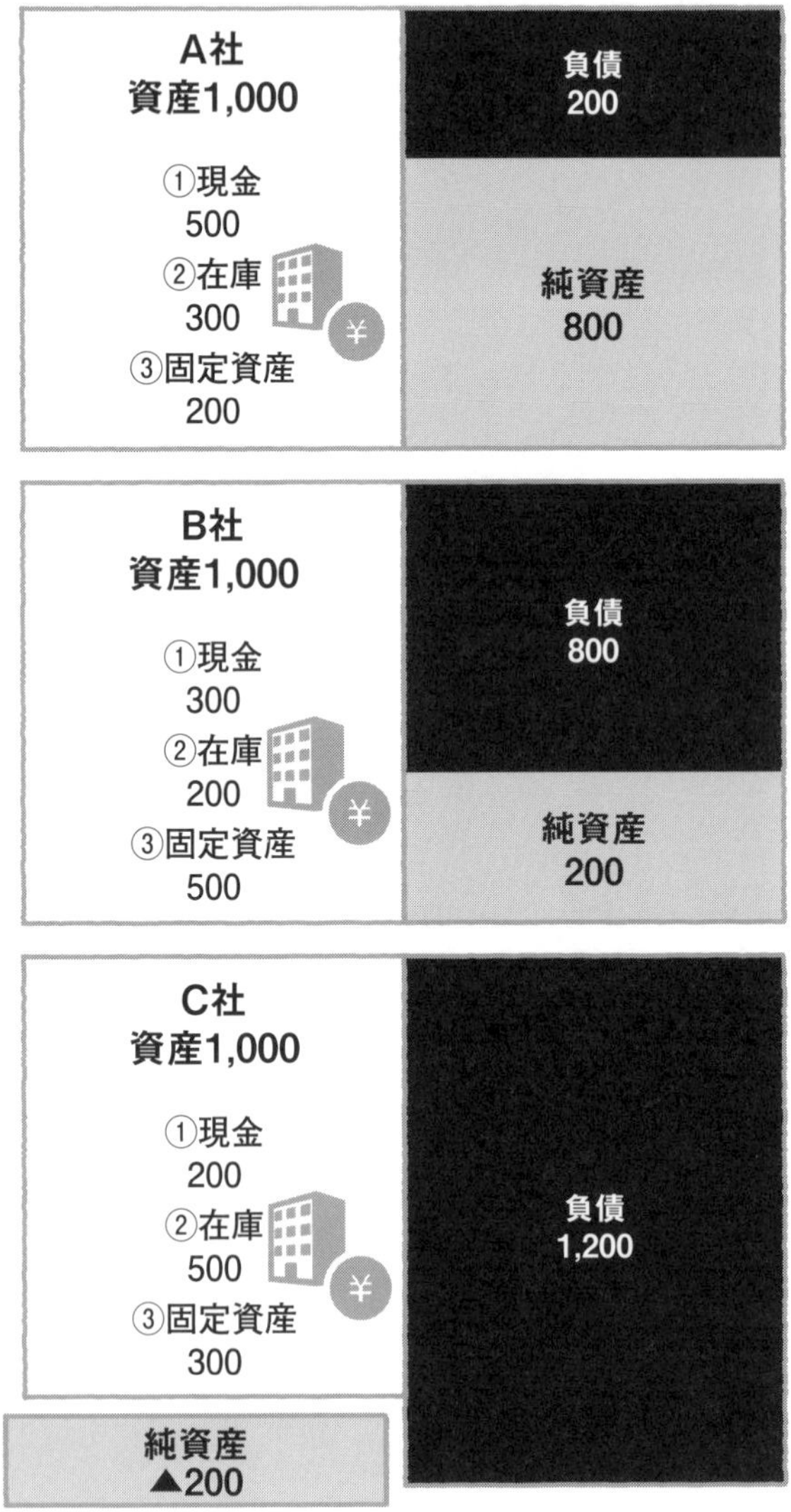

図表2-9 千葉精密工業の健康診断の結果は？

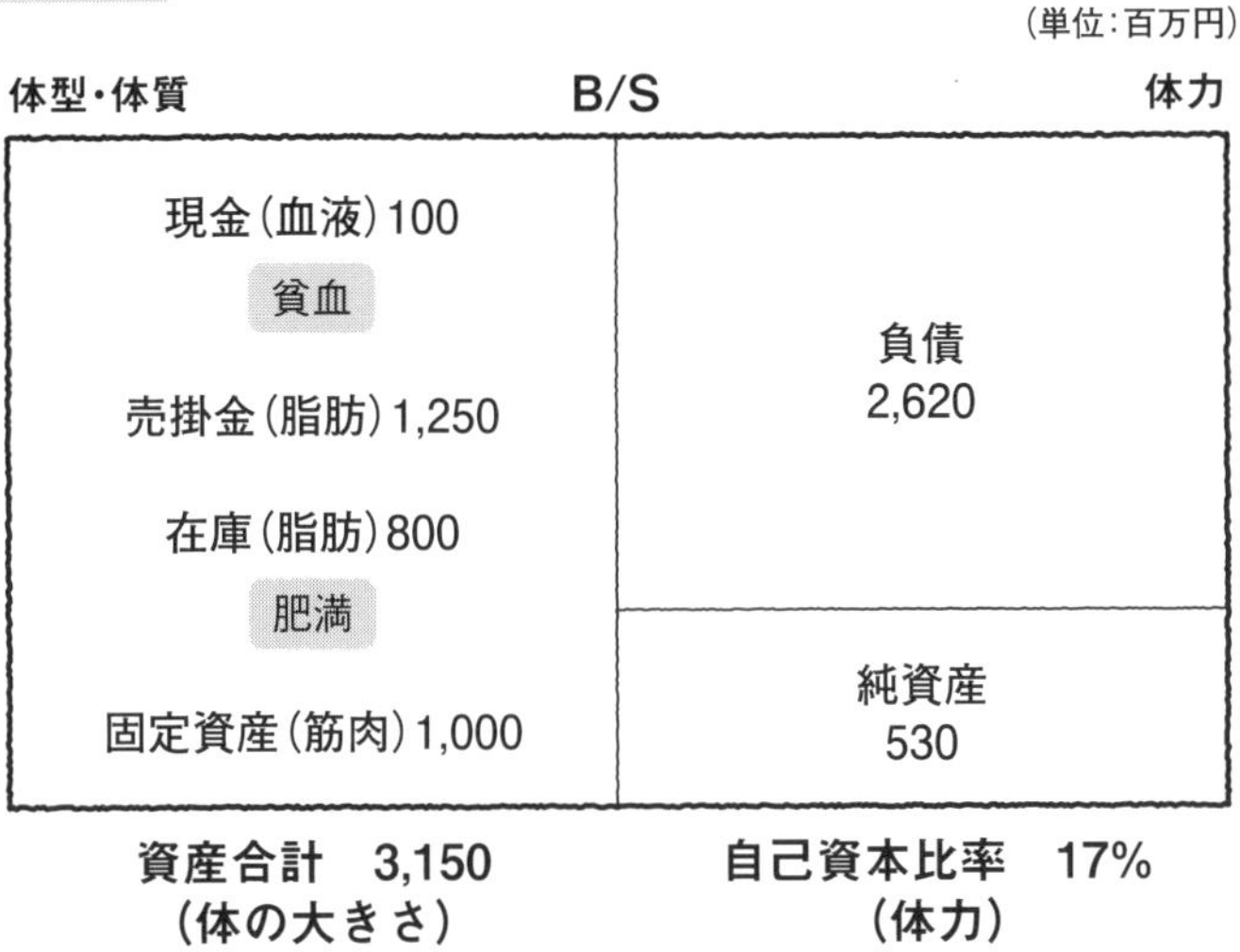

(単位：百万円)
体型・体質
B/S
体力
現金（血液）100
貧血
売掛金（脂肪）1,250
在庫（脂肪）800
肥満
固定資産（筋肉）1,000
負債
2,620
純資産
530
資産合計　3,150
（体の大きさ）
自己資本比率　17%
（体力）

格が良くても健康とは限らない。負債と純資産の割合、つまり、目には見えない会社の体力がどうなっているかが重要なんだ」

早苗は**「資産の大きさ（体格）より、純資産（体力）が重要！」**と手帳に書いた。

「肝心の千葉精密の健康診断を始めようか」

川上の呼びかけに早苗は千葉精密の前期末のB／Sを取り出した**（図表2―9）**。

①体の大きさ（総資産）は31億5000万円。

②売掛金と在庫を合わせると20億円を超える。

かなりの肥満体型である。しかも、

③現金が1億円しかない！

まさに「重い貧血状態」である。体力は、負債26億2000万円、純資産5億3000万円。元気がいっぱいとは言えない。

「先輩、千葉精密は体力のない肥満体型です!! しかも貧血！」

「C社に近いんじゃない？ 早急に体力向上とダイエットが必要だね」

「たしかに。ちなみに、体力の目安になる数値はありますか？」

「**『自己資本比率』**だね。純資産÷総資産でもとめられる。一概に何％以上がいいとは言えないけど、製造業なら40％以上あると安全性が高いと言われているね」

早苗が千葉精密の自己資本比率をもとめると約17％だった。

「体力アップのためには、やはり利益を上げるしかないんですよね？」

「さなえの言う通り、利益を上げて分子の純資産（剰余金）を増やすのも大事だ。だけどもう一つ体力を上げる方法として、分母の総資産を減らすダイエットも効果的だ」

「そっか。**ダイエットして在庫や売掛金を減らせば、体力向上にもつながる**んですね」

早苗はどうすれば千葉精密の健康状態が改善するか方向性が見えてきた。

「B／Sには『財産』という観点以外に、もう一つ重要な観点がある。お金の『出所』と『使い道』だ」

会社のお金はどこからきて、どこへ行くのか？

次から次へと説明される川上の説明に早苗は必死についていった。

「**B／Sではお金が右から左に流れている。**B／Sの右側は**お金をどこから調達してきたかという出所の情報**だ。銀行からいくら借りているか、株主からいくら出資を受けているかという情報が載っているだろう。そして、B／Sの左側には、**どんなものにいくら使っているかというお金の使い道の情報**が載っている。材料を購入したり、工場の設備に投資したり、一部はお金のまま持っているよね」（**図表2―10**）

「出所と使い道!?　B／Sって……奥が深いんですね」

早苗は、B／Sが持っている情報量の多さに凄みを感じた。

「一つ気になる点があるのですが、借入金のお金の出所が銀行というのは分かるんですが、仕入先に対する買掛金がお金の出所ってどういうことですか？」

「いいところに気づいたね。買掛金は仕入先に対するツケだったよね。もし『即金で払ってくれ！』と言われるとすると、手許にお金が無ければ、新たに借り入れをしなければならないよね。だから、買掛金の本質は、支払先からの無利息の借入金なんだ」

「そんな見方ができるんですね！」

図表 2-10 B/Sでお金の出所と使い道がわかる

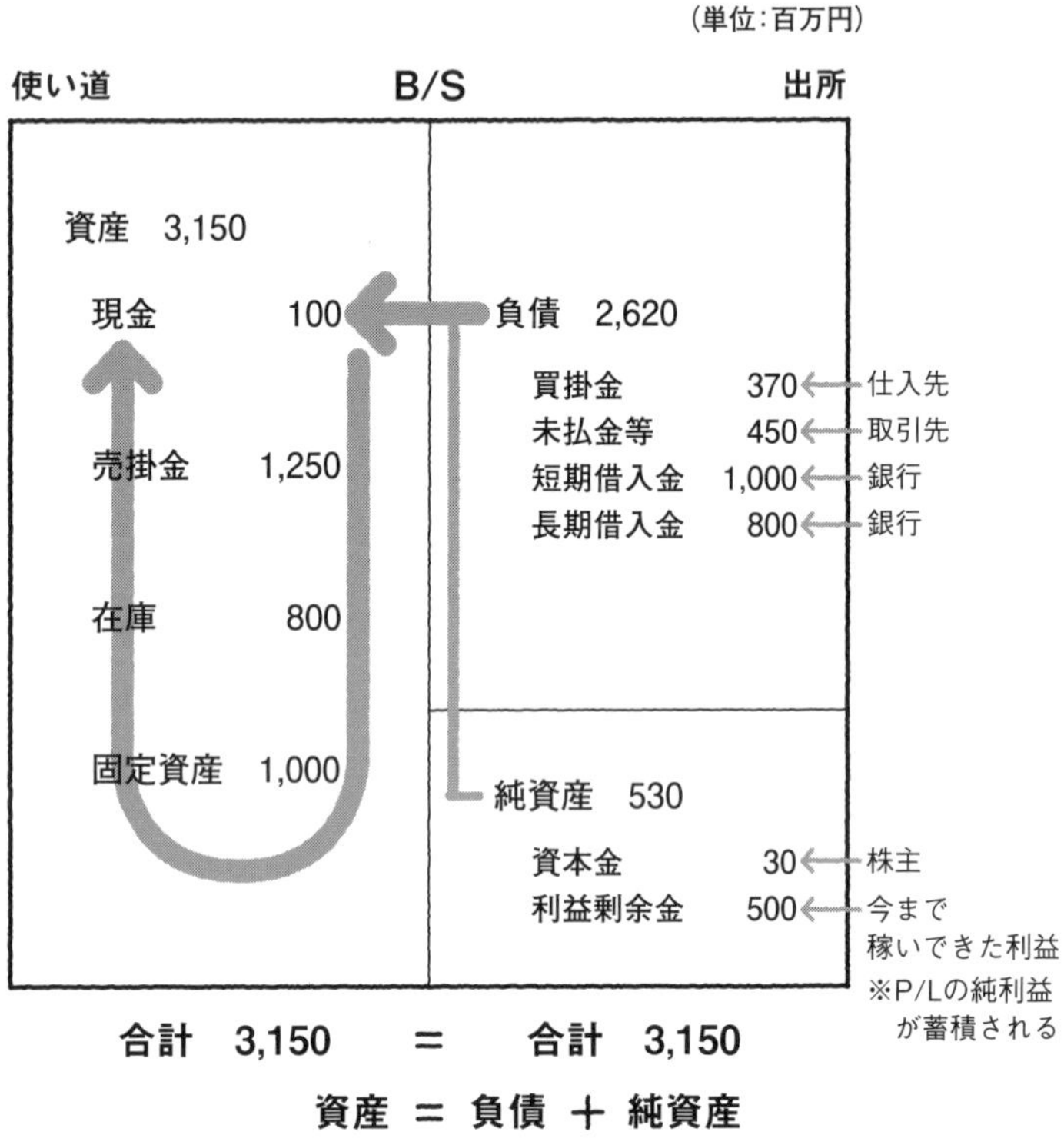

(単位：百万円)
使い道
B/S
出所
資産 3,150
現金 100
売掛金 1,250
在庫 800
固定資産 1,000
負債 2,620
買掛金 370
未払金等 450
短期借入金 1,000
長期借入金 800
仕入先
取引先
銀行
銀行
純資産 530
資本金 30
利益剰余金 500
株主
今まで稼いできた利益
※P/Lの純利益が蓄積される
合計 3,150 = 合計 3,150
資産 = 負債 ＋ 純資産

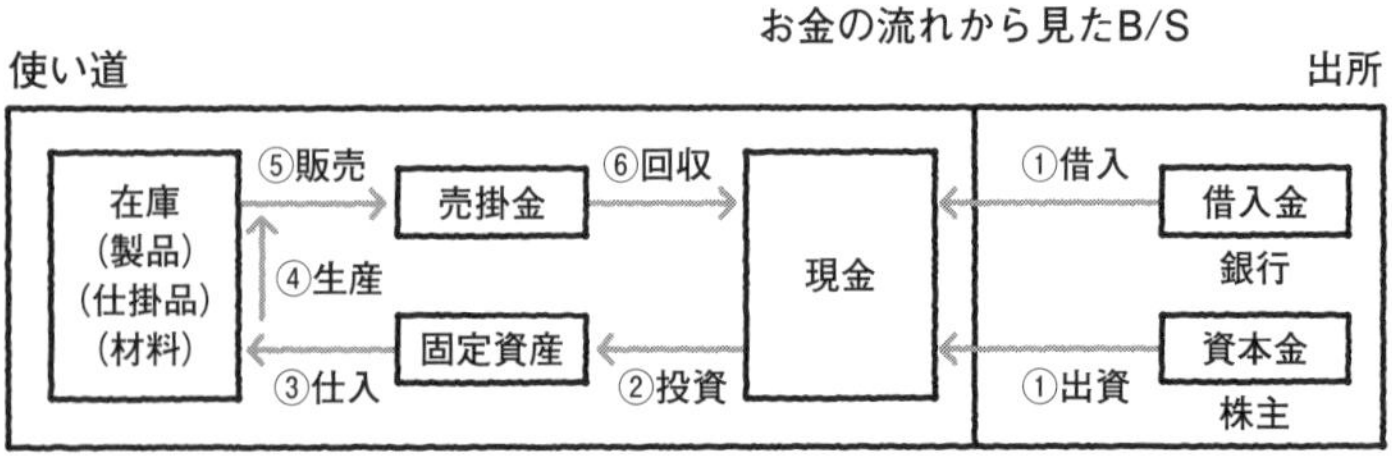

お金の流れから見たB/S
使い道
出所
在庫
(製品)
(仕掛品)
(材料)
⑤販売
売掛金
⑥回収
現金
①借入
借入金
銀行
④生産
固定資産
③仕入
②投資
資本金
①出資
株主

「ちなみに**B／Sは左と右で残高が一致する**。公式にすると**「資産＝負債＋純資産」**になる。会計恒等式の関係だね。左と右でバランスするからバランスシートって、教えてあげるといいかもね」

「たしかに、そう教えると分かりやすいですね」

「P／L、B／Sの見方が分かると、だいぶ会社の状況が分かってくるだろう。でも、もう一つ重要な決算書がある。**キャッシュ・フロー計算書（C／F）**だ」

川上は残っていたキャラメルマキアートを飲み干した。

キャッシュ・フロー計算書を作成してみた

ゴールデンウイーク明けの5月7日。早苗は経理部長の吉田にキャッシュ・フロー計算書（C／F）の作成を依頼した。吉田は月初の経理処理が忙しい、税務署に提出する必要はない、今まで一度も作成したことがない、というやらない理由を並べて、C／Fの作成を渋った。それでも食い下がる早苗の粘りに根負けし、C／Fを作成することとなった。

早苗は、川上との会話を思い出していた。

「キャッシュ・フロー計算書？　うちの会社では作っていません」

「C／Fは上場していない企業では作成義務がないからね。でも、**利益とキャッシュは一致しない。P／Lの利益で支払いはできない**だろう？　だから、**一番大事なのはキャッシュの残高**なんだ」

「今、お金が無くて本当に苦労しています……」

「そのキャッシュがどういった理由で増減しているのかを把握するのがC／Fだ。中小企業庁が簡便的な作成ツールを公開しているから作ってみたら？」

「分かりました。休み明けに千葉精密のC／Fを作ってみます！」

そうして5月10日の午後、早苗は会議室で吉田の説明をうけていた（**図表2―11**）。

「……以上のように、

・**営業キャッシュ・フローがマイナス4億5000万円**

・**投資キャッシュ・フローがマイナス5000万円**

となっており、それをカバーするため、

・銀行からの借り入れを増やし、**財務キャッシュ・フローがプラス2億円**

となっています。その結果、1年前に比べて、3億円のキャッシュが減っています」

「つまり、P／Lでは1億円の利益を計上しているけど、C／Fで見てみると営業活動で4億5000万円のキャッシュが減ってしまったということですか？」

図表 2-11 これが千葉精密工業の キャッシュ・フロー計算書

2018/3期　　(単位:百万円)

項目	金額
Ⅰ営業活動によるキャッシュ・フロー	
税引前純利益	150
減価償却費	100
売掛金の増加	▲300
在庫の増加	▲400
買掛金の増加	30
その他	▲30
(Ⅰの計)	▲450
Ⅱ投資活動によるキャッシュ・フロー	
固定資産の取得	▲50
(Ⅱの計)	▲50
Ⅲ財務活動によるキャッシュ・フロー	
短期借入金の増加	250
長期借入金の減少	▲50
(Ⅲの計)	200
Ⅳキャッシュの増加・減少額(Ⅰ+Ⅱ+Ⅲ)	▲300
Ⅴキャッシュの期首残高	400
Ⅵキャッシュの期末残高(Ⅳ+Ⅴ)	100

営業活動で4億5000万円のキャッシュが減った!

「はい。そのようです……」

吉田の回答の歯切れが悪い。早苗には、初めて見るC／Fは分からないことだらけだ。

（やっぱり、先輩に相談してみよう……）

勘定合って銭足らず

5月11日20時。早苗は東京駅近くの和食居酒屋「はなたれ小僧」にいた。三浦半島で水揚げされた鮮魚が食べられるとあって、連日賑わっている。

「まさに『勘定合って銭足らず』だな。利益があるのにお金がない」

「先輩、私は『決算書あって知識足らず』です。詳しく教えてもらえませんか!?」

早苗はビールジョッキを握ったまま川上に詰め寄った。

「分かった、分かった。C／Fって、実は家計簿や小遣い帳と同じなんだよ」

「家計簿!?　そう言われると、そんなに難しい感じはしないですが」

川上は早苗の手帳に会社の活動と3つの決算書の関係について図を描いて説明した。

「**企業の活動は、『お金を集める』『投資する』『稼ぐ』というサイクルから成り立っている**」

（**図表2―12**）。

C／Fはこの活動別にお金の流れを把握するためのものだ。『**財務活動によるキャッ**

図表 2-12 3つの活動と3つの決算書の関係

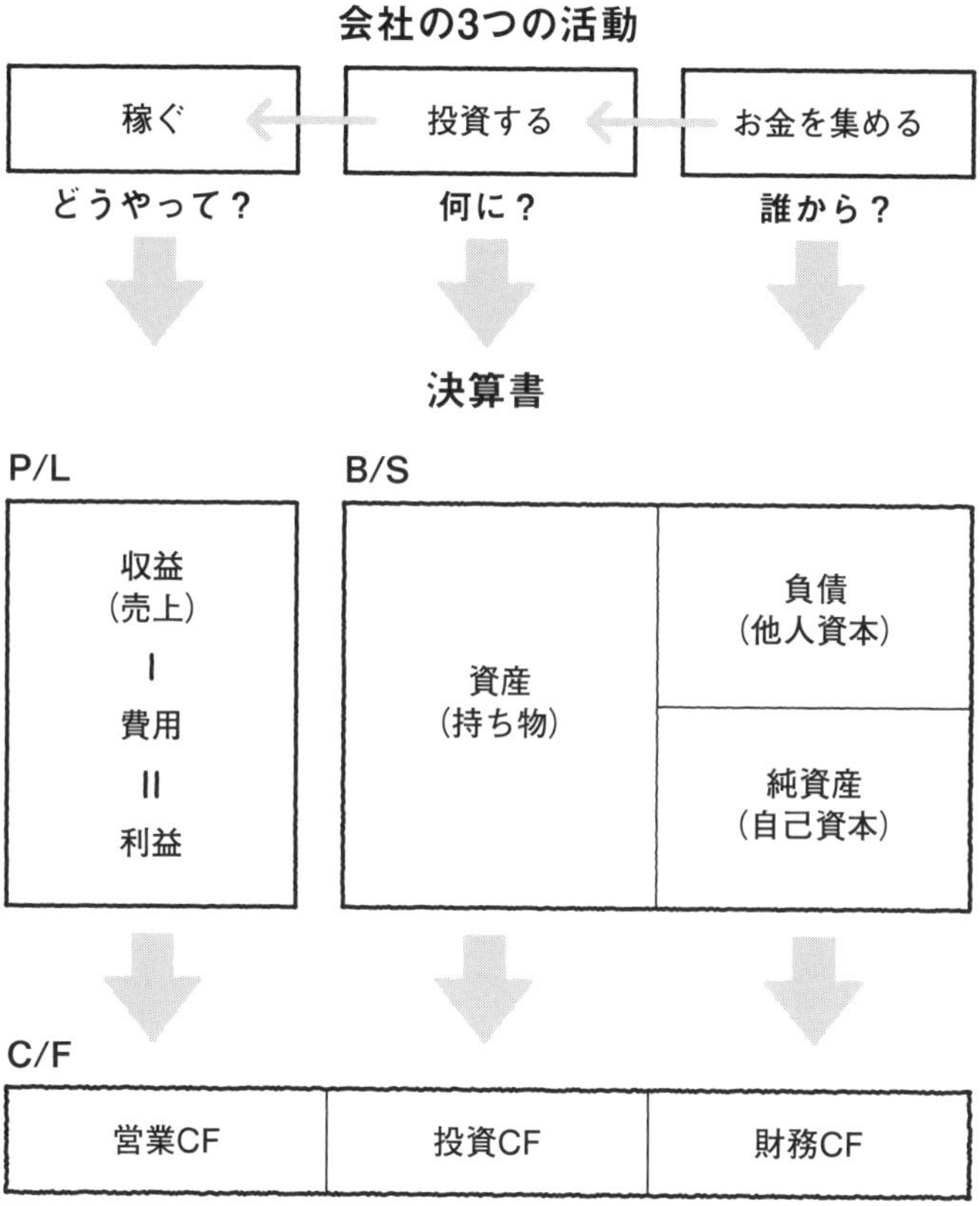

シュ・フロー（財務CF）』は、株主や銀行からお金を集めたり、返済をする活動で、主にB／Sの右側（負債・純資産）に関係する。『**投資活動によるキャッシュ・フロー（投資CF）**』は、工場の設備投資や株式などの有価証券の取得する活動で、主にB／Sの左側（資産）に関係する。『**営業活動によるキャッシュ・フロー（営業CF）**』は、肝心の本業でキャッシュを稼いだかどうかに関係する活動で主にP／Lに関係しているんだよ」

「概念はなんとなく理解できましたが、そもそもC／Fの見方がよく分かりません」

「C／Fをよく見てごらん。分からないのは、営業CFの項目だけだろう？　投資CFと財務CFは特に難しいところはないんだよ」

早苗はC／Fをあらためて見た。たしかに投資CF、財務CFの項目は、固定資産の取得、借入金の増加・減少などだ。分からないのは営業CFの見方だけである。

「営業CFには『**直接法**』と『**間接法**』の2つの表示方法がある。このC／Fは間接法だ。表示方法が違うだけだから、直接法も間接法も営業CFの金額は同じになる」

「間接法？　ということはお金の動きを間接的に表示しているんですか？」

「そうだ。直接法は営業収入、仕入支出や給与の支払いなど営業に関わる収入と支出を直接的に把握する方法だ。一方、間接法はP／Lの当期純利益と同じ金額だけお金が入ってきたと仮定して、損益と収支の間で生じるズレを調整していく方法だよ」

「んー。なんか聞いた限りでは、直接法のほうが分かりやすそうですね」

「直接法は素人でも分かりやすい。ただ作成するのにとても手間がかかる。**間接法はB／S**と**P／Lがあれば作成できる**から、実務上では圧倒的に間接法を採用している会社が多いんだ。**間接法は、P／Lの利益と営業CFとの差異が明確になる**というメリットもあるし、繰り返し見ていればそのうち分かるようになるよ」

早苗は「はぁ」と自信なさげに答えた。

P／LとC／Fの違い

「ところでB／Sを説明する際、現金＝血液と表現したよね。いくら利益を出していても会社の血液である現金が底をつくと倒産してしまう。『**黒字倒産**』だ。その意味で現金は最も重要な資産だ。『**キャッシュ イズ キング！**』と言われている」

「キャッシュは王様……。利益が出ているだけではダメなんですね」

早苗は資金繰りのことで、頭がいっぱいだった先月のことを思い出していた。

「P／LとC／Fの違いは『**発生主義**』と『**現金主義**』という認識時点の違いに表れる。P／Lでは取引（収益・費用）が発生した時点で認識する発生主義を採用しているけど、C／Fでは、現金の収入・支出があった時点で認識する現金主義だ」

「何となく分かったような、分からないような。具体例で教えてもらえますか？」

「この居酒屋の立場になって考えてみようか。例えば、お客さんの支払いが現金の場合には、収益と収入は同時なので、P／Lの発生主義とC／Fの現金主義にズレは生じない」

「飲食の提供（収益）と入金（収入）が同時だからですよね」

「そう。問題は支払いがクレジットカードだった場合だ。P／Lの発生主義ではお客さんが飲食をした日に『収益』として認識するが、C／Fの現金主義では、後日クレジットカード会社から入金のあった日に『収入』を認識する」

「収益と収入に、時間的なズレが生じていますね」

「千葉精密では時間的なズレが大きくなっている」

そう言うと川上は、営業CFを指さして説明を続けた。

「販売して売上（収益）を計上したのに、入金のない売掛金が3億円も増加している。売掛金の増加＝収入がない、と考えるからC／Fではマイナスになる。それだけ会社の血液であるお金が滞っているんだ。それだけじゃない」

川上はいつになく厳しい表情で続けた。

「在庫も4億円増えている。在庫が増えているということは、材料を仕入れて、業者には支払いをしているのに、お客さんには売れずに収入がないということだ。売掛金と在庫だけで7億円もキャッシュが悪化しているよ」

「7億円……」

早苗は、見たこともない金額を想像して目が眩んだ。年末ジャンボ宝くじの1等7億円とちょうど同じ金額だ。100万円の札束に換算すると700個分！

それだけのお金が、わずか1年の間に千葉精密から出ていってしまったのだ！

「売掛金と在庫は、B／Sの講義の時に、ダイエットしろと言われた項目ですよね」

「**在庫と売掛金はお金が化けたもの**と言っていい。今期は滞留している在庫と売掛金をお金に換えないとな」

川上による『営業CF』の説明が続いた。

①収益と収入、費用と支出のズレが、資産（売掛金や在庫）や負債（買掛金）の増減となってC／Fに反映される。

②資産の増加は、現金がその姿を変えたものと考えてC／Fをマイナスにし、資産の減少は、その資産が現金に変わったと考えてC／Fをプラスにする。

③一方、負債の増加は、その分だけ現金をまだ払っていないもしくは預かったということだから、現金が増えていると考えてC／Fをプラスにし、負債の減少は、現金を払ったと考えてC／Fをマイナスにする。

減価償却費は「支出が先・費用が後」

早苗のC／Fに対する理解は進んできたが、まだ分からない項目があった。

「**『減価償却費』**は費用なのに、なんで営業CFではプラスになっているんですか？」（**図表2―11**）

早苗が千葉精密のキャッシュ・フロー計算書を見ながら川上に質問する。

「減価償却費は、他の費用と少し違った性質がある。通常の費用は人件費でも家賃でも費用の発生に伴ってお金が出ていく。一方で、自動車など複数年にわたって利用する資産については、お金を払った時には費用にしないで、いったん固定資産に計上する。自動車も買った時には新車だけど、利用に応じて中古車になって価値が減っていくだろう。その**価値の減少を費用として認識する**のが減価償却なんだ。減価償却を費用として計上する時には、お金は出ていかない」

「お金が出ていかない？」

「固定資産を買った時点で支出はあるよ。その時に『投資CF』ではマイナスとして認識しているんだ。でも支出はその時だけ。その後に減価償却費として費用処理する際には、お金は出ていかない。だから、C／Fでは、その分を戻す作業が必要なんだ」

「へー。減価償却費は、支出が先に済んでいて費用は後から計上する、なんですね」

早苗はC／Fの理解が進んでいく中で、伊藤支店長の言葉を思い出していた。

「以前、銀行の支店長から『千葉精密は儲けていない』『利益には質があり、千葉精密は現金が減少する質の悪い利益』だと言われました。利益が売掛金や在庫に化けてしまったままで、お金自体は稼げていなかったんですね」

「その支店長、うまいこと言うね！　座布団2枚あげて！」

そう言うと、川上はビールを一気に飲み干した。

「ところで、さなえ。明日と明後日なんか予定ある？」

早苗は、iPhoneのスケジュールアプリを立ち上げて確認したが、特に予定はない。

「えっと、だ、大丈夫です。たまたま空いてますけど……」

早苗はiPhoneから視線を離さず、うつむいたまま答えた。

「それならゲームやろうよ！」

第3章

早苗、MQ会計に出合う！

マネジメントゲーム

5月12日土曜日の午前9時、早苗はゲーム会場に最寄りの神田駅に到着した。

川上の話によると、ゲームはゲームでもビジネスゲームの一つである「マネジメントゲーム」と呼ばれる体験型の研修だ。

早苗がマネジメントゲームの会場に着くと、すでに多くの参加者が席についていた。30人はいるだろうか。早苗は参加者と談笑している川上を見つけた。川上も早苗に気づき、「よぉ！」と右手を挙げた。早苗はホワイトボードに「席は自由」と大きく書かれているのを見つけ、島型に配置された机の空いている席に座った。

参加者達はあいさつを交わして、楽しそうに世間話をしている。ときおり大きな笑い声も聞こえてくる。とても賑やかな雰囲気だ。

「おはようございます！」

隣の席に座る女性が声をかけてきた。色白で目鼻立ちのきりっとした美しい顔立ちだ。

「初めてですか？」

「はい。川上さんに誘われてきたんですが、何をするかもよく分かってなくて……」

「川上さんのお知り合いなんですね？　川上さんにはいつもお世話になっています」

女性は笑顔で早苗に名刺を差し出した。

「ヘルシーアイス　代表取締役　滝川美樹」と書かれている。美樹は、豆乳を使用した低カロリーのアイスクリームやフルーツのジェラートをインターネットで販売する会社を経営している。川上とはマネジメントゲームをきっかけに知り合いになり、経営のアドバイスをもらっているとのことだった。

開始時刻の9時半になった。

「おはようございます！　マネジメントゲームへようこそ！」


マネジメントゲームは、参加者一人ひとりが製造業の経営者になり、2日間で「5年分（5期）」の経営を体験するボードゲームだ。仕入、製造、販売だけでなく、資金調達、設備投資、人員採用、広告、研究開発、教育など、実際の経営者のように会社の様々な「意思決定」を行っていく。

ゲームは「資金繰り表」を記入しながら進める。手許の現金残高に応じた「意思決定」をする必要があり、キャッシュ・フロー感覚が身に付く。ゲーム終了後には決算書を作成し、ゲーム中に行った意思決定の結果が、B／S、P／Lに表れる。

得意先の倒産、倉庫火災、不良在庫の発生といった「アクシデント」、独占販売や研究開発の成功といった「ラッキーな出来事」など、ビジネスの中で起こりうる事象が織り込まれていて現実的な感覚で楽しみつつ、経営と会計が学べるとのことだ。

「それでは、説明はこれぐらいにして、さっそくゲームを始めていきましょう！」

川上の熱い説明が終わり、いよいよ1期目がスタートとなった。

経営の流れをリアルに体感

5、6人ごとにグループがつくられ、島型に配置された机で行う。机の真ん中には中華の回転テーブルのようにくるくる回る大きな容器が置いてあった。盤の中心に仕入と販売を行う「市場」があり、盤の周りにゲームで使うカードやいろいろなミニチュアがのっている。

各参加者の手元には、「倉庫」「工場」「営業所」と書かれた「会社盤」が備えられ、別にA3の「資金繰り表」を準備した。

会社の経営は300円の資本金を元手にスタートする（**図表3―1①**）。

1期目は、ルール説明を兼ねているので、参加者全員が川上の指示に従い、同じ意思決定をしながら進行していく。

「まずは、メーカーなので、製品を生産するために必要な機械を買ってきましょう！」

最初の「意思決定」は、製造するために必要な機械の購入だ。機械のミニチュアをマーケット盤から自分の会社盤に持ってくる。代金の100円をおもちゃの紙幣で支払い、その情報を資金繰り表に記入する。残高は200円（**図表3―1②**）。

次の意思決定は、社員の採用である。製造を担当する「ワーカー」と販売を担当する「セールスパーソン」をそれぞれ1人ずつ採用する。社員のミニチュアを持ってきて、採用費10円を支払い、資金繰り表に記入する。残高は190円になった（**図表3―1③**）。

次は材料の仕入れだ。各マーケットによって10～15円まで仕入単価が異なる。複数のマーケットから異なる単価で合計12個の材料を仕入れた。144円を支払ったので、残高は46円（**図表3―1④**）。

会社盤を確認すると、「倉庫」には仕入れてきたばかりの12個の材料があるが、「工場」や「営業所」には何も置かれていない。機械、ワーカー、材料が揃い、ようやく生産の準備が整った。

材料のミニチュア10個を倉庫から工場に移す。生産ラインに乗せるという意味でこの意思決定を「投入」と呼ぶ。投入費（副材料費）として1個につき1円かかる。工場に移された材料は、作りかけで未完成の状態なので**「仕掛品《しかかりひん》」**と呼び名が変わる。残高は36円（**図表3―1⑤**）。

仕掛品のミニチュア8個を工場から営業所に移す。この意思決定を「完成」と呼ぶ。加

図表 3-1 資金繰り表

（単位:円）

No	入金			出金							残高
	資本金	借入金	売上	機械	材料	投入	完成	労務費	製造経費	販管費	
期首											0
①	300										300
②				▲100							200
③										▲10	190
④					▲144（12個）						46
⑤						▲10（10個）					36
⑥							▲8（8個）				28
⑦			180（6個）								208
⑧								▲20	▲40	▲40	108
合計	300	0	180	▲100	▲144	▲10	▲8	▲20	▲40	▲50	—

会社のお金の動きがリアルタイムで分かる！

工がすべて完了し販売できる状態だ。完成にも完成費（包装代）として1個につき1円が必要となる。営業所に移された仕掛品は、販売可能な「製品」となる**（図表3—1⑥）**。

「期末には給与や経費の支払いで100円が必要になりますよ」

　川上の言葉に、早苗は資金繰り表を確認した。最初に300円あったお金の残高は28円にまで減っている。ゲームの世界でも、会社の経営にはお金がかかるらしい。

「このままでは給与が払えませんね。さなえ社長、どうしますか?」

「えっと、銀行から借ります!」

早苗が答えると、会場のあちらこちらから笑いが起こった。

「借り入れは3期目からというルールなんだよね。他に方法はないかな?」

早苗は資金繰り表を確認し、収入項目の一つに、目が留まった。

「うっ、売ります!」

早苗が力強く答えると、「おーっ!」と会場から喚声と温かい拍手が起こった。

(そっか! 何のために一生懸命、製品をつくったのかを忘れちゃいけないよね。お客様に製品を届けなきゃ)

早苗はシンプルだが、経営にとって大事なことに気がついた。最後の「意思決定」として、製品を1個30円で6個「販売」した。180円の売上だ(**図表3―1⑦**)。

増えたお金をもとに、期末の経費100円を払い、現金108円が残った(**図表3―1⑧**)。

手元にあるおもちゃのお金を数えると、資金繰り表の残高と一致した。

最後に、在庫の棚卸だ。会社盤にある材料、仕掛品、製品のミニチュアの数と帳簿の数量を合わせて、第1期が終了した(**図表3―2**)。

「皆さん、お疲れさまでした! 10分休憩をしたら、決算をやりましょう!」

図表3-2 在庫の数合わせ（棚卸）

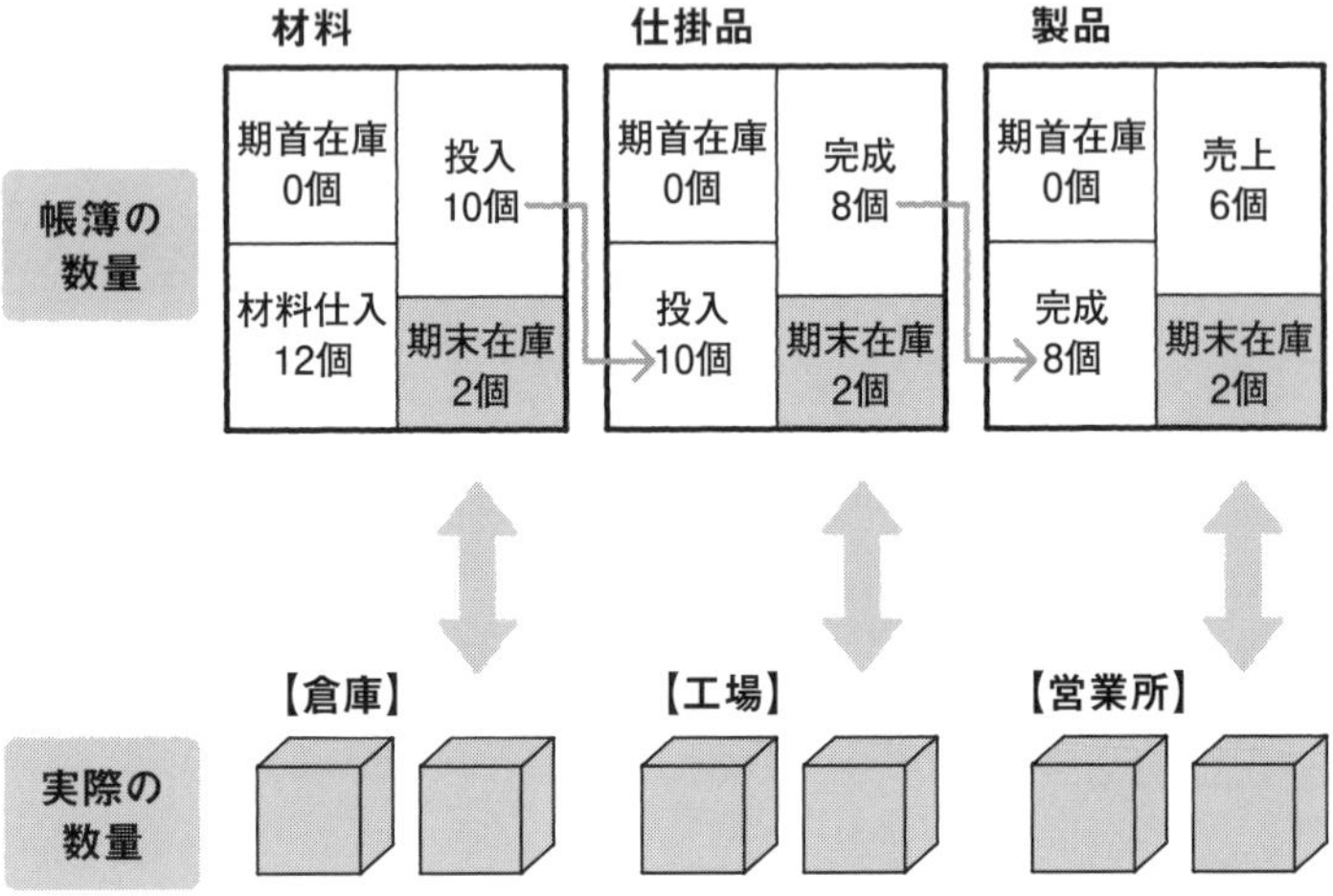

原価計算は2つある⁉

時計の針が午前11時半を回っていた。開始からすでに2時間が過ぎている。

「今まで、簿記や会計を勉強したことがない人は、どれくらいいますか？」

川上は左手を挙げ、参加者の挙手を促した。半数近くの参加者の手が挙がった。

「安心してください！　小学校3年生の算数ができれば、誰でも決算書は作れます！」

図表3-3　原価の3要素

原価要素	説明	代表的な費目
①材料費（モノ）	物品の消費	原料費、買入部品費
②労務費（ヒト）	労働力の消費	賃金、給料、雑給、賞与
③経費（カネ）	材料費と労務費以外の消費	減価償却費、水道光熱費、賃貸料、外注費

川上は一世を風靡《ふうび》した芸人のような口調で、会場の雰囲気を和ませた。

「さきほど、1個30円で製品を売りました。その製品の原価はいくらでしょう？　原価が分からなければ、いくら儲かったか分かりませんよね？　そこで必要なのが**原価計算**です」

　製品を作るためにかかる原価は、大きく3つに分類される、と川上は話す（**図表3―3**）。

①**材料費（モノ）**
②**労務費（ヒト）**
③**経費（カネ）**

「この3つの原価要素をすべて含めて計算する原価計算の手法が『**全部原価計算（Full Costing）**』でFCと略されます。材料→仕掛品→製品と完成までに要した

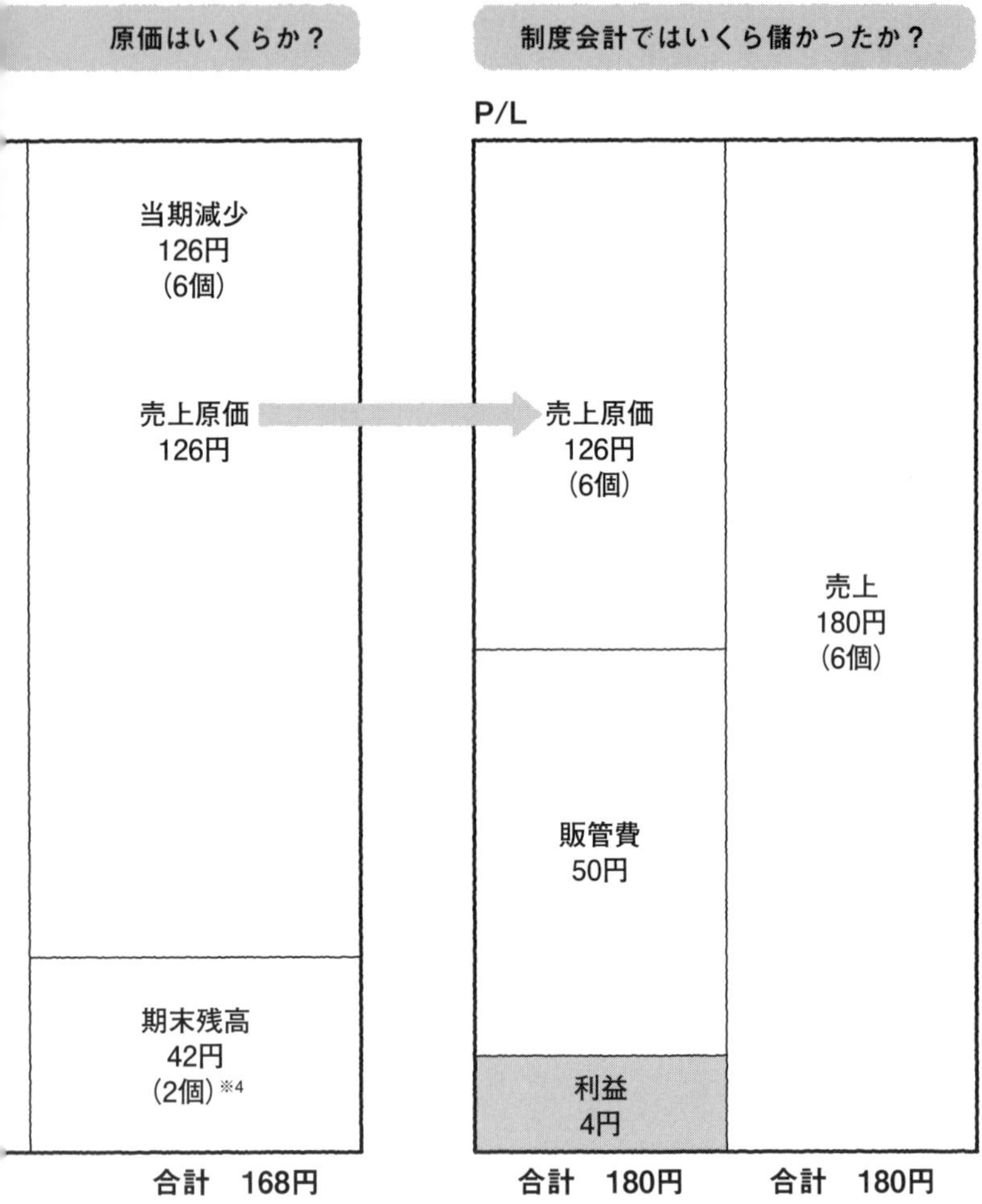

※1　材料(10個)120円＝144円×投入10個/合計12個
※2　減価償却費10円=機械100円÷耐用年数10年
※3　仕掛品(2個)40円＝200円×残高2個/合計10個
※4　製品(2個)42円=168円×残高2個/合計8個

図表3-4 全部原価計算(FC)とは？

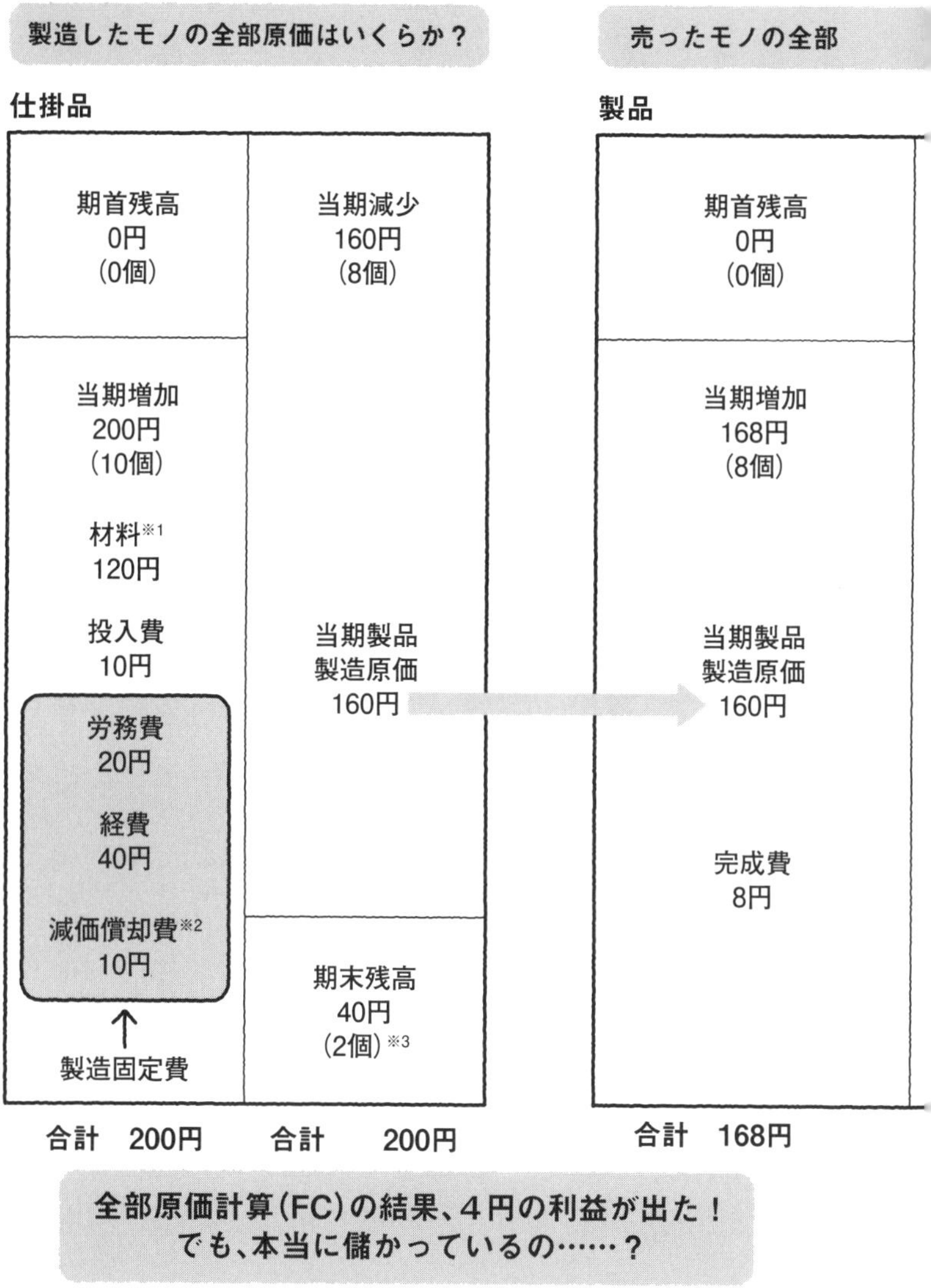
製造したモノの全部原価はいくらか？
仕掛品
期首残高
0円
(0個)
当期増加
200円
(10個)
材料※1
120円
投入費
10円
労務費
20円
経費
40円
減価償却費※2
10円
製造固定費
当期減少
160円
(8個)
当期製品
製造原価
160円
期末残高
40円
(2個)※3
合計　200円
合計　200円
売ったモノの全部
製品
期首残高
0円
(0個)
当期増加
168円
(8個)
当期製品
製造原価
160円
完成費
8円
合計　168円
全部原価計算(FC)の結果、4円の利益が出た！
でも、本当に儲かっているの……？

すべての原価を積み上げて製品原価を計算していくのです」（**図表3－4**）

全部原価計算（FC）に基づくP／Lの結果、売上180円、売上原価は126円、販管費50円、利益は4円と計算された（**図表3－4のP／L**）。

「**全部原価計算は、税務署に提出するための原価計算の方法**です。普段、皆さんが目にしているものですね」

（ということは、千葉精密も全部原価計算で計算しているってことね……）

早苗は、千葉精密の決算書を思い浮かべていた。

「実は、原価計算にはもう一つのやり方があります！　経営者のための原価計算である『**直接原価計算**』です！」

（経営者のための原価計算？）

川上の説明が続く。

「**直接原価計算（Direct Costing）**」は、略してDCと呼ばれる管理会計の一つだ。**全部原価計算（FC）と直接原価計算（DC）の違いは、原価の集計範囲**だという。

FCが材料費、労務費、経費のすべての原価要素を集計するのに対して、DCは原価を**変動費**と**固定費**に区分して、変動費のみを原価計算の対象とするのだ。

変動費とは、生産数量または販売数量に比例して発生する費用である。マネジメントゲームの中では、材料費、投入費、完成費が該当する。

図表3-5 変動費と固定費の違い

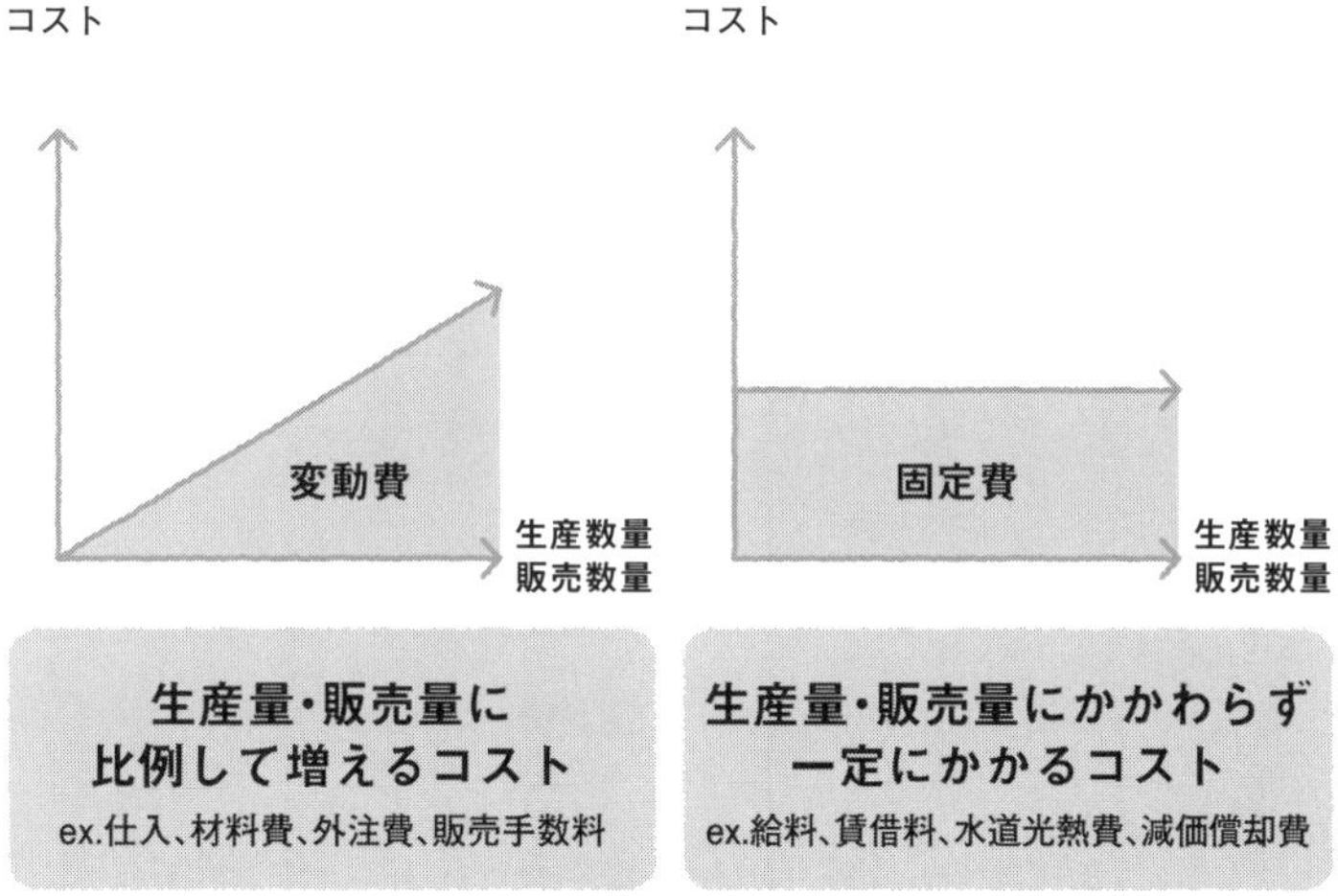

一方で、**固定費とは生産数量または販売数量にかかわらず発生する費用**である。工場で発生する労務費や経費は、生産数量の多寡にかかわらず一定額を発生する性質を持つ**『製造固定費』**だ（**図表3―5**）。

「DCでは変動費だけを原価計算の対象とします。まぁ、やってみればFCとDCの違いが分かると思うので、まずは計算してみましょう！」

早苗たちは、川上の指示に従って、DCでの計算を行った。DCでも直接費に該当する材料費、投入費、完成費については原価計算の対象とする。計算のやり方自体に大きな違いはない。唯一の違いは原価計算の対象とならなかった労務費と経費だ。P／Lの固定費として70円全

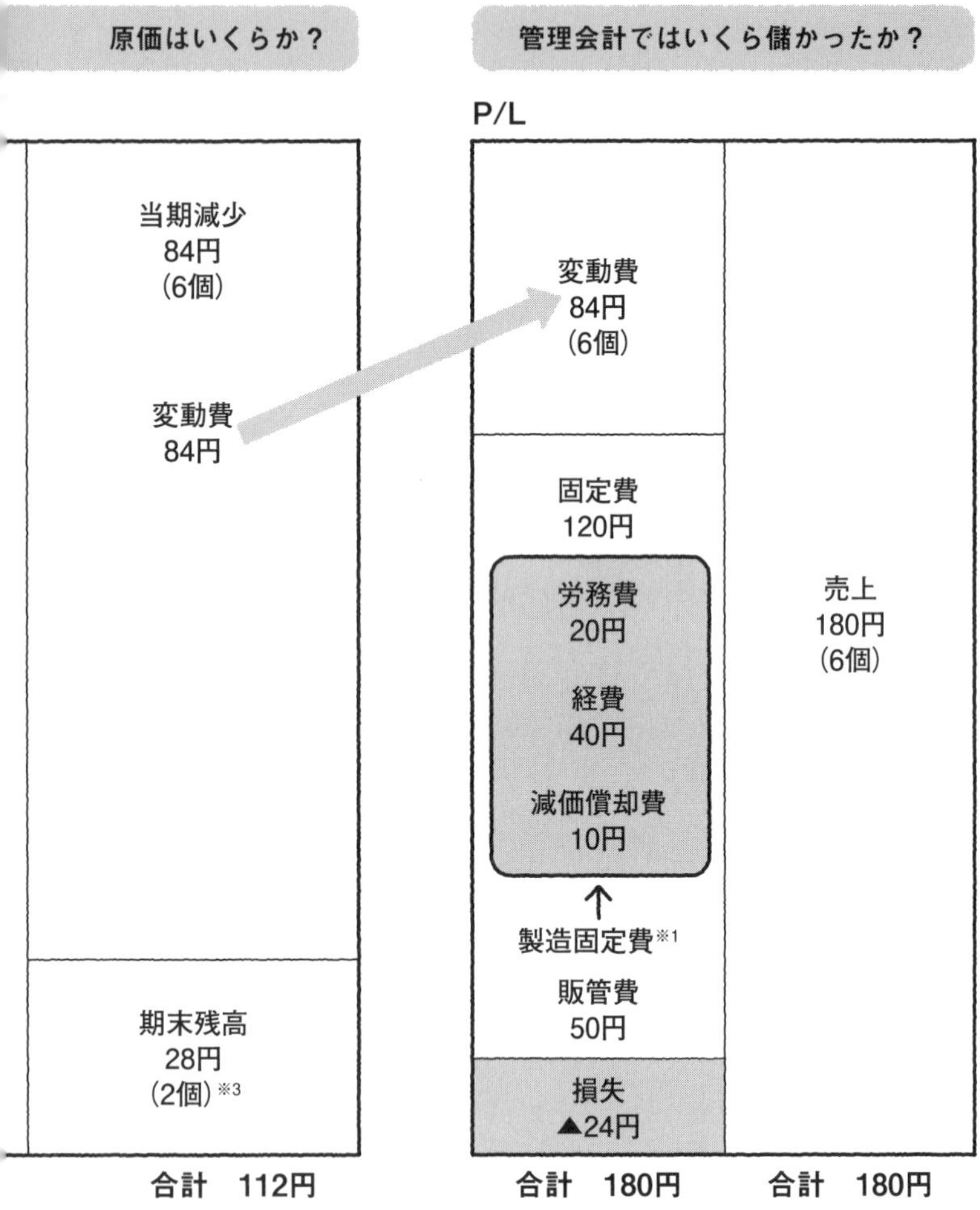

※1　製造固定費70円は原価計算の対象とせず、
P/Lの当期の費用として認識する！
※2　仕掛品(2個)26円＝130円×残高2個/合計10個
※3　製品(2個)28円＝112円×残高2個/合計8個

図表 3-6　直接原価計算（DC）とは？

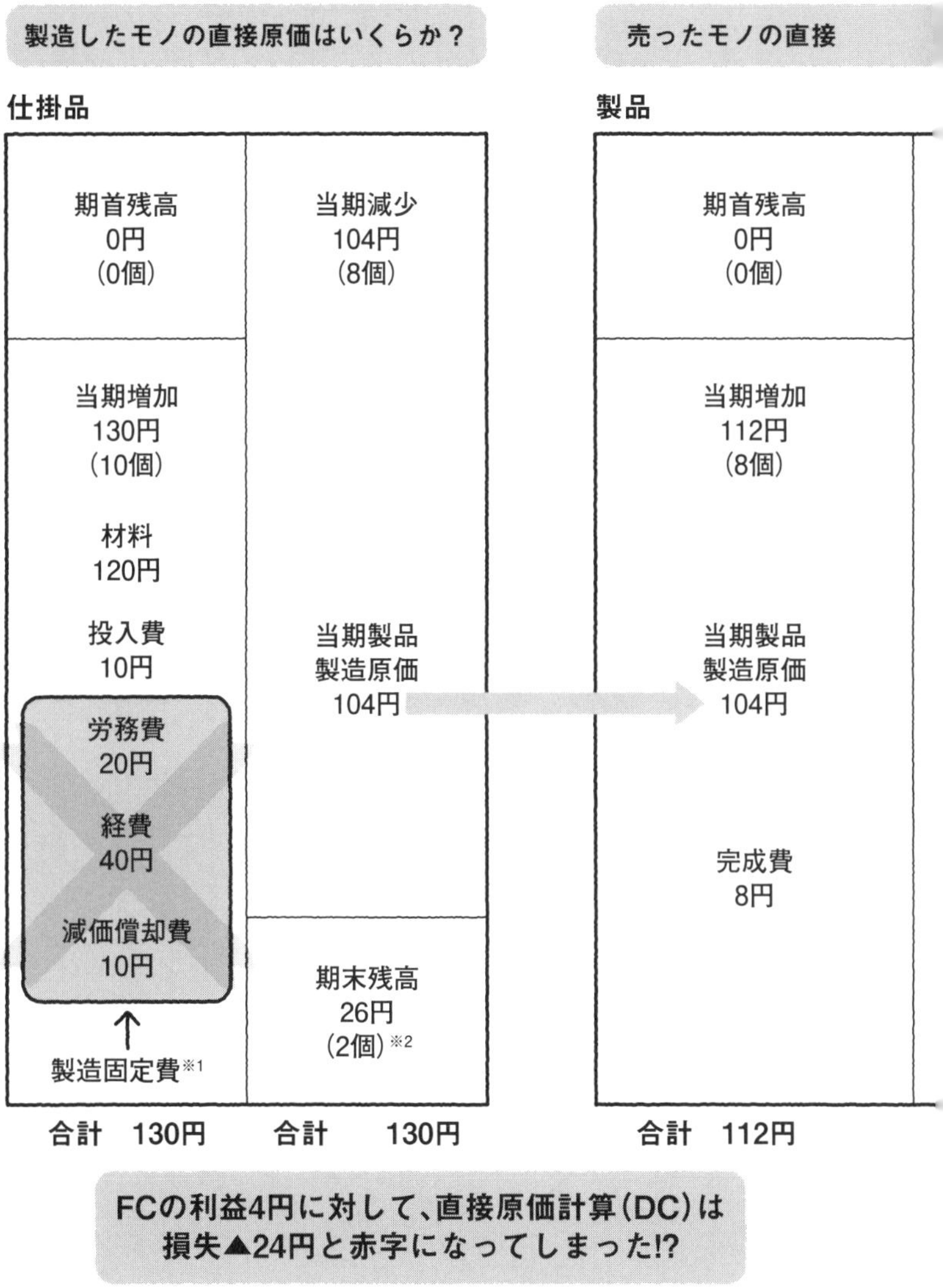
製造したモノの直接原価はいくらか？
売ったモノの直接
仕掛品
期首残高
0円
（0個）
当期減少
104円
（8個）
当期増加
130円
（10個）
材料
120円
投入費
10円
労務費
20円
経費
40円
減価償却費
10円
製造固定費※1
当期製品
製造原価
104円
期末残高
26円
（2個）※2
合計　130円
合計　130円
製品
期首残高
0円
（0個）
当期増加
112円
（8個）
当期製品
製造原価
104円
完成費
8円
合計　112円
FCの利益4円に対して、直接原価計算（DC）は
損失▲24円と赤字になってしまった!?

額が費用計上されていた。DCに基づくP／Lの結果、変動費84円、固定費120円、損失は▲24円、と赤字となってしまった（**図表3―6のP／L**）。

　DCによる決算書を完成したところで、昼休みとなった。

割り勘計算と損得計算

（原価計算の方法を変えただけで、黒字が赤字になっている……。どっちが正しいの?）

早苗は配られたとり五目弁当に目もくれず、FCとDC2つの決算書を交互に見比べたが、なぜ利益が変わってしまうのか、その原因がよく分からないでいた。

「さなえちゃん、決算はできた?」

隣にいた美樹が声をかけた。今日初めて会ったのに「ちゃん付け」でも違和感がない。美樹は人との距離を詰めるのが上手いようだ。

「はい、なんとか。でも、なんで利益が違ってくるのかがよく分からなくて……」

「じゃあ、川上さんに聞きに行きましょう!」

美樹はいたずらっぽくウインクをした。

（かっ、かわいい!　美樹さんって、モテるんだろうな……）

早苗は、同性ながらも美樹の魅力に思わず見惚れてしまった。

「一言で言うと、**ＦＣは『割り勘計算』**、**ＤＣは『損得計算』**だね」

川上は美樹と早苗の質問に、ホワイトボードを使いながら説明を始めた。

「**ＦＣは製品１個当たりの原価を正確に把握しようとするための原価計算**だ。そのために、生産にかかわったすべての原価要素を集計する。その原価の中には、材料費のように製品と１対１で直接紐づけられる変動費もあるけど、労務費や経費のように一定額が発生して、どの製品にいくらかかったかよく分からない固定費もある。だから、１個当たりの固定費を計算するために、割り勘計算が必要になる」

川上は、早苗と美樹の反応を見ながら説明を続けた。

「今回の製造固定費は70円だったよね。ゲームでは10個を工場に投入したから、70円÷10個で、１個当たりの製造固定費は７円と計算される。販売した製品６個に対応する固定費42円はＰ／Ｌで『売上原価』になり、製品２個と仕掛品２個に対応する固定費28円は、Ｂ／Ｓの『在庫』として資産計上されるんだよ」（**図表３―７**）

早苗はホワイトボードの数値を追いかけた。製造固定費70円が、売上原価42円、在庫（製品と仕掛品）28円に分かれている。

「一方で、損得計算のＤＣでは変動費だけを原価計算の対象として、固定費は対象から外している。その結果、費用の認識時点は、変動費は『販売した時』、固定費は『発生した時』に認識することとなる。今回のゲームで発生した製造固定費70円は、すべて当期の費用と

図表 3-7 全部原価計算（FC）の場合

製造固定費

労務費　20円 経費　40円 減価償却費　10円 70円÷10個＝ 7円／個	売上原価　6個 42円→P/L
	製品→2個 14円→B/S
	仕掛品→2個 14円→B/S

割り勘計算をするため製造固定費の一部が資産になる。

資産になった分だけ費用が減って利益が増える。

P/L（FC）

売上原価　126円 （うち固定費　42円）	売上 180円
販管費　50円	
利益　4円	

B/S（FC）

【資産】		【負債】	—
現金	108円		
製品（@21×2個）	42円	【純資産】	
（うち、固定費）	（14円）		
仕掛品（@20×2個）	40円	資本金	300円
（うち、固定費）	（14円）		
材料（@12×2個）	24円	利益剰余金	4円
機械	90円		
総資産合計	304円	負債・純資産合計	304円

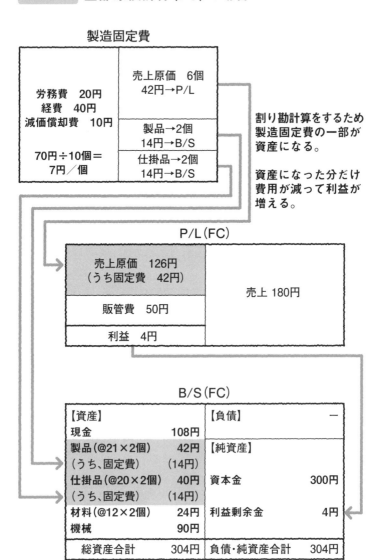

図表 3-8 直接原価計算(DC)の場合

製造固定費

製造固定費 労務費　20円 経費　40円 減価償却費　10円	固定費 70円→P/L

損得計算のため使った費用は、
すべてその期の費用。
売上が増えなければ利益は増えない！

P/L(DC)

変動費　84円	売上 180円
固定費　120円 (製造固定費　70円) (販管費　50円)	
損失　▲24円	

B/S(DC)

【資産】		【負債】	―
現金	108円	【純資産】	
製品(@14×2個)	28円		
仕掛品(@13×2個)	26円	資本金	300円
材料(@12×2個)	24円		
機械	90円	利益剰余金	▲24円
総資産合計	276円	負債・純資産合計	276円

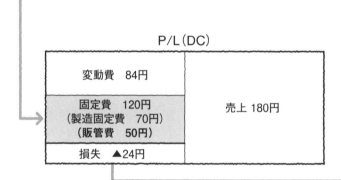

して認識している」（**図表3—8**）

「ＦＣとＤＣの違いは、製造固定費の行き先がＰ／ＬかＢ／Ｓかの違いなんですね」

早苗はホワイトボードを見ながら呟いた。

「そう。**ＦＣとＤＣで固定費の認識時点が違うから、利益が変わってくる**んだ。**ＤＣでは固定費が『発生した時』に全額費用として認識する**んだよ。しかし、**ＦＣは固定費を割り勘計算するから、売れた分は売上原価になるけど、売れなかった分は、在庫としてＢ／Ｓに資産計上される**。つまり、固定費の認識が、発生した時ではなくて、『販売した時』とタイミングが遅くなる。今回のゲームでは70円のうち、28円が在庫（棚卸資産）として資産計上された結果、Ｐ／Ｌの費用が28円少なくなっているんだ」

早苗はホワイトボードの２つの図を見比べた。ＦＣとＤＣの利益のズレの28円は在庫金額のズレと一致している。

「つまり、ＦＣでは売上原価を正確に把握しようとした結果、売れ残りの在庫に対応する固定費が資産計上されることになったんだ。しかも、在庫を増やせば増やすほど、資産に計上される固定費が増えてしまうことから『**みせかけの利益**』が増えてしまうんだ」

（みせかけの利益……。もしかして千葉精密も？）

早苗の手にはじわっと汗がにじんだ。

「**ＦＣは『作ってなんぼ』。作れば作るだけ利益が増えてしまうという致命的な欠陥**がある。売れなくても利益が出てしまうので**『全部原価計算の罠』**と呼んでいる。一方で、DCは『売ってなんぼ』。いくらたくさん作っても売らなければ利益が出ない。**DCのほうが経営者の肌感覚に近い損得計算だ**」

「なあに、川上先生。いつもこんなに丁寧に教えてくれないいじゃないですか?」

美樹は笑いながら川上を肘でつついた。

「やっ、やめろって!」

川上はそう言いつつも、どこか嬉しそうだ。

早苗は2人のやりとりをよそに、ホワイトボードをじっくり見つめていた。

経営とは「意思決定」の連続

昼休みが終わり、いよいよマネジメントゲームの2期の開始だ。

早苗はすぐ会社に戻って、「みせかけの利益」が出ているのかどうかを調べたくて仕方なかった。しかし、マネジメントゲームは丸2日間の研修。まだ始まったばかりだ。

マネジメントゲームは、各参加者が順番にカードを引いて進んで行く。カードの種類は**「意思決定」**と**「リスク」**の2種類がある。

意思決定を引いた場合、仕入、製造、販売など複数の選択肢の中から社長として会社の

図表 3-9 マネジメントゲーム意思決定の種類はこんなにある！

種類	説明
商品販売	入札で勝負を決める
材料購入	場所によって価格が違う
商品仕入	他社の製品を仕入れる
製品製造	生産能力の範囲内
人材採用	セールスパーソン、ワーカーの採用
設備投資	生産能力の向上
広告宣伝	【戦略チップ赤】販売能力の向上
研究開発	【戦略チップ青】価格競争力の向上
人材教育	【戦略チップ黄】生産・販売能力の向上
IT投資	【戦略チップ緑】生産能力の向上
保険加入	【戦略チップ橙】リスクマネジメント
外部倉庫	リスクマネジメント
設備売却	不要設備の売却
配置転換	人事異動　セールスパーソン⇔ワーカー
材料売却	資金不足の対策
短期借入	短期の資金調達
長期借入	長期の資金調達
金銭貸付	資金の運用

意思決定をする。セールスマンをたくさん採用して販売能力を高める会社もあれば、研究開発に力を入れて価格競争力を高める会社、大型機械を導入して生産能力を高める会社などなど、打つ手は無限大だ（図表3－9）。

リスクを引いた場合には、リスクカードを引き、その指示に従う。リスクにはラッキーとアンラッキーの2種類がある。何が出るかは引いてみるまで分からない。

「それでは、始めてくださ

い！」

川上の合図でゲームがスタートした。

早苗の卓は、美樹からスタートだ。美樹は「研究開発」の意思決定をして、青いチップを会社盤に並べた。研究開発は、価格競争力が高まり入札販売の時に有利になる。

早苗の番が回ってきた。最初の「意思決定」では、材料を2個仕入れて、資金繰り表へ記帳した。次の意思決定をどうしようか迷っているうちに、早苗の番が回ってきた。まだ何をするか決めていなかったため、隣の人を真似して「製品製造」をした。

（みんな、意思決定のスピードが速くてついていくのが大変。でも売上を増やせば、利益が出るはず。経営者の一人として負けられない！）

次の番が回ってきたとき、早苗は商品販売の意思決定をした。販売は入札制。最も安い競争価格をつけた参加者だけが売れるルールだ。研究開発をすると、価格競争力が高まり入札に有利になる。「プライスカード」と呼ばれる値札を提示し勝敗を決める。

今回の入札には、早苗の他に美樹ともう一人の40歳くらいの男性が入札に参加した。

「せーの！　32」「27！」「28！」

最も低い競争価格27円を提示した美樹の勝利だ。

（まぁ、初めはこんなものよね）

早苗はその後も入札に臨んでみるものの、なかなか勝てない。

（全然売れない。なんとかしなきゃ……）

お金が底をつきかけた終了間際に、リスクカードの「独占販売」を引いたところでタイムアップとなった。この売上のおかげで、なんとか期末経費を支払うことはできた。

ゲームの最後は「決算書の作成」が必ず行われる。ゲーム中の賑やかな雰囲気と打って変わって、参加者は黙々と電卓を叩き、自分の会社の決算書を一生懸命作成していく。

早苗も美樹や隣の参加者に教えてもらいながら、なんとか決算書を作成した。会社の業績は、売上200円、変動費100円、固定費115円、利益▲15円と赤字だった。

美樹は、売上350円、変動費180円、固定費155円、利益15円と黒字だ。

「美樹さん、すごーい！　なんでそんなに売れるんですか？」

「100期以上やっているからね」

と美樹は笑った。

「ひゃ、ひゃっきぃ⁉」

マネジメントゲームは繰り返しの体験型学習だ。繰り返し学ぶことにより、経営の勘どころが身についていく。

早苗は、自分の会社盤と美樹の会社盤を見比べた。美樹のように100期（100年）以上の経験者も少なくない。美樹の会社には、「戦略チップ」と呼ばれている赤、青、黄のチップが並んでいて色鮮やかだった。

マネジメントゲームでは、期が終了するごとに売上順に席替えをする。売上の多い美樹は上位組、売上の少ない早苗は下位組に席替えをして、第3期が始まる。

（2期では思ったように売れなかったわ。高く売りたかったけど、入札で勝てなかったのが原因ね。3期では安い価格で勝負しよう！）

早苗は販売方針を転換し、低価格戦略をとった。

第3期が始まった。商品販売を「意思決定」し、プライスカードを出し合う。

「せーの、27！」「28！」「25！」

「やった！　売れた！」

早苗の勝ちだ。その後も低価格で入札に臨み、次々と入札に勝っていった。

後半にリスクカード「製品欠陥によるクレーム」を引いたときには、早苗は千葉精密の品質問題を思い出し、苦笑いするしかなかった。

3期の経営の結果、早苗の会社の売上は250円と2期に比べて増加した。しかし、いざP／Lを作成してみると変動費150円、固定費120円、利益は▲20円だった。

（売上は増加したのに、利益が減少している……。どういうこと？）

MQ会計と6つのローマ字

「皆さん、3期まで本当にお疲れさまでした！　ビールで乾杯をする前に、『MQ会計』について勉強しましょう！」

（MQ会計？　たしか損益計算書（P／L）の講義の時に少し話に出たわ）

早苗は、赤い手帳を取り出しメモの準備をした。

「**MQ会計は**、ズバリ、**儲けるための会計**です！」

川上の声はいっそう、高らかになった。

「今までのP／Lは直接原価計算（DC）で作ってきましたね。MQ会計はDCをベースに改良した科学的、戦略的な会計です！　DCでは費用を変動費と固定費に分けました。MQ会計では、さらに**売上を**『**売価**』と『**数量**』**に因数分解**しました。そして、誰もが理解できるように、分かりやすいビジュアルになっています！」

そう言うと、川上はホワイトボードにボックスを描き、各ボックスの中にローマ字と数値を書き込んでいった（**図表3―10**）。

「MQ会計は、P／Lを各要素に分解して、ローマ字の頭文字で表現します。覚えてもらうのは、ローマ字6つ。それは、

図表3-10 これがMQ会計の基本図式だ！

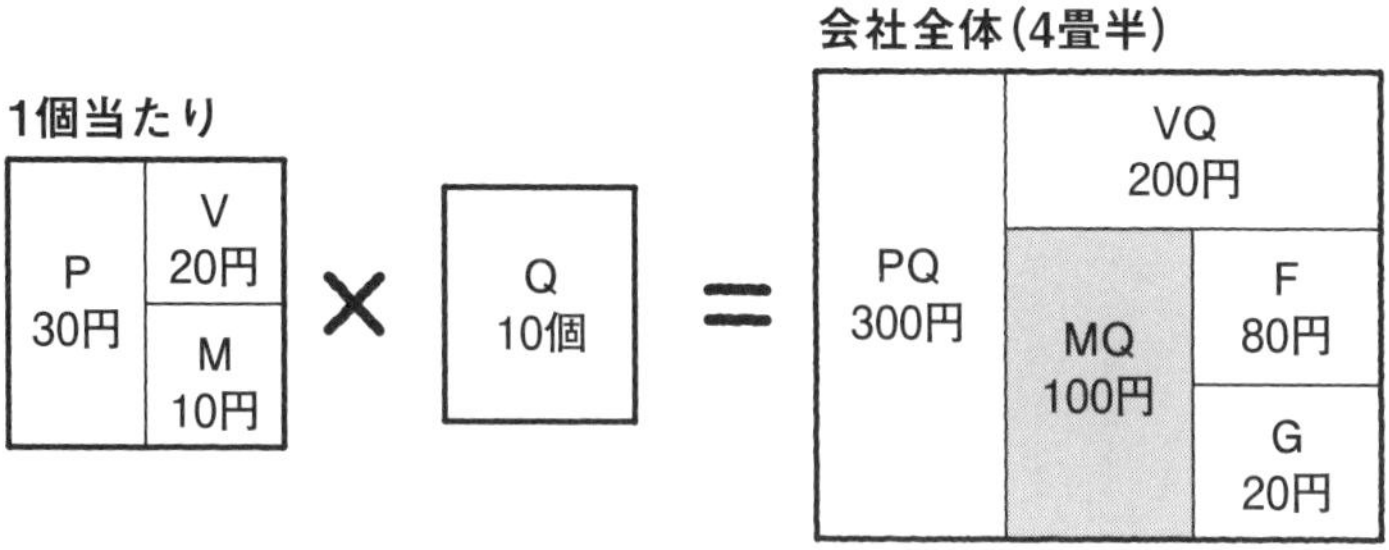

【P】【V】【M】【Q】【F】【G】です！」

・「P」は1個当たりの売価（Price）
・「V」は1個当たりの変動費（Variable Cost）
・「M」は1個当たりの付加価値（Marginal Profit）
・「Q」は販売数量（Quantity）
・「F」は固定費（Fixed Cost）
・「G」は利益（Gain）

を表している。

ローマ字が2つからなる「PQ」、「VQ」、「MQ」は2つの要素の掛け算を意味している。

「PQ」は売上（1個当たりの売価×数量）

「VQ」は変動費（1個当たりの変動費×数量）
「MQ」は付加価値（1個当たりの付加価値×数量）

として求められる。

「MQ会計は、図形の高さで金額を表します。PQの高さは、VQ＋MQの高さに等しくなっています。また、MQの高さは、F＋Gの高さに等しくなります。

つまり、**売上（PQ）＝変動費（VQ）＋固定費（F）＋利益（G）**なんですね。MQ会計でも右と左で数値が等しくなる『**会計恒等式**』が成り立ちます」

川上はいったん間を置き、参加者の理解が追い付くのを待った。

「この『PQ＝VQ＋F＋G』という公式は『**企業方程式**』と名付けられています。

MQ会計は用語に慣れるまで、最初は戸惑うかもしれませんが、ローマ字6個だけですので頑張って覚えましょう！　もう一度言います。

【P（1個当たりの売価）】
【V（1個当たりの変動費）】
【M（1個当たりの付加価値）】
【Q（販売数量）】
【F（固定費）】
【G（利益）】

です！　この６つを全社員で共有できれば、ＭＱ会計は社内の共通言語になります！」

（まずは６つを覚えればいいのね……）

早苗は手帳にメモを走らせた。

そう言うと川上は早苗の席に歩み寄り、早苗の決算書を手に取った。

「じゃあ、実際にさなえ社長のＰ／ＬをＭＱ会計に変換してみようか？」

早苗の決算書を手に取ると、川上はホワイトボードの前に戻った。

「ＭＱ会計も直接原価計算（ＤＣ）をベースに作成しているので、会社全体の損益の情報は埋めるところが違うだけで、同じ数値が入ります。右側の大きなボックスはその形から『４畳半』と呼んでいます。この４畳半にＤＣのＰ／Ｌから数値を持ってきます」

ＭＱ会計のボックスに数値を埋めながら、川上の力の入った説明が続く。

「**ＤＣとＭＱ会計の違いは１個当たりの情報の有無**です。１個当たりの情報を知るためには、何個売ったか？　という『数量』のデータが必要です。この数量情報というのが、会計にとっては革命的なアイデアなんです！　さなえ社長、なんでか分かる？」

「ちょっと、分からないですね」

「**会計でつかうモノサシは、すべて『お金（円）』で表現するという大前提**がある。数量とお金は違うだろう？」

川上はホワイトボードに「**会計の前提　貨幣的評価の公準**」と書いた。

図表 3-11　DCからMQ会計の基本図式に当てはめる

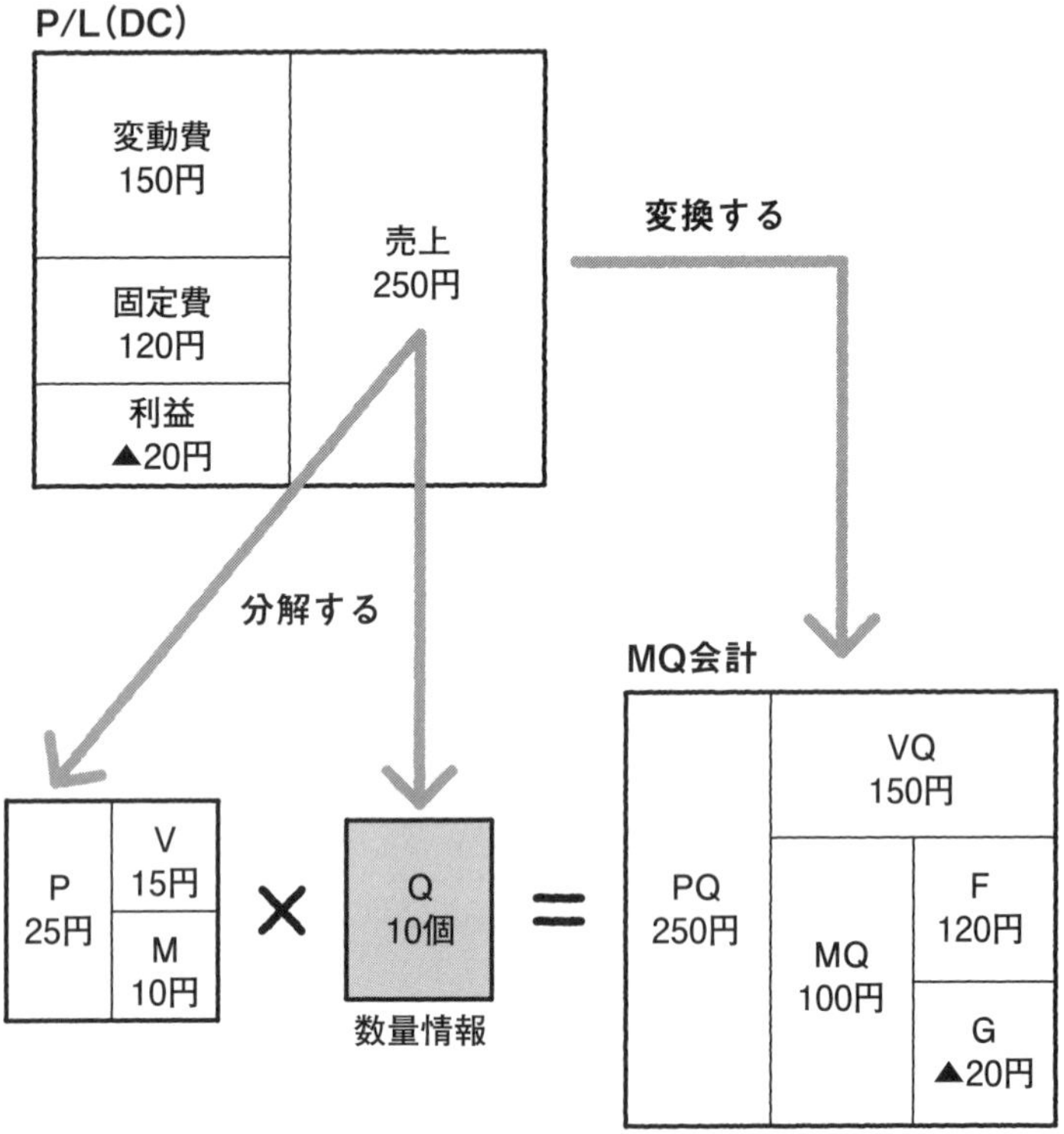

MQ会計は「貨幣的評価の公準」を超えた超会計！

「たしかに、何個売れたかという数量の情報は、決算書には出てこないですね」

「でも売上は、『売価×数量』という式で成り立っている。最も重要な売上情報を、経営に役立てるためには、『お金』だけじゃなく、どうしても『数量』の情報が必要なんだ。その意味でMQ会計は、会計の大前提である**『貨幣的評価の公準』**を超えた会計、いわば**『超会計』**なんだ！」

川上は、売上（PQ）250円、変動費（VQ）150円、付加価値（MQ）100円を数量（Q）10個で割ることによって、1個当たりの売価（P）25円、変動費（V）15円、付加価値（M）10円を計算し、MQ会計を完成させた（**図表3―11**）。

損益分岐点は4つある

「MQ会計の見方は、MQとFの大小関係で儲けたかどうかが決まります！

MQ＞Fなら黒字

MQ＝Fで損益ゼロのトントン

MQ＜Fで赤字です。

F÷MQで、**損益分岐点《そんえきぶんきてん》比率《ひりつ》（f《えふ》／m《えむ》比率《ひりつ》）**を求めることができます」

川上は3つのボックスを書きながら説明をした（**図表3―12**）。

図表 3-12 損益分岐点比率（f/m比率）とは？

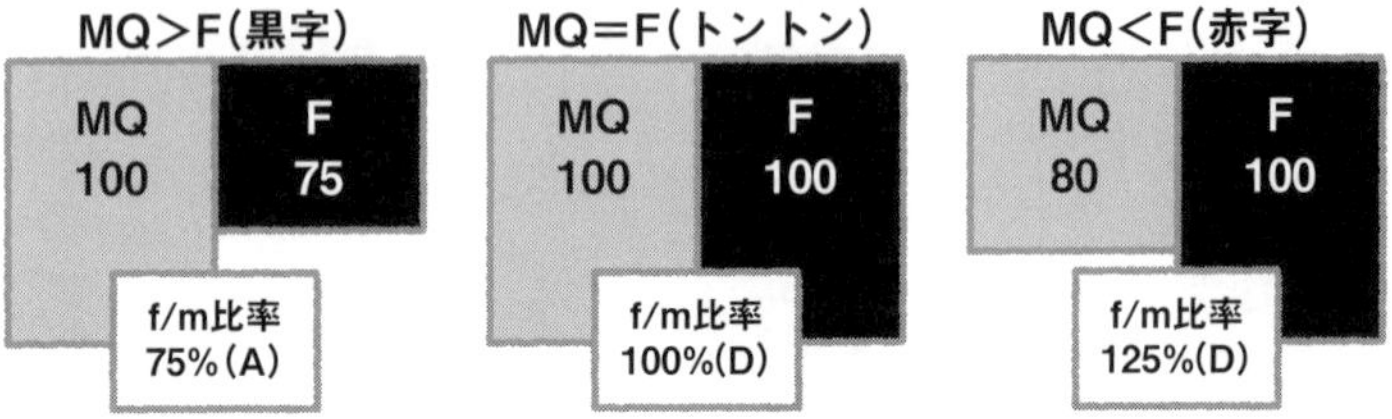

ランク	企業分類	f/m比率
S	超優良企業	～59％
A	優良企業	60％～79％
B	普通企業	80％～89％
C	危険水域	90％～99％
D	赤字企業	100％～199％
DD	倒産路線	200％～

**固定費（F）が付加価値（MQ）を下回る場合は、
利益が出ている黒字企業。
f/m比率は低ければ低いほど、高収益企業である。
固定費（F）が付加価値（MQ）を超える場合は、
利益が出ていない赤字企業。**

「さなえ社長の会社のf／m比率は、F（120円）÷MQ（100円）＝120％。Dランクの赤字企業です。じゃあ、どうやったらさなえ社長の会社が、赤字から抜け出して、損益がトントンになるのかを検討してみよう！　まずは、MQ会計ではなくて、管理会計の教科書に載っている『伝統的な損益分岐点』から見ていこう」

そう言うと川上は、ホワイトボードに損益分岐点の公式を書いた（**図表3－**

図表3-13　これが伝統的な損益分岐点の公式！

$$\text{損益分岐点売上高} = \frac{\text{固定費}}{1-(\text{変動費}\div\text{売上高})}$$

早苗の会社の場合は……

$$\text{損益分岐点売上高 300円} = \frac{\text{固定費120円}}{1-(\text{変動費150円}\div\text{売上高250円})}$$

あと売上を50円増やせば損益トントンにすることができる!?

13）。

「**損益分岐点は、損益の分かれ目、損益がゼロになる売上のこと**ですよね。つまり、売上高＝変動費＋固定費になる点です。この式を変形すると、『損益分岐売上高＝固定費÷｛1－（変動費÷売上高）｝』になります。ちなみに、この公式自体は覚えなくていいですよ。もっと分かりやすいのを教えますので。さあ、いくら売上を上げれば、自分の会社の損益をトントンにすることができるかな？」

早苗は公式を当てはめて電卓で計算をした。

「えーっと。損益をゼロにするための売上は300円です」

「そうだね。そこで、営業部員に目標売上を達成するように『手段は問わないか

図表3-14 価格を値下げして目標売上高300円を達成したが……

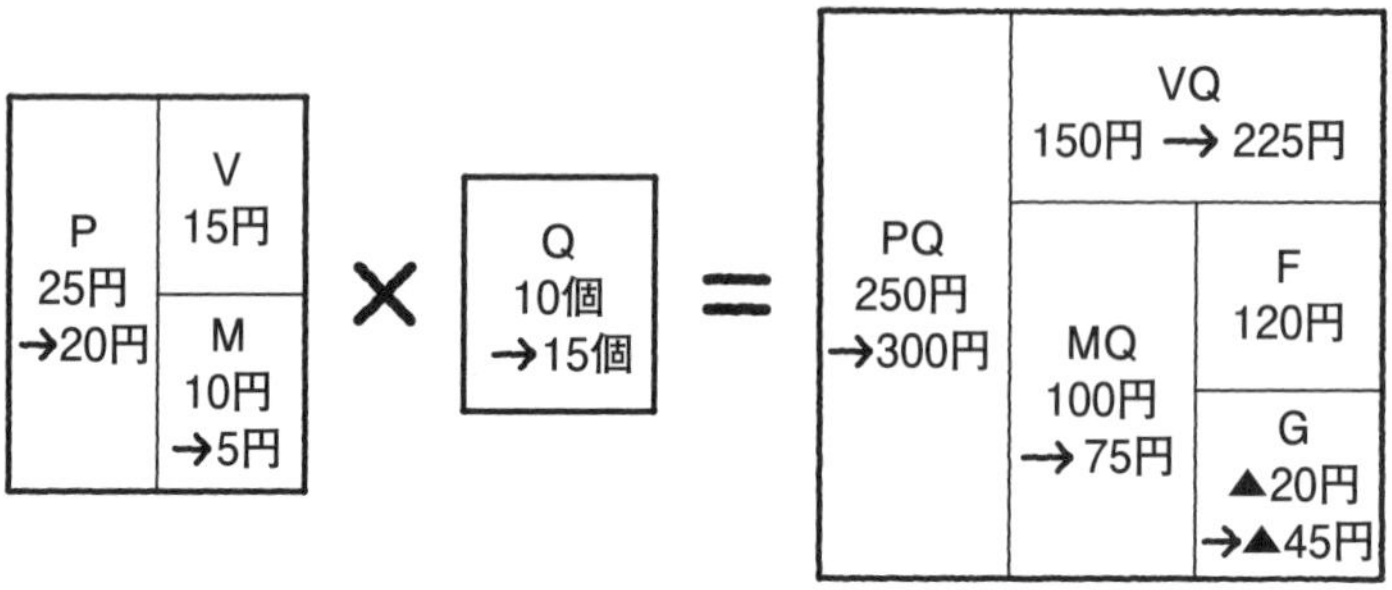

損益分岐点売上300円を達成したのに、損益がトントンになるどころか、赤字が拡大してしまった！

ら、とにかく売上３００円を挙げてこい！』と檄《げき》を飛ばしました。営業部員たちはなんとか売上を増やすために、価格を25円から20円に下げて、低価格戦略で売上を増やしていきました。その努力の結果、目標売上の３００円が達成できました！ さて、これで損益がトントンになったはずですよね？ これをＭＱ会計で検証してみましょう」

川上はＭＱ会計表に数値を書き込んでいった。

売価（Ｐ）が20円、売上（ＰＱ）を達成するためには、販売数量（Ｑ）はＰＱ３００円÷Ｐ20円＝Ｑ15個だ。その結果、売上（ＰＱ）は３００円を達成しているのに、利益（Ｇ）は、損益が０になるどころか、▲45円とさらに減る結果となっ

図表 3-15　価格はそのままで販売数量を2個増やせれば……

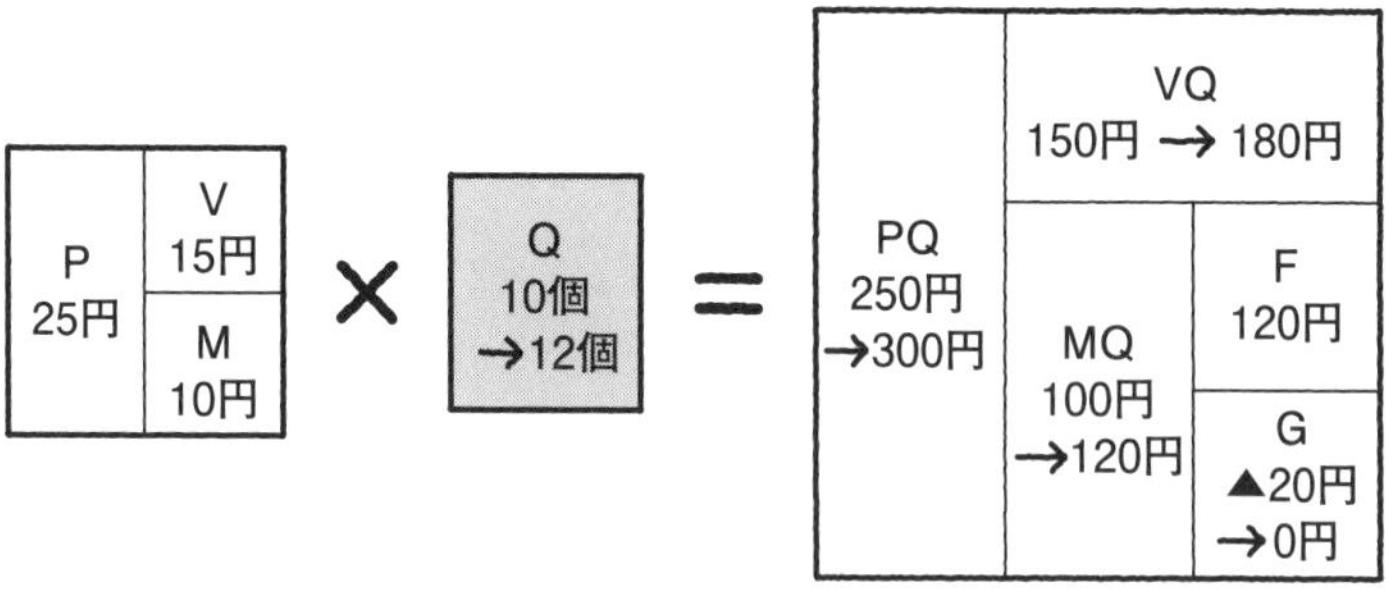

売価（P）を下げずに、販売数量（Q）を2個増やせば、損益をトントンにすることができる！

た**（図表3—14）**。

（なんで？　損益ゼロになるんじゃないの？　売上が増えているのに利益が減る……？）

「ずいぶん、不思議そうな顔をしているね？」

　川上は早苗の様子を見て、楽しんでいるようだ。

「……公式が間違っているんですか？」

「間違ってないよ。実は、この**伝統的な損益分岐点の公式には『売価（P）を変えてはいけない』っていう大前提がある**んだ。つまり、販売数量（Q）をもとめる公式だったんだ」

　売価（P）を変えずに、数量（Q）が増えた場合、QはPQ÷Pをすれば求められる。PQ300円÷P25円＝Q12個。

Qが決まると、全体損益のVQ、MQもつられて数値が変化する。その結果、Qが増加した場合の利益（G）は0円と、公式のとおり損益がトントンになっていた（**図表3―15**）。

「営業部員に『値下げをしないで、販売数量をあと2個増やして！』とお願いする必要があったんですね。でも、同じ300円の売上なのに利益がこんなに違うなんて……」

早苗は、2つのMQ会計表を交互に何度も見返した。

「売上は売価（P）×数量（Q）だ。**『売上を増やせ！』というあいまいな指示ではダメで、何円（P）で、何個（Q）売るかを決める必要があるんだ。**そうしないと今回のシミュレーションのように、売上が増えたのに利益が減ってしまう**『増収減益』**ということも十分に起こりえる。だから従来の損益分岐点分析だけでは不十分。そこで……」

「MQ会計の出番なんですね！」

早苗は川上の言葉を先回りして言った。

「そう！　MQ会計では、P、V、Q、Fの4つの要素によって、利益（G）が決まる。だから、**損益分岐点はQだけじゃなく、P、V、Fを合わせて4つ存在する**」

「損益分岐点が4つ。ということは公式を4つ覚えなくちゃいけないんですか？」

「その必要はない。基本公式を一つ覚えて、あとは変形させるだけで大丈夫なんだ」

不安そうな早苗に川上は優しく答えた。

「さっき『企業方程式』の話をしただろう？　損益分岐点とは利益（G）が0の状態だ。

企業方程式「PQ＝VQ＋F＋G」にあてはめて、G＝0とすると「PQ＝VQ＋F」となる。ここから、式を変形させて、損益分岐点となるP、V、Q、Fを求めることができる」

そう言うと、川上は4つの損益分岐点を求めるMQ会計表を完成させた（**図表3―16**）。

（同じ利益0なのに、P／Lの中身が全然違う……）

早苗は狐につままれたような気分になった。

MQ会計の3つの特徴

「MQ会計の特徴をまとめていきましょう。MQ会計は3つの特徴があります。**1つ目は『科学的な会計』です。MQ会計はDCをベースにしているので、作れば作るほど売れなくても『みせかけの利益』が出るというFCの非科学的な問題をクリアしています**」

川上の話に参加者は頷いた。

「**2つ目は『戦略的な会計』です。MQ会計は経営者が意思決定をするときの判断に役立ちます。**例えば、いくらなら受注してもいいのか？　仕事を内製するのか外注に任せるのがいいのか？　など、経営者は日々、意思決定をする必要があります。その時の判断に役立つのがMQ会計です！」

1 価格を上げる

損益分岐売価(P)

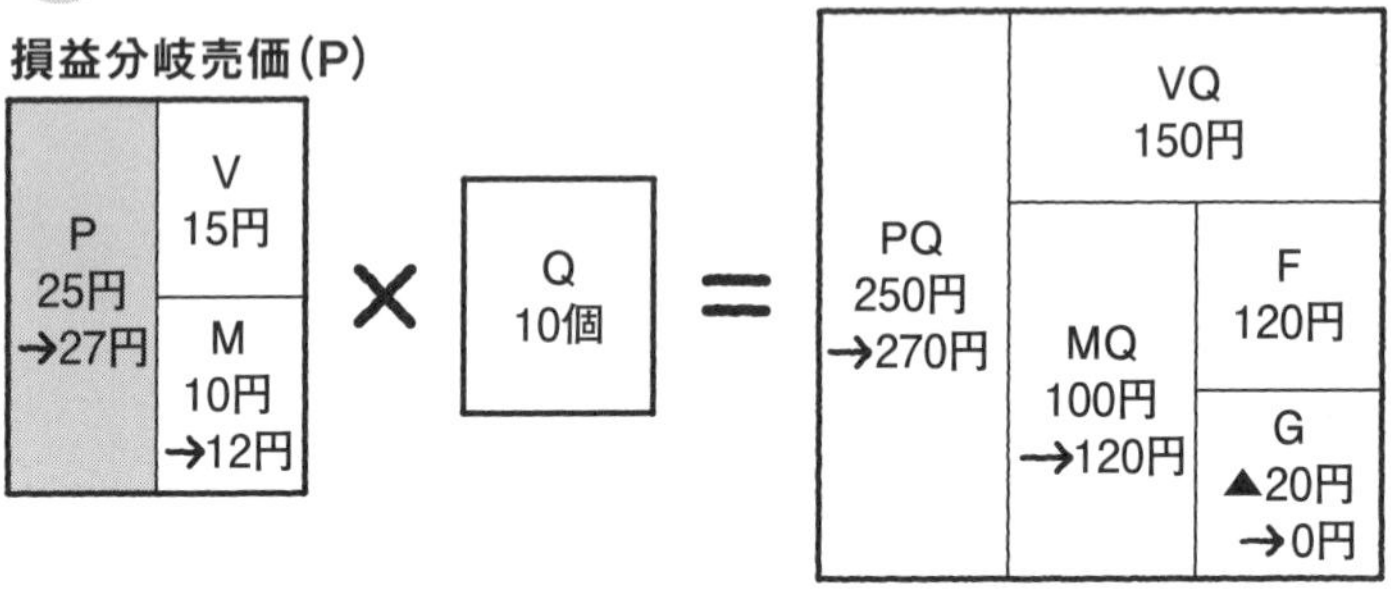

損益分岐売価(P)　P0=(VQ+F)/Q
P0=(VQ150円+F120円)/Q10個=27円
→ P27円(＋2円)にすれば、損益0になる。

2 変動費を下げる

損益分岐変動費(V)

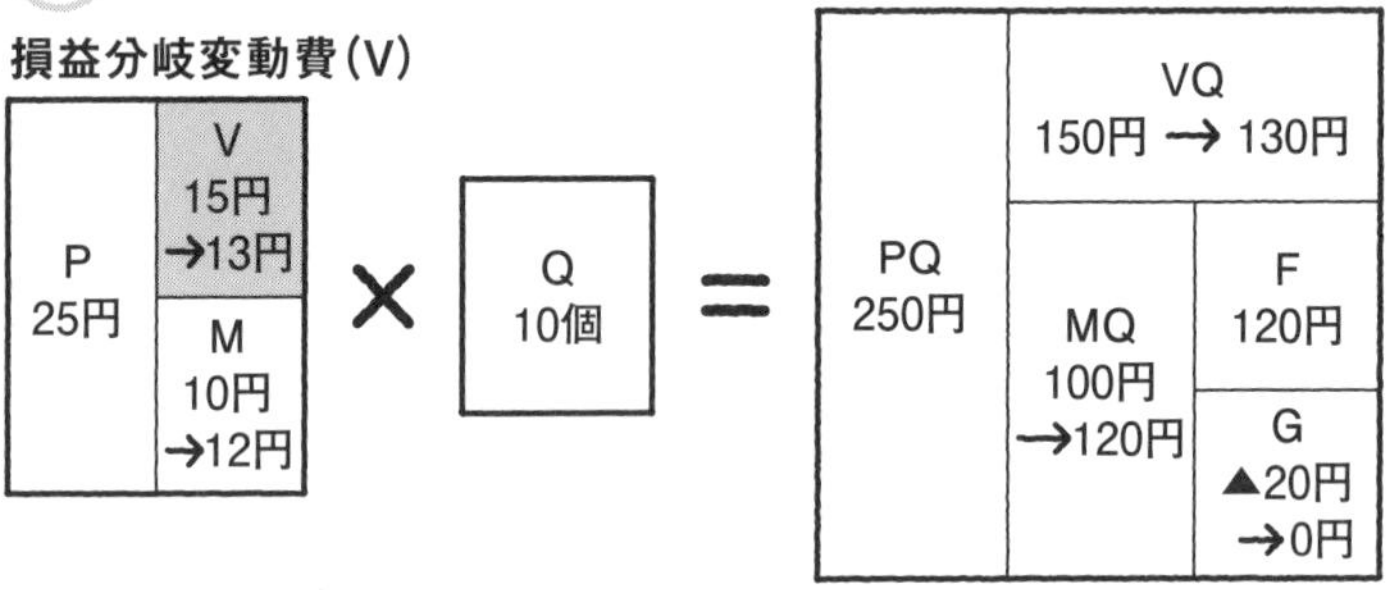

損益分岐変動費(V)　V0=(PQ−F)/Q
V0=(PQ250円−F120円)/Q10個＝13円
→ V13円(▲2円)にすれば、損益0になる。

図表 3-16 4つの損益分岐点がある

③ 販売数量を増やす

損益分岐数量(Q)

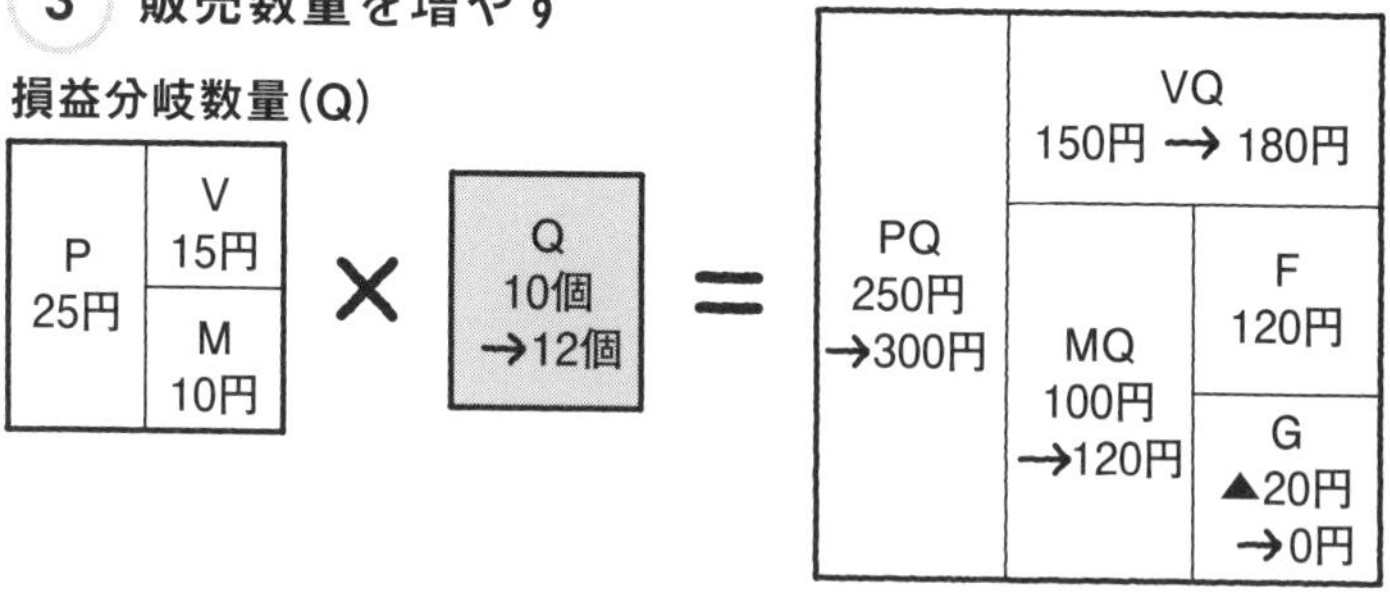

損益分岐数量(Q)　Q0=F/(P−V)
Q0=F120円/(P25円−V15円)＝12個
⇒ Q12個(＋2個)にすれば、損益0になる。

④ 固定費を下げる

損益分岐固定費(F)

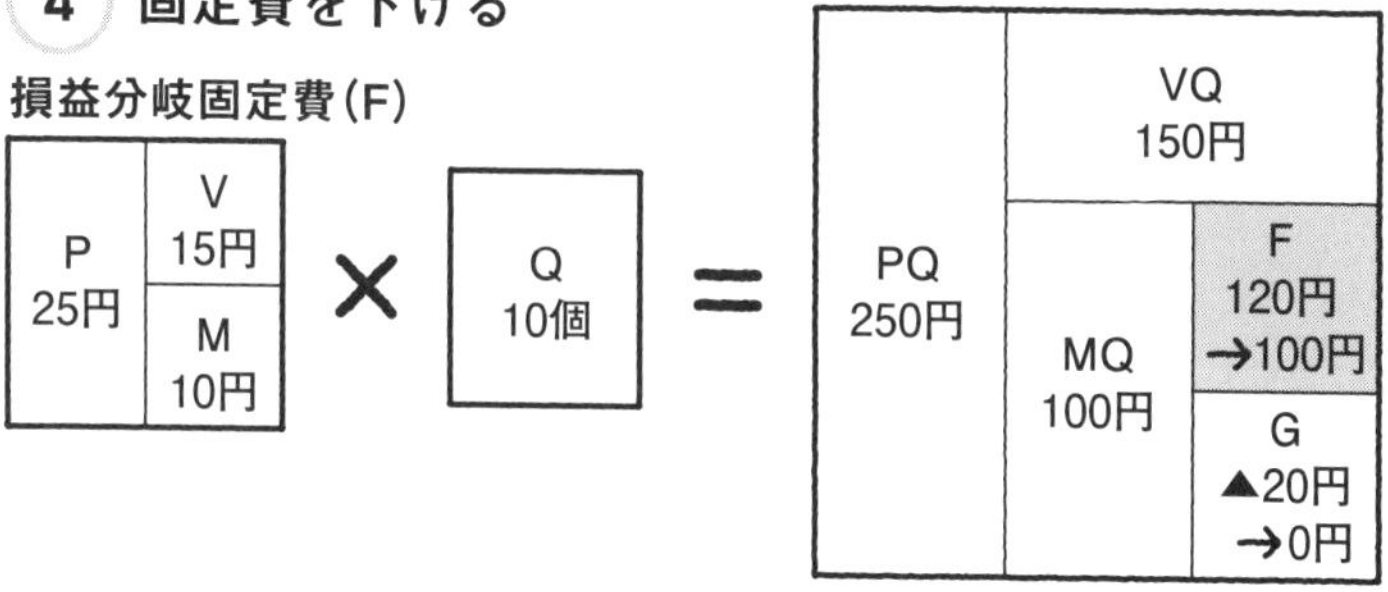

損益分岐固定費(F)　F0=PQ−VQ
F0=PQ250円−VQ150円＝100円
⇒ F100円(▲20円)にすれば、損益0になる。

早苗がメモする手を止めて顔を上げると、川上と目が合った。

「**3つ目は「誰でも分かる会計」ということです。MQ会計は6つのローマ字だけで構成されたシンプルな仕組みで、ビジュアル的にも分かりやすいですよね。**社内で会計を共通言語とするためには、これくらいシンプルじゃないと難しいです」

（これなら千葉精密にも広げられるかも……）

早苗の中に微かな期待感が芽生えた。

第4章

原価計算の罠

本当の利益を知りたい！

5月14日月曜日の朝、早苗は経理部の吉田と打ち合わせの予定を入れた後、マネジメントゲームの決算書を広げて振り返りをしていた。

昨日はマネジメントゲームの2日目、4期と5期を経験した。美樹は自己資本トップで最優秀経営者として表彰された。早苗は4期も赤字だったが、研究開発をした5期に少しだけ黒字を出すことができた。脳みそに汗はかいたが、心地よい疲労感が残っている。

「社長！　何を熱心に見てるの？」

早苗と同期入社の大下慎也だ。会話はタメ口だが、呼び方だけ「社長」に変わった。大下は入社後、製造部に配属され、3年後に営業部に異動。山崎常務にみっちり鍛えられ、今では若手のリーダー的存在となっている。

「経営を学ぶゲームをやってきたの！」

「経営のゲーム？　よく分からないけど、なんか楽しそうだね。今度、誘ってね！」

そう言うと、大下は得意先との商談に出かけて行った。

たわいもない会話だったが、社内で気兼ねなく話せる大下の存在はありがたかった。

「社長、先週にキャッシュ・フロー計算書（C／F）を作ったばかりですよね。今度は、エムキュー会計とやらで決算書を作れというのですか？」

吉田は困惑した表情を浮かべている。

「全部原価計算だと、みせかけの利益が含まれるので、本当に儲かっているかが分からないんです。だから直接原価計算ベースのMQかぁいけ……」

「利益はちゃんと出ているじゃないですか！　それとも私の作成した決算書では、信用できないんですか！」

吉田は早苗が話し終わる前に反論してきた。いつになく感情的だ。

「いや、そうではなくてただ、マネジメントゲームで学んだことを経営に活かしたくて……」

「うちの課題は、在庫と売掛金が増えてしまって、一時的に資金繰りが悪くなっているだけです！　P／Lは増収増益で問題ありません！」

結局、吉田の協力を得られなかった早苗は、経理の情報だけもらい、自分で千葉精密のMQ会計を作成することにした。

制度会計の不都合な真実

早苗は赤い手帳を開いて、川上から聞いたMQ会計の作成方法を確認した。作成方法は2つある。

①製品別の販売・原価データから作成する方法
②全部原価計算（FC）ベースの決算書から作成する方法

1個当たりの売価（P）、変動費（V）、販売数量（Q）の情報から作成する①の方法が本来の手法だが、情報を集めるのには少し時間がかかりそうだ。早苗は経理データから作成できる比較的簡単な②の方法で、千葉精密のMQ会計表を作成してみることにした。

FCとDC（MQ会計）の大きな違いは、製造固定費を販売時の費用とするか、発生時の費用にするかの違いである。

早苗は材料費、労務費、経費の費目別に区分された原価を変動費（V）と固定費（F）に分けていった。材料費は販売数量（Q）に比例して発生するため変動費（V）になるが、それ以外の原価はほとんどが固定費（F）だ。

例えば、工場で働く人の給料は、販売数量（Q）に関係なく、固定給として払っているため、固定費（F）となる。

迷ったのは、外注費の分類だ。社内でも対応できる業務だが、自社で作るより、下請業者に頼んだほうが安いと見込んで外注したものだ。もし、自社内で作業すれば給料として固定費（F）になるが、現状では販売数量（Q）に比例して発生している。

「外注費は変動費（V）にしよう」

早苗の質問に電話越しの川上が答えた。

「外注に出すということは、それだけ自社内での付加価値（M）を減らしていることだろう？　製品別の付加価値（M）を見極めるためには、外注費は変動費（V）とみなしたほうがいい」

早苗は川上のアドバイスに従って、製造原価の内訳の中から変動費である「材料費」と「外注費」を除いたものを、すべて製造固定費とみなして計算を行った。

「嘘でしょ……」

早苗は計算結果に思わず声が出た。**制度会計では1億5000万円の黒字だったが、MQ会計では5000万円の赤字になってしまった**のだ（**図表4―1**）。

早苗は差異の原因となった製造固定費の分析をした。制度会計のFCでは、製造固定費は販売時に費用処理され、売れ残りは在庫として貸借対照表（B／S）に計上される。

製造固定費には、期首に売れ残った在庫（期首残高）に2億円が含まれており、当期に23億円が発生した。期首残高と当期発生を足すと製造固定費は25億円になる。

図表4-1 制度会計(FC)とMQ会計(DC)の違い

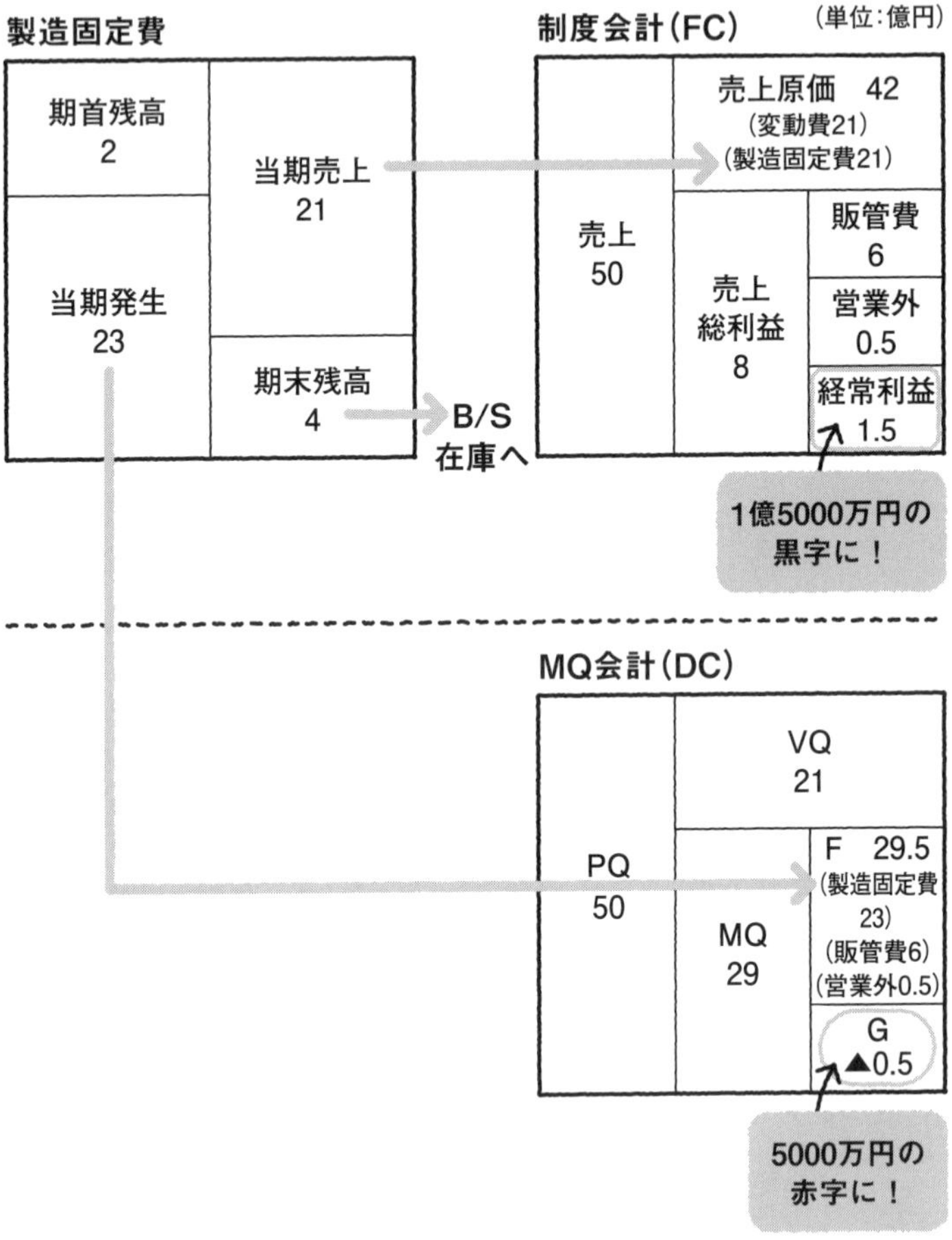

経常利益 1.5	－	G(本当の利益) ▲0.5	＝	みせかけの利益※ 2

※みせかけの利益＝製造固定費【当期発生額】－製造固定費【原価計上額】
　　　2　　　　　　　　　23　　　　　　　　　　21

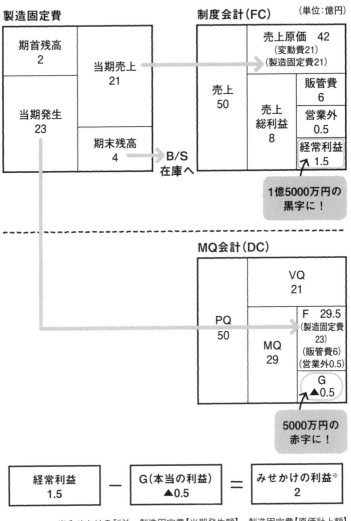

一方で、製造固定費のうち販売（当期売上）に対応する21億円が売上原価となり、在庫（期末残高）に対応する4億円はB／Sに資産計上されている。

結局、売れ残った在庫に、製造固定費を押し込んで、費用の計上を先送りしているだけだ。その結果、**「みせかけの利益」**が2億円も追加計上されていた。

「本当の利益（G）は5000万円の赤字……」

全部原価計算を採用している制度会計の不都合な真実が明らかとなった。

（やっぱり、**資金繰りだけの問題じゃない。本当は損益計算書（P／L）も悪かったんだ。**

私一人だけで、解決するのは難しいわ……）

早苗はiPhoneに手を伸ばし、川上にLINEでメッセージを入れた。

――久しぶりに両国で鍋しませんか？――

自分の頭で考える！

3日後、早苗と川上は両国駅の近くにある「ちゃんこ宮」で鍋を囲んでいた。

この店は、2人の母校「隅田川第三中学校」剣道部の常連のお店でもある。

「なるほど。見事に全部原価計算の罠にはまってしまったね。本当の利益は5000万円の赤字にもかかわらず、みせかけの利益の影響で1億5000万円の黒字になっている。

そのせいで法人税も払わなくてはならない。泣きっ面に蜂とはまさにこのことだな……」

千葉精密のMQ会計を見て川上は「ふーっ」とため息をつく。

「そこで、ご相談なんですが……」

早苗は正座になった。

「千葉精密の経営を手伝ってもらえませんか？　このままの状況ではまずいことは分かりました。MQ会計が経営の役に立つのも分かりました。でも、私一人では、どこから手をつけてどう改善していけばいいのか分からないんです。どうか、お願いします！」

早苗は真剣な表情で詰め寄った。

「うーん」と川上は腕組みをしながら唸った。

「さなえ、俺は今、10社をコンサルしている。北海道から沖縄まで全国に会社があるから移動時間も長い。さなえの会社も支援してあげたいが、正直時間が足りないんだ」

「先輩が忙しいのは理解しています！」

「それだけじゃない。来年の4月からアメリカに行く」

「えっ、アメリカ？」

「尊敬している先輩がシリコンバレーで、IT技術を使って農業を支援する会社を立ち上げたんだ。『ハッピーアグリ』っていう会社で『農業革命で、飢餓を無くす！』という理念に共感してね。それで、その会社の財務経営責任者（CFO）に就任する」

川上の話を聞いた早苗は、急に不安な気持ちでいっぱいになった。

「それだったら、なおさら今お願いするしかないです！　MQ会計を社内の共通言語にして、全社員が数値に基づいて正しい意思決定をする。そんな会社にしたいんです！　ぜひ力を貸してください！」

早苗はテーブルに手をついて、深々と頭を下げた。ぐつぐつと鍋の煮える音だけが部屋に響き渡っている。

「まいったなぁ……」

早苗は頭を下げたまま動かない。良い返事がもらえるまで今日は帰らないつもりだ。

「分かった。分かったから、もう頭を上げてくれ。一緒に会社をよくしていこう！」

「あ、ありがとうございます！」

早苗の粘り勝ちだ。

「ただし、条件が2つある。1つ目の条件は、契約は来年の3月まで」

「はい、分かりました」

「2つ目の条件は、俺は解決策を教えない」

「えっ、教えてくれないんですか？」

予想外の言葉に早苗は耳を疑った。

「**学ぶことの最大の障害は答えを教えることと**なんだ。人間は他人に言われるとやらないけど、自分の頭で考えて決めたことはやる。それに、会社のことを一番よく知っているのは社員だろう？　だから、解決策は自分たちの力で見つける必要がある。もちろん、解決策に辿り着くために全力で支援するよ！」

「分かりました。よろしくお願いします！」

早苗は川上の意図を理解した。

「しかし、ちゃんこで口説かれるとは、『三顧の礼』ならぬ『ちゃんこの礼』だな」

川上はそう言って笑うと、おちょこに残っていた冷酒を飲み干した。

一致団結！

月が替わり6月となった。5月末には「みせかけの利益」の影響により本当の利益（G）は赤字なのにもかかわらず、5000万円の法人税を支払った。まだ、品質管理の問題も解決しておらず、松本時計からの入金もない。このままでは、7月末に返済期限を迎える2億円の借入金を返すことができない。

「みなさん、初めまして！　川上龍太と申します！」

いつもは誰もいない土曜日の千葉精密の食堂で、川上の声が響き渡った。社内で初めてのマネジメントゲーム研修が始まった。平日は、川上の予定が空いておらず、会社も現場が動いていることから、土曜日の開催となった。

今回の研修開催に当たって、製造部はおもいのほか興味をもってくれた。島田の号令の下、智子を含め製造部の主だったメンバーは休日返上でみんな参加してくれている。

経理部の吉田もしぶしぶ参加している。これからの改善活動をするにあたって、吉田の協力は不可欠と判断し、早苗が必死にお願いをした。

しかし、営業部のメンバーは大下だけの参加となった。大下の話によると、製造部に先に声をかけたことが、気に食わなかったのが原因のようだ。

本来、マネジメントゲームは2日間の研修だが、今回は1日のコースだ。早苗は、どこまで社員にMQ会計の考えが浸透できるか少し不安もあったが、川上と社員を信じて、自分も参加者として研修に臨んだ。

早苗の心配をよそに、川上の軽快なトークをみんな楽しんでいるようだった。

ゲームではほとんどのメンバーが赤字経営だったが、管理課の智子、営業部の大下は黒字経営だった。

川上はまとめの講義で、FCとDCの違いについてポイントを解説した。

その後、千葉精密の決算書とMQ会計表については、早苗が自ら説明した。一般社員に決算数値を開示するのは初めてのことだった。参加者は食い入るような目で真剣に話を聞いていた。吉田もしっかりとメモをとっている。

「一緒に改善活動をやっていきましょう！」

参加者からの大きな拍手とともに19時過ぎに研修は終了した。

研修の後、早苗は有志を募って秋葉原にある肉バル「ビフキチ」で懇親会を開いた。マネジメントゲームで知り合った松木が経営している。２９０円という破格でステーキを食べられることから、常に満席の人気店だ。

智子は川上の前に陣取り、川上を質問攻めにしている。他の参加者も口々にマネジメントゲームの感想を述べて盛り上がっている。

「面白い研修だったな！　今日受けられなかった製造部の連中にも受けさせよう」

島田はビールジョッキを抱えたまま、早苗に話しかけた。

「それにしても『みせかけの利益』は早急に手を打たなければならんな」

「よろしくお願いします！」

早苗は頭を下げた。

島田との会話に一区切りがつくと、吉田が早苗の隣に移動してきた。

「先日は感情的になってしまい、大変失礼いたしました」

吉田は少し気まずそうに詫びた。

「今日の講義を受けて、ＭＱ会計が千葉精密に必要なことが分かりました。これからは経理部も、ぜひ社長の取り組まれている改善活動に協力させてください！」

吉田も早苗の取り組みに前向きになってくれたようだ。今まで一人で抱えこんでいた会社の課題を、皆で共有することができ、早苗は嬉しくて胸が熱くなった。

川上と智子の２人はすっかり意気投合したようだ。２人の提案で、次回の製造部定例会議で「コストダウン」をテーマにワークショップが開かれることになった。

コストダウンの弊害

６月６日、製造部の定例会議に参加するため、川上は千葉精密を訪問していた。

「コストダウンはすべての製造業にとって重要なテーマです。先週はマネジメントゲームで会計について学んでもらいました。今日は千葉精密のコストダウンの取り組みについて、会計的な視点から見ると、どのような影響があるのか、皆で考えてみましょう！」

そう言うと川上は持参してきた付せんと油性ペンを参加者に配った。製造部のコストダウン活動が損益計算書（P／L）、貸借対照表（B／S）、キャッシュ・フロー計算書（C／F）に、どのような影響を及ぼしているかを**「見える化」**するためだ。

まず、現状で千葉精密に起こっている事象について付せんに書き出した。次につながりのありそうな事象を、

「原因」→「結果」

の関係になるように矢印で結んでいく。その際、原因が下、結果が上になるようにツリー状に並べていった。

参加者の多くが初めての経験だったため、最初は戸惑っていたが、川上の進行により、後半は活発に議論が交わされるようになった。

開始から2時間後、一つのツリーが完成した（**図表4―2**）。

「こりゃ、参ったなぁ……」

ツリーを眺めていた島田が呟いた。

大量生産による**「みせかけの利益」「B／Sの肥満化」**という問題については、マネジメントゲームの講義を通じて、早苗もある程度の予想はついていた。

しかし、変動費（V）削減を目的とした中国へのサプライヤーの変更が、**「大量仕入」「品質問題」**を引き起こしており、結果としてC／F悪化の要因となっていたのだ。

良かれとおもって頑張ってきたコストダウン活動が、思わぬ問題を引き起こしていることが明らかとなったのだ。

今回の対策案について、翌週にミーティングが開かれることになった。

「中国サプライヤーとの契約は、いったん白紙に戻す！」

ミーティングの重苦しい空気を変えたのは、島田の一言だった。中国サプライヤーへの

図表 4-2 コストダウンの弊害を探せ

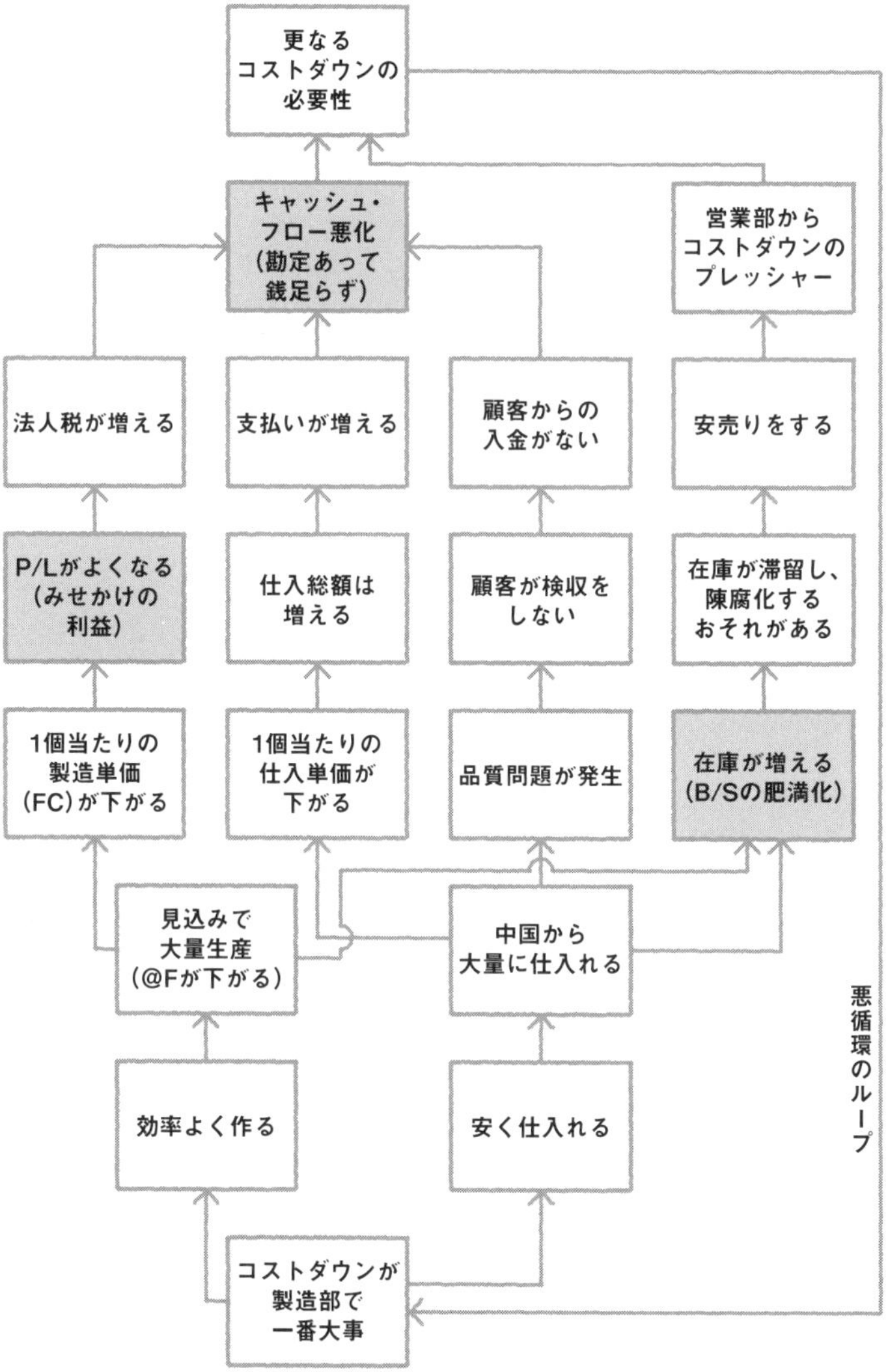

発注は、島田が自ら進めてきた案件だ。しかし、結果として中国製部品の不具合により、松本時計向けムーブメントの品質問題を起こしており、いまだに解決していない。

「先方は、納得してくれるでしょうか？」

智子は不安を口にした。

「交渉は大変かもしれんが、品質の問題がクリアできない現状では、取引を継続することは難しい。先方には私から伝える。広瀬君。申し訳ないが、以前注文を出していた『本所製作所』に連絡を取ってもらえないだろうか？　取引再開のお願いをしたい」

智子は「承知しました」と短く返事をした。

コストを考えると、部品の交換は割高となり採算が悪化する。

しかし、ツリーで明らかになった通り、品質問題は製造部を超えて、千葉精密の全社的な問題となっている。さらに松本時計へ与えている迷惑を考えると、一刻の猶予もない。

「コストのことはいったん忘れてください。とにかく、品質問題の解決を最優先で進めるよう、よろしくお願いします！」

早苗の言葉に参加者全員が「はい！」と返事をして、ミーティングが終了した。

島田主導のもと、品質問題の解決に向けた行動が加速していった。

今まで問題解決が遅々として進まなかったのは、コストの問題が大きかったからだ。

そこで中国サプライヤーが製造した問題のある部品を、本所製作所が製造した精度の高い部品に取り換えた。その結果、品質問題を無事クリアすることができ、松本時計の検収・納品が6月末に無事、完了した。

部品の交換代には、特急での依頼ということもあり500万円の追加出費があった。

しかし、滞留していた2億円の売掛金の入金は7月末には実行される予定だ。この入金によってなんとか借入金返済の目途が立った。

懸念していた中国サプライヤーとの取引中止は、おもいのほかあっさりと受け入れられた。どうやら他の複数の取引先に対しても品質問題を抱えており、その対応に苦慮しているらしい。

コストに代わる指標が見つかった!

「今までのようにコストにこだわっていたら、品質問題の解決はもっとずっと後になっていたでしょう。私たちもコストダウン一辺倒の考え方を変える必要があると思います」

7月5日、製造会議の冒頭で、智子が指標の見直しに触れた。

「コストは一つの指標にすぎません。**コストを下げることは、必ずしも利益やキャッシュが増えることには繋がりません。**コストに代わる指標で思いつくものはありますか?」

「利益、でしょうか？」

川上の質問に智子が答える。

「コストよりは利益のほうが良い指標ですね。でも、制度会計上の利益には『みせかけの利益』が含まれる可能性があります。千葉精密のように帳簿上の利益がいくらあっても支払いはできないですよね？」

「それじゃあ、キャッシュですか？」

「そうです！　キャッシュです！　**キャッシュがなければ、いくら利益があっても黒字倒産の可能性があります。反対に赤字でもキャッシュが多ければ潰れることはありません**」

「でも、われわれ製造部がキャッシュを直接管理している訳ではないのですが……」

「そうですね。キャッシュそのものではなく、キャッシュの増減につながる重要な項目を指標としましょう。**付加価値（ＭＱ）、固定費（Ｆ）、在庫**の３つです」

川上はＭＱ会計表と在庫の違い棚をホワイトボードに描くと、３つの指標を赤色のペンで目立つように塗った（**図表４―３**）。

「３つの指標をお金に着目して定義すると、**ＭＱは販売を通じて増えたお金、Ｆは在庫をＭＱに変えるために使ったお金、在庫は販売目的で材料に投資したお金**です。**ＭＱを増やし、Ｆと在庫を減らすことができれば、キャッシュは増えます**」

川上はＭＱ会計を完成させると、しばらく考える時間をとった。

図表 4-3 キャッシュを増やすための3つの指標

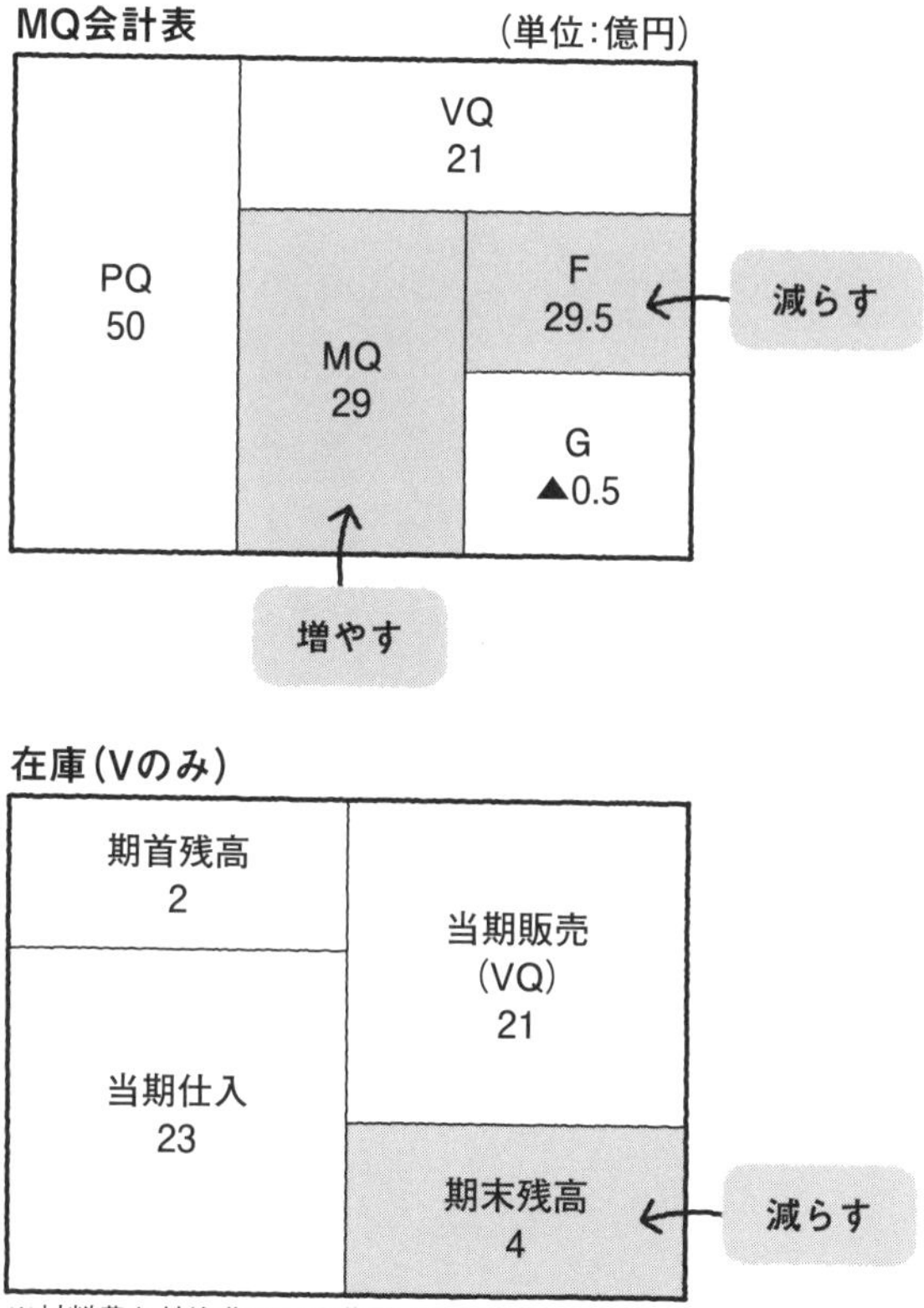

※材料費と外注費だけを集計。製造固定費を含まない

MQ、F、在庫を指標に経営する！

「どうやら私はコストに気をとられて、大きな考え違いをしていたのかもしれない」

島田が沈黙を破り話し始めた。

「新しい指標の導入に向けて、製造部でも検討に入ろう」

（製造部の改善は進められそうだわ。次は……）

早苗の関心は、マネジメントゲームに参加しなかった営業部に移っていた。

第5章

売上至上主義を超えろ！

ブンタン経営とリンゴ経営の違い

7月19日。早すぎる梅雨明けから夏日が続いており、今日も朝から蒸し暑い。午前9時、千葉精密の食堂に山崎、大下など営業部の主要メンバーが集められた。

「皆さんは、ブンタンって食べたことありますか?」

講師として前に立っているのは滝川美樹である。川上の話によると、美樹はモデル業を経て、ネット通販に進出。業界ではカリスマ美人社長として顔の知られた存在だという。講演もよく行っており、今回は「あえて」美樹に講師を依頼した。

「私の地元、高知県の名産です。甘酸っぱい爽やかな香りは女子に人気があるんですよ」

会議室から運び込まれたホワイトボードに、美樹はブンタンの絵を描く。

「私がマネジメントゲームで経営を学び、MQ会計を自社に導入した時に、**『ブンタン経営をしているから儲からないんだ!』**って気がついたんですよ!」

(ブンタン経営?)

早苗は美樹が何を言いたいのかがよく分からなかった。

「ブンタンは柑橘類の中で一番大きいため『柑橘の女王』と呼ばれています。でも、皮がものすごく厚くて、食べられる部分は半分ほどしかないです」

美樹はブンタンに重さ５００g、皮２５０g、果実２５０gと書き加えていった。

「**果物の重さ＝売上、食べられない皮＝原価、食べられる果肉＝粗利《あらり》**と考えてみてください。私の経営は、果実の重さ、つまり売上の大きさばかり気にしていて、原価や粗利がどうなっているかをまったく気にしていませんでした。本当に大事なのは、食べられる果肉の部分ですよね？　そこで……」

美樹はブンタンの隣にリンゴの絵を描いた（**図表５―１**）。

「『ブンタン経営』から『リンゴ経営』に舵を切ることにしました。リンゴは皮ごと食べられますね。食べられない芯の部分は15％くらいしかありません。３００gのリンゴで計算すると、食べられる果肉は２５５g、食べられない芯は45gとなります」

早苗は、ホワイトボードに書かれたブンタンとリンゴの数値を見比べた。

（売上（＝ＰＱ）はブンタンのほうが大きいけど、粗利（＝ＭＱ）はリンゴのほうが大きい！）

面白い喩え話に早苗は感心した。

「**『ブンタン経営』は売上重視の考え、『リンゴ経営』は粗利重視の考え方**です。売上一辺倒から粗利重視に考え方を変えて、会社の業績がすごく良くなったんです！」

「具体的には何を変えたのですか？」

大下が身を乗り出して質問をした。

図表 5-1　ブンタン経営とリンゴ経営の違い

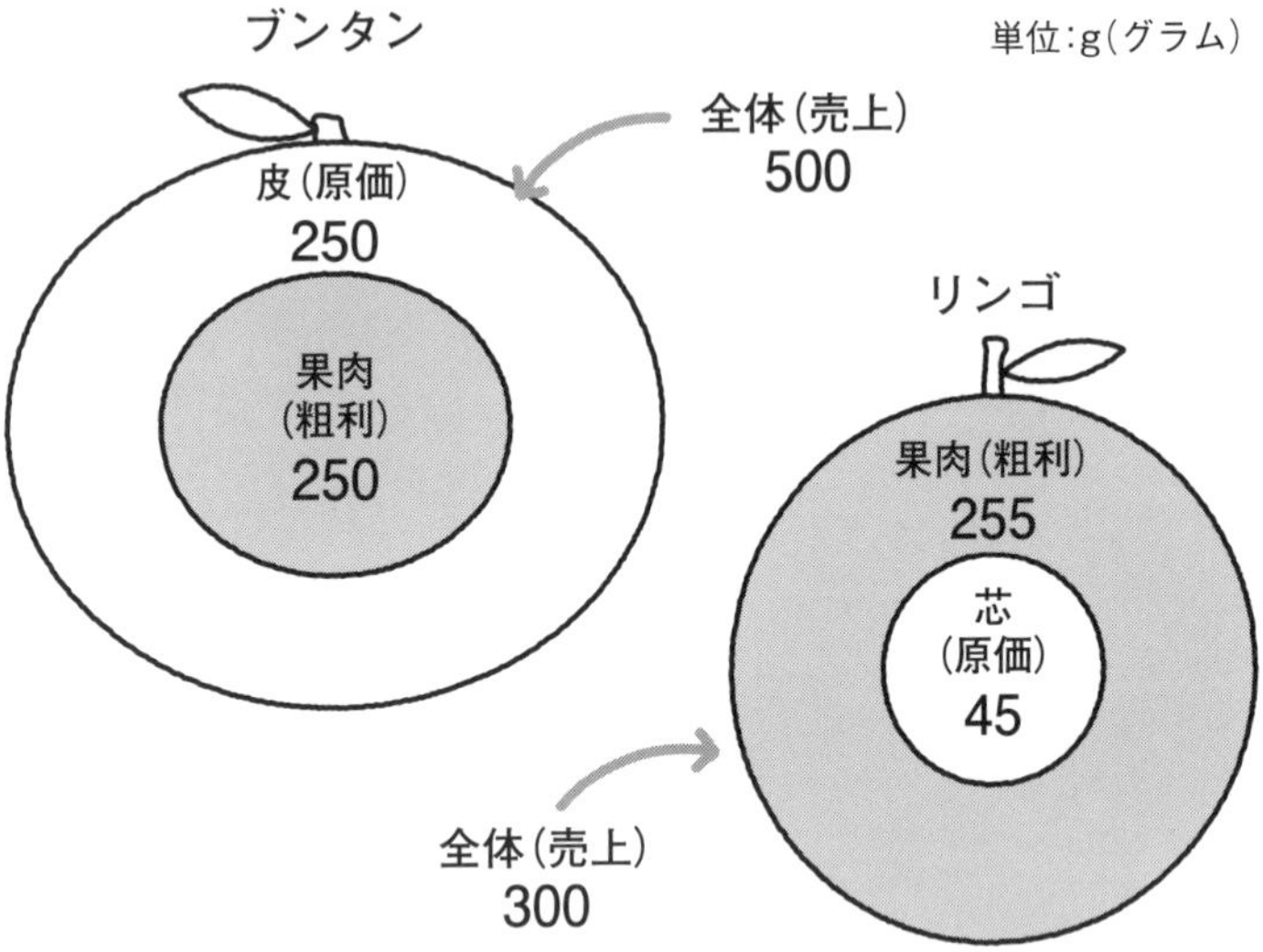

果肉(粗利)はリンゴのほうが大きい！

「うちのショップで扱っている商品は、自社で製造したオリジナル商品と、他のメーカーから仕入れた商品の2つに大きく分けることができます。オリジナル商品と仕入商品では、どちらが儲かると思いますか？」

「仕入商品の場合は、メーカーも利益を乗せているから、そんなに粗利は取れないけど、オリジナル商品の場合には、その分だけ、粗利は高そうですね」

大下が答えた。

「そうですね。オリジナルのほうが粗利率を高くできます。でも、売上を重視していた時には、多くのお客様を集客するために、とにかくたくさんの仕入商品を揃えて販売してたんです。でも他のネットショップでも同じ商品を扱っているから、結局は価格の勝負になってしまいます」

（私も同じ商品なら安い店で買うわ……）

早苗は自分がネットで買い物をするときのことを思い返していた。

「仕入原価が変わらずに、価格を下げれば、当然、粗利が減ってしまいます。そこで、さらに売上を増やそうと商品のラインナップを増やすと、仕入れの支払いが増えて、ますます資金繰りが厳しくなる。どうしたらいいんだろう……。そんな時に、川上さんの主催するマネジメントゲームに出合ったんです！」

美樹は後方に座っていた川上に視線を送った。今回川上は聞き役にまわっている。それは営業部との関係性にあった。営業部はマネジメントゲームに参加していない。営業部が製造部と懇意にしている川上を警戒しているからだ。特に山崎は川上に始終懐疑的でいた。美樹を講師に選んだのはこの理由もある。

「マネジメントゲームをやってみて、**売上を増やす事と利益を増やす事は、まったく違う**んだ！　って事に気がついたんです。それで、取り扱う商品を思い切って、オリジナル商品のフルーツのジェラートと豆乳アイスだけに絞りこみました。私が商売を始めたきっかけは『おいしく、美しく』をテーマに健康志向のアイスをお客様に食べて頂きたかったたからなんです。仕入商品をやめて、オリジナル商品だけを扱うことで、初心に返ることができたんです」

「それでどうなったんですか？」

大下が続きを訊いた。

「当初は売上が大きく落ち込みました。でも、粗利は確保できたので、利益はちゃんと残るようになって、資金繰りも楽になりました。そこで、手もとに残ったキャッシュを新商品の開発に回し、果汁１００％の無添加ジェラート『贅沢愛ス』ができたんです！」

美樹は持参した小さめのクーラーボックスから、黄色いパッケージのアイスクリームカップを取り出して皆に見せた。

「このジェラートはブンタンで作りました。でも、粗利はたっぷりです！」

美樹の冗談に参加者がどっと笑った。

「値段は少し高めなんですが、健康志向の若い女性を中心に口コミで広がって、今では一番人気のシリーズになりました。皆さんの分をお持ちしたので、休み時間中に食べてください！」

参加者から「おおーっ」と声が上がった。

「おかげさまで、その後は売上も伸びてきて、仕入商品を扱っているときと同じくらいの水準にまで回復しました。でも、営業利益は以前の5倍です！」

（売上が同じなのに、利益が5倍！　すごいわ）

早苗は5倍という数字に驚いた。

「皆さんは営業の方々なので、売上が一番重要だと考えているかもしれません。でも**重要なのは売上より粗利**なんです。粗利重視にするため、私はMQ会計を採用しました。このあと、川上さんからMQ会計の講義があります。しっかり聞いて頂ければ、必ず千葉精密がさらにいい会社になると思います！　ご清聴ありがとうございました！」

美樹が深々とお辞儀すると、参加者から大きな拍手が起こった。

「美樹さんにお願いしてよかったな」

川上は拍手をしながら、隣に座っていた早苗に耳打ちをした。

「そうですね。果物の喩え、すっごく分かりやすかったですね！」

「ああ。俺は『ブンタンとリンゴ』の話が大好きなんだ」

「ちなみに先輩の仕事は『ブルーベリー経営』ですね」

早苗は、川上のコンサルティング業務をブルーベリーに喩えた。

「うん？　どういうこと？」

「ブルーベリーは小さいけど皮ごと全部食べられて真っ黒です！」

売上を因数分解する

10分の休憩をはさんで、川上のMQ会計の講義が始まった。美樹の講演が功を奏したのか、参加している営業部のメンバーは川上の講義にしっかりと耳を傾けている。

早苗にとっては、3回目の講義になるが、聞くたびに新たな学びがある。

「MQ会計をさきほどの果物にあてはめると、果物全体の重量＝PQ、食べられない皮・芯の重量＝VQ、食べられる果肉の重量＝MQという関係になります。果物の重さより、食べられる果肉のほうが大事ですよね」

川上は美樹の話を補足した。

「それでは、MQ会計を理解できたかどうかを確認しましょう。4択問題を出します」

川上はホワイトボードにMQ会計表を描いた（**図表5—2**）。

「売上（PQ）＝1000

変動費（VQ）＝600

付加価値（MQ）＝400

固定費（F）＝350

利益（G）＝50

図表 5-2　売上が減少した場合、利益はいくらになるか？

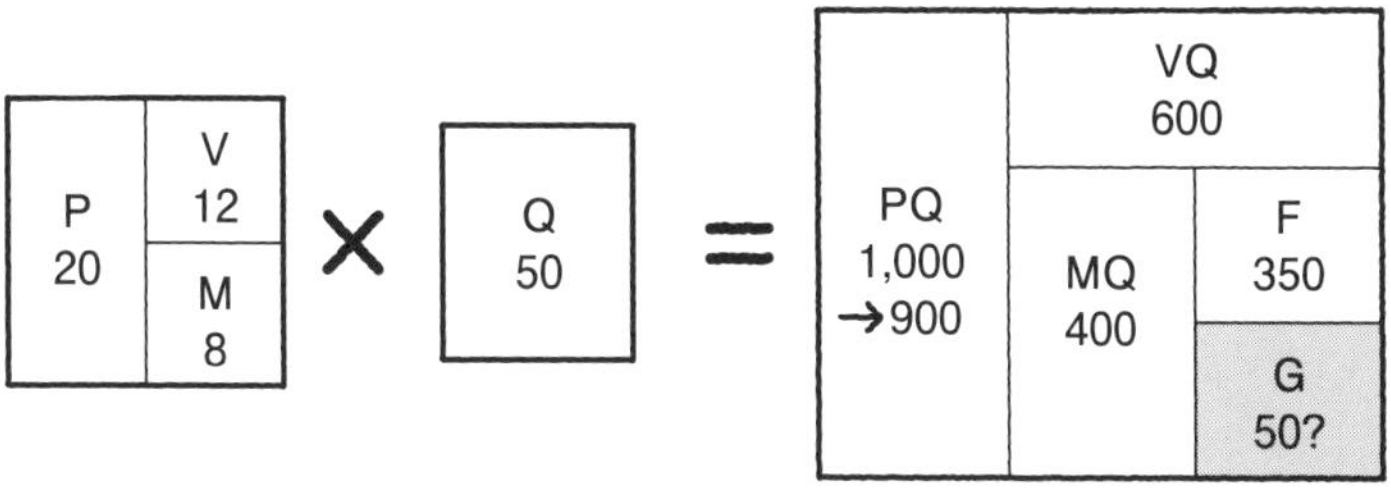

PQが1,000から900に減少した場合、Gはいくらになるか？

① 45（PQが10％減るから、Gも10％減る）
② ▲50（PQが100減るから、Gも100減る）
③ 10（PQに比例してMQも10％減るから、Gは40減る）
④ 分からない

このときPQが10％下がったら、Gはいくらになるでしょうか？」

川上は1分ほど考える時間をとった。

「①45、②▲50、③10、④分からない、どれか一つに手を挙げてくださいね」

川上は回答者の人数を数えた。その結果、①1人、②4人、③5人、④2人となった。

「答えが割れましたね。正解は『この情報だけでは分からない』ということで、④が正解になります！」

④に手を挙げ正解した大下は、少し得意げな顔をしている。

「売上をPとQに因数分解しなければ答えは導けません。**売上が減少した要因が、売価（P）なのか、数量（Q）なのかで、利益（G）は大きく変わります！**」

川上は販売数量（Q）が減った場合と、値下げ（P）をした場合の利益（G）に与えるインパクトについて説明を続けた。

販売数量（Q）が減った場合には、「4畳半」でQのつく、PQ、VQ、MQのすべてに影響する。その結果として、利益（G）は10となった（**図表5―3**）。

一方、値下げをした場合には、売価（P）と変動費（V）の差額である付加価値（M）が減少する。「4畳半」のMQに影響し、値下げ分100がすべて利益（G）の減少につながり、その結果、▲50の赤字となってしまった（**図表5―4**）。

「同じ売上の減少でも、PとQの原因によってGに対する結果が、こんなにも変わってしまいます。今回の例では単純化して、一つの要素だけを変化させましたが、実際にはPが減ってQが増える『**薄利多売**《はくりたばい》』のケース、Pが増えてQが減る『**厚利少売**《こうりしょうばい》』のケースも考えられます。同じようにシミュレーションしてみましょう！」

川上は続けて、

P20→15、Q50→60の薄利多売のケース（**図表5―5**）と、

P20→25、Q50→36の厚利少売のケース（**図表5―6**）

についてもシミュレーションを行った。

図表 5-3 数量(Q)が減少したケース

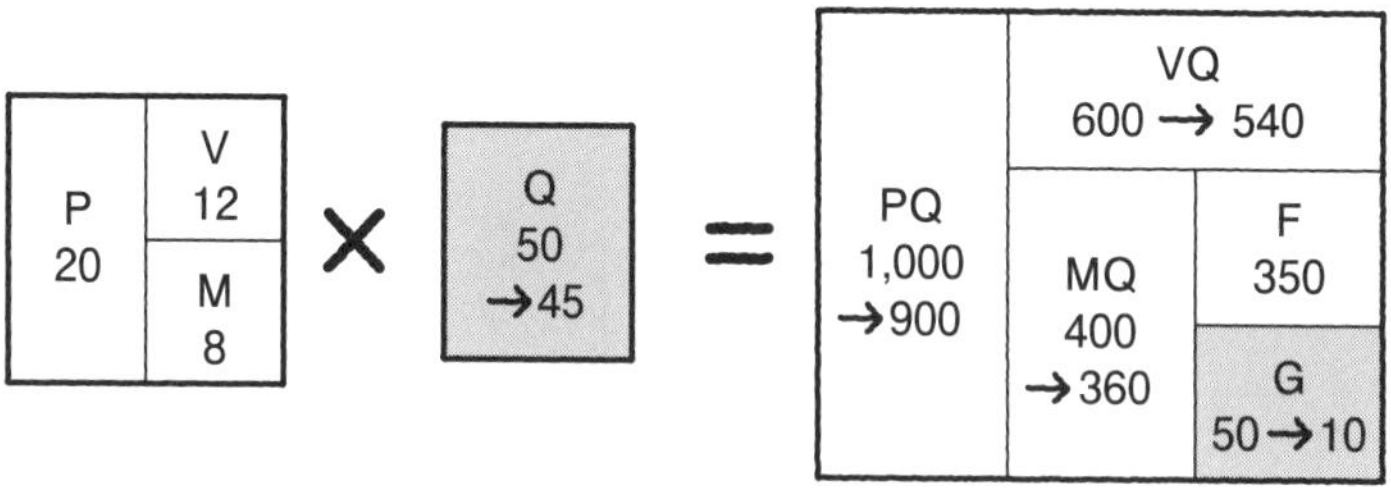

図表 5-4 値下げ(P)したケース

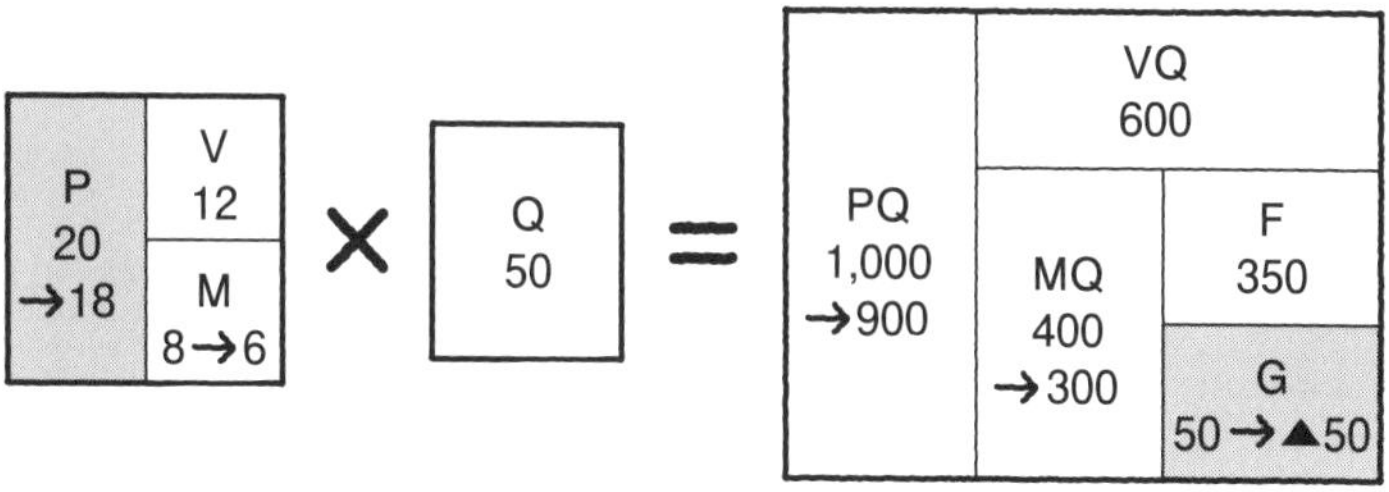

図表 5-5 薄利多売(P↓、Q↑)のケース

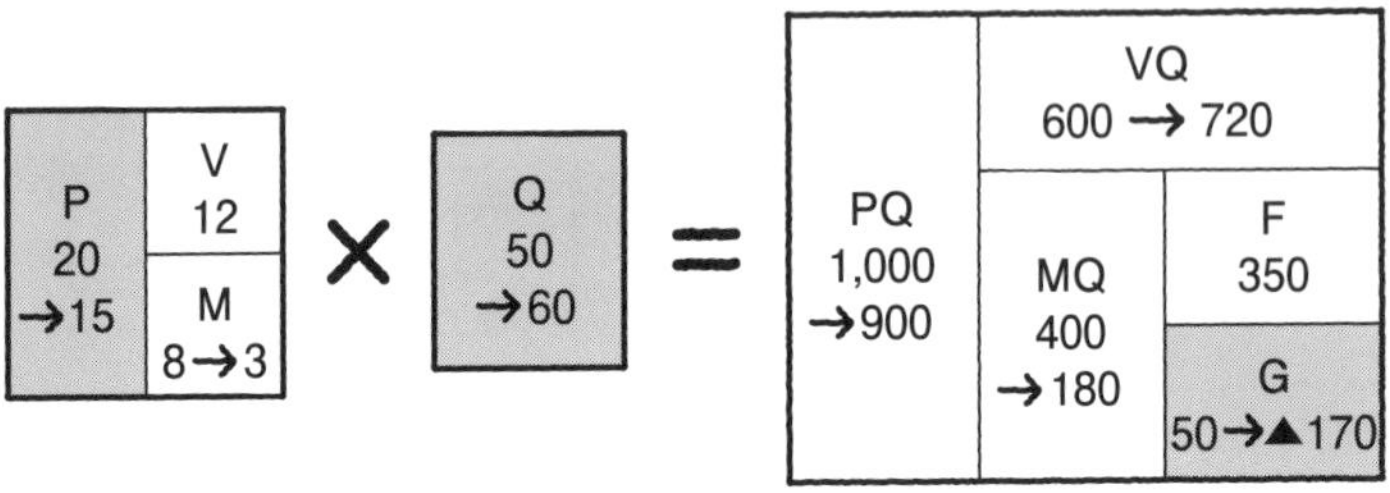

図表 5-6 厚利少売(P↑、Q↓)のケース

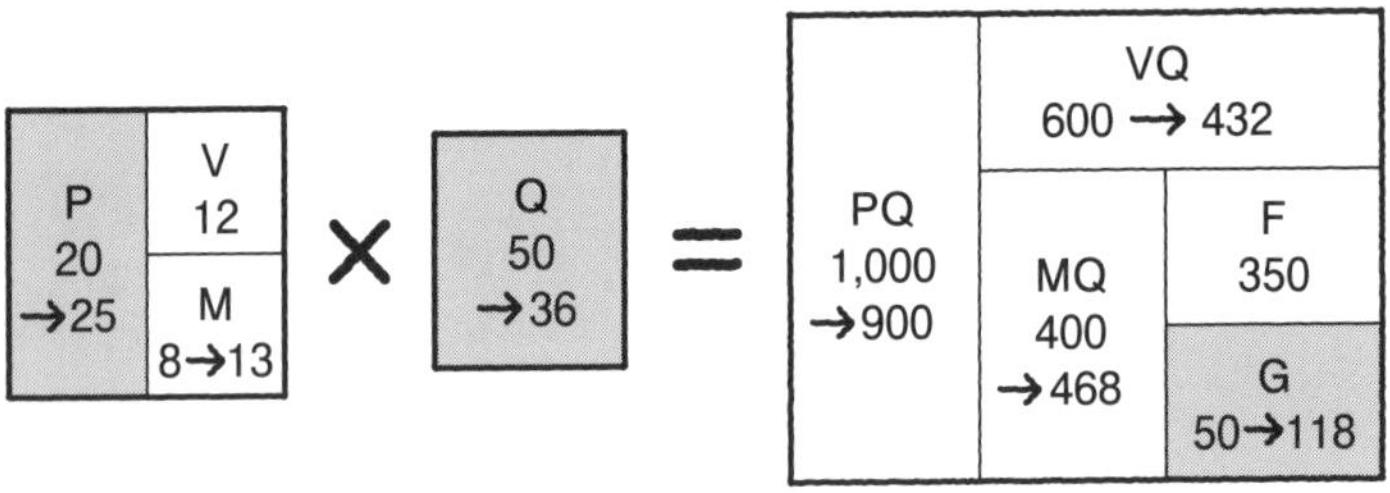

（同じ売上なのに……）驚くべき結果に早苗のメモする手が止まる。

薄利多売のケース（**図表5―5**）では、値下げしたケース（**図表5―4**）よりさらに利益（G）が悪化し、▲170の大赤字となった。一方、厚利少売のケース（**図表5―6**）では、数量（Q）」が減っているにもかかわらず、利益は118と当初より増える結果となったのだ。

「同じ売上でもこれだけ利益は変わってきます。売上だけでは経営はできません。だからこそ**『売上至上主義』から抜け出し、『MQ至上主義』へ舵を切る必要があるのです！**」

川上の熱弁を参加者みんなが食い入るように聞いていた。

「質問よろしいでしょうか？」

じっと川上の話を聞いていた山崎がはじめて声を上げた。

「MQが大事なのは分かりました。でも売上がなければ、そもそもMQもありません。営業としては、たとえ薄利だったとしても仕事をとるべきだと考えています」

「たしかに、売上がゼロならMQもゼロです。今、使っている指標は売上だけですか？」

川上は山崎に質問をした。

「いえ。売上だけでなく、製品別の粗利も把握しています」

「売上と粗利を把握されているのですね。ただ、**粗利とMQは別物**です。MQを把握しなければ、本当の意味で儲けをもたらしてくれる製品を見誤ってしまいます」

「われわれのやり方が間違っていると?」

山崎の眉間にしわが寄っている。早苗には山崎が少し苛立っているように見えた。

「いや、実際のデータを見ていないので、現時点では何とも言えません。事実に基づいて話をしたいので、『製品別のMQ会計表』の作成に、ぜひ協力して頂けませんか?」

川上は山崎の目をまっすぐに見て依頼をした。

「大下君。君が窓口になって対応してくれ」

山崎はそう言い残すと、食堂を後にした。

「山崎常務、出て行っちゃったね……」

早苗は小さな声で大下に耳打ちした。

「午後から、お客さんとの約束があるからね」

大下は何事も無かったかのように答えた。

「ちょっと、怒ってるかな?」

「そんなことないと思うよ。山崎さん、けっこうメモとってたし」

早苗は大下の言葉にホッと胸をなでおろした。

どの製品が本当に儲かっているか?

午前中の講演が終わった後、早苗、川上、大下の３人の姿は会議室にあった。

「これが営業で使っているデータです」

大下は「製品別の売上・粗利」の資料を、早苗と川上に渡した（**図表5―7**）。

資料には主力製品の売上、原価、粗利、粗利率が記載されていた。

「はじめて見たわ」

と早苗は呟いた。

「まぁ、部外秘の資料だからね」

大下が答えた。

「社内資料が共有されないのは、別に珍しいことじゃない」

川上が２人のやりとりに割って入った。

「ただ、これからは、社長や製造部とも共有したほうがいいよね」

「うーん、そうですね。山崎常務に相談してみます」

大下は腕組みをしながら返事を濁した。

「それにしても面白いデータだわ。『A10』が売上、粗利、粗利率、すべてにおいて一番なんですね。『A10』が一番儲かっているんですよね？」

早苗は川上に質問を投げかけた。

「たしかにこの表では、A10が一番儲かっているように見える。でも**粗利＝ＭＱではない**

だろう？」

「あっ、そうか！　売上原価の中に固定費（F）が混ざっているんですよね。この売上原価を変動費（V）と固定費（F）に分けなくちゃ、MQが分からない、ですよね？」

「そう！　製造部には製品原価の内訳データがあるはずだ。智子さんに聞いてみよう！」

「分かりました。すぐに聞いてみます！」

「よし！　これで製品別のMQ会計表を作ることができるね！」

川上は左手でガッツポーズをつくった。

「一つ、質問をしていいですか？」

「もちろん」

川上は大下に視線を合わせた。

「『D40』は粗利がマイナスです。営業部でも以前から問題になっていて、受注しない方向で検討しています。赤字の製品は当然、売らないほうがいいですよね？」

D40はクロノグラフ用のムーブメントである。早苗の父、大吉が生前最後に開発した機種で、形見の腕時計にも採用されていることから、早苗にとっては、とても思い出深い。

クロノグラフ用のムーブメントは、通常の機械式時計に比べて複雑な構造となっている。そのため、組立時間が長く、製造固定費の配賦《はいふ》が多額となることから、D40は高コストの不採算の製品として問題視されていた。

図表5-7 千葉精密工業の製品別　売上・粗利データ

（単位：@売価,@原価,@粗利（円）、販売数量（個）、売上,売上原価,粗利（百万円））

製品名	@売価	@原価	@粗利	販売数量	売上	売上原価	粗利	粗利率
A10	8,000	7,000	1,000	150,000	1,200	1,050	150	13%
B20	10,000	9,000	1,000	80,000	800	720	80	10%
C30	12,500	11,000	1,500	60,000	750	660	90	12%
D40	25,000	26,000	▲1,000	10,000	250	260	▲10	▲4%
その他	—	—	—	—	2,000	1,510	490	25%
合計	—	—	—	—	5,000	4,200	800	16%

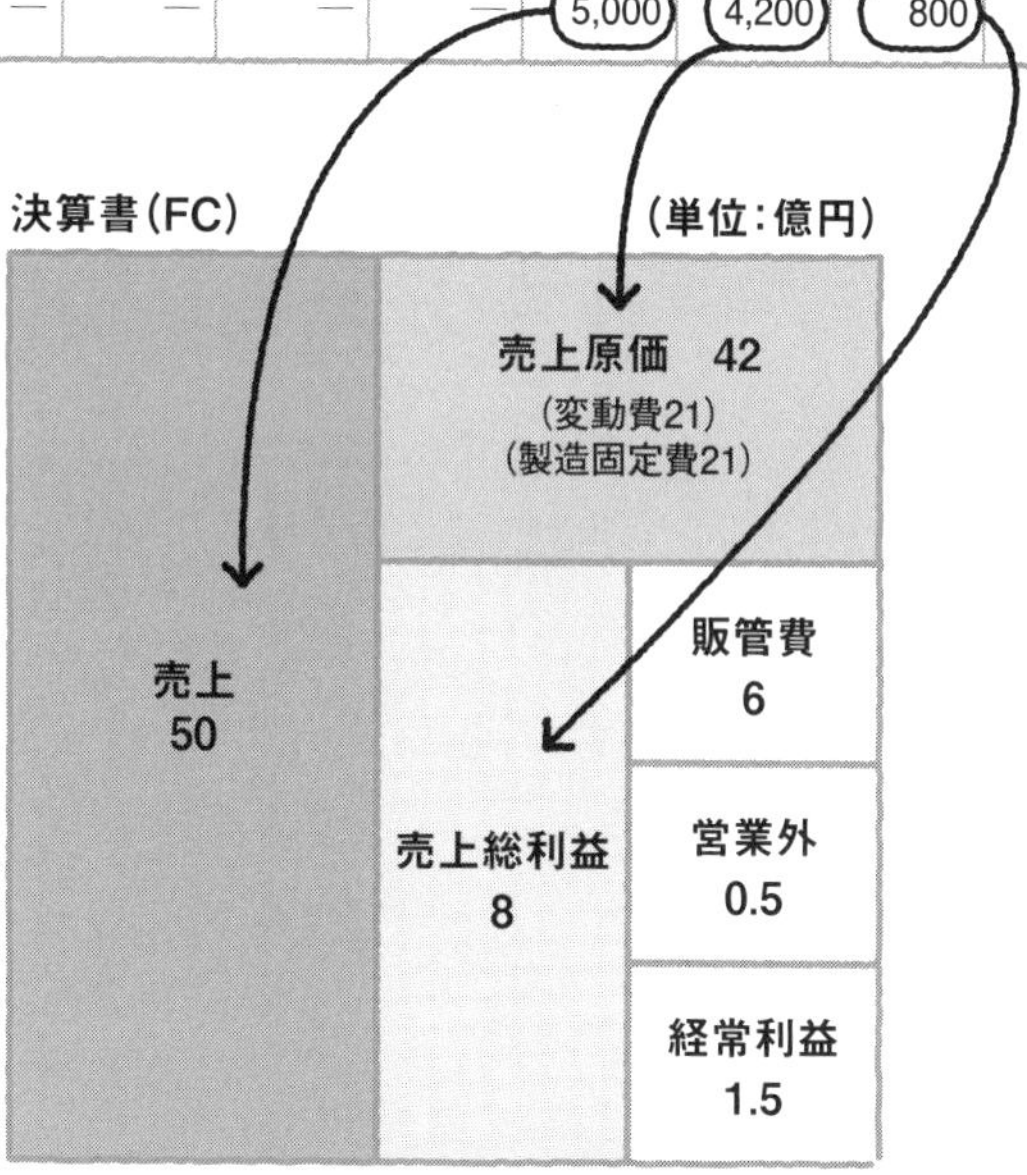

「うーん。この情報だけでは何とも言えないな……」

「えっ！　赤字でも売ったほうがいいんですか？」

予想していたものと違う川上の回答に大下は戸惑った。

「赤字にも本当の赤字**『真性赤字』**と偽物の赤字**『疑似赤字』**の2種類があるからね。まぁ、MQ会計表が完成すれば、自ずと答えが分かるよ」

大下は狐につままれたような顔で「はぁ」と力なく答えた。

川上は、1週間後までに製品別のMQ会計表を作成するよう2人に念押しすると、慌ただしく千葉精密を後にし、タクシーで羽田空港に向かった。最終便で沖縄へ向かうらしい。

「仕事で沖縄に行けるって羨ましいなぁ〜」

早苗は大の沖縄好きだ。社長になるまでは毎年のように沖縄を旅行していたほどだ。

「川上さんって、ものすごく仕事を楽しんでるよね？」

「そうね。龍太先輩と一緒に仕事をするとこっちまで楽しくなるよね……」

「社長、俺たちも沖縄にゴーヤチャンプルを食べに行こうぜ！」

残された早苗と大下は、作戦会議と称して、押上《おしあげ》駅近くの沖縄料理屋「うちなー」に向かった。

製品別MQ会計表

7月26日、川上との打ち合わせの当日。早苗と大下は約束の2時間前から会議室にこもっていた。智子から入手した製品別の原価データを材料費、労務費、経費の費目別に区分された原価を変動費（V）と固定費（F）に分類し、集めてきたデータを基に『製品別MQ会計表』を完成させた（**図表5－8**）。

「マジか……」

パソコンに映し出されたMQ会計表の結果を前に、大下は黙ってしまった。窓の外からアブラゼミの鳴き声だけが聞こえてくる。

主力製品の中で売上、粗利、粗利率が一番高かったA10が、@付加価値（M）、付加価値率（m率）では最も低い。付加価値（MQ）を一番稼いでいるのは、売上（PQ）では3番目のC30だった。そして、粗利がマイナスだったD40が、@付加価値（M）を一番稼いでいる結果となったのだ。

早苗と大下がMQ会計表とにらめっこしていると、会議室をノックする音が聞こえた。

「いよっ！」と右手を上げて、川上が会議室に入ってきた。先週会った時とは比べものにならないほど、日焼けで真っ黒になっている。

「いやぁ〜、沖縄の紫外線は半端ないね！　ちょっと海に行ったら、このとおり」

川上は少し照れくさそうに頭を掻いた。

「ところで、『製品別MQ会計表』はできたかい？」

「たった今、できたところです。先週に見ていた粗利の情報とは全然違う結果に驚いていまして……」

「どれどれ」と川上はパソコンを覗き込んだ。

「**PQソート**になってるね。**MQソート**に変えないと……」

そう言うと川上は、MQの大きい順にMQ会計表を並べ替えた（**図表5—9**）。

「PQソート？　MQソート？　どういう意味ですか？」

「『ソート』っていうのは並べ替えのこと。利口者《りこもん》はMQソートにしないとね」

川上は「ふんふん」「なるほどね」と独り言をつぶやきながら数字を確認している。

「C30が一番、MQを稼いでいるんだね」

川上はMQ会計表を見たまま早苗に話しかけた。

「はい。意外な結果に驚いています」

「製品別のMQ会計を作ってみると見え方が変わってくるだろう？　ところで、販売数量（Q）の一番多いA10はなんで変動費（V）が高いのかな？」

川上はMQ会計表から顔を上げて、早苗に質問した。

図表 5-8 製品別MQ会計表(PQソート)

(単位:P,V,M(円)、Q(個)、PQ,VQ,MQ(百万円))

製品名	@売価(P)	@変動費(V)	@付加価値(M)	販売数量(Q)	売上(PQ)	変動費(VQ)	付加価値(MQ)	付加価値率(m率)
A10	8,000	5,000	3,000	150,000	1,200	750	450	38%
B20	10,000	4,000	6,000	80,000	800	320	480	60%
C30	12,500	4,000	8,500	60,000	750	240	510	68%
D40	25,000	9,000	16,000	10,000	250	90	160	64%
その他	—	—	—	—	2,000	700	1,300	65%
合計	—	—	—	—	5,000	2,100	2,900	58%

図表 5-9 製品別MQ会計表(MQソート)

(単位:P,V,M(円)、Q(個)、PQ,VQ,MQ(百万円))

製品名	@売価(P)	@変動費(V)	@付加価値(M)	販売数量(Q)	売上(PQ)	変動費(VQ)	付加価値(MQ)	付加価値率(m率)
C30	12,500	4,000	8,500	60,000	750	240	510	68%
B20	10,000	4,000	6,000	80,000	800	320	480	60%
A10	8,000	5,000	3,000	150,000	1,200	750	450	38%
D40	25,000	9,000	16,000	10,000	250	90	160	64%
その他	—	—	—	—	2,000	700	1,300	65%
合計	—	—	—	—	5,000	2,100	2,900	58%

C30はPQでは3番目だがもっともMQを稼いでいる！
D40の粗利はマイナスだったがMは一番大きい！

「A10はコストダウンのために、社内で1個当たり2000円かかっていた組立作業を、下請業者に1個当たり1000円で外注に出しました」

「外注の結果、いままでA10の組立作業をしていた社員の人数は減ったの？」

「いえ、特に減らしてないです……」

早苗は、川上の質問の仕方に嫌な予感がした。

「**人数を減らしていないとすれば、人件費（F）は減ってない。むしろ、外注に出した分だけ変動費（V）が増えて、コストが増加している**」

「コストダウンじゃなくてコストアップ？」

大下は驚いた様子で呟いた。

「残念ながら。あと、他の製品に比べて価格（P）が安いのが気になるんだけど？」

「実は、A10を納品している京葉時計社が外資系企業に買収されて、コスト低減の要求が厳しくなったんです。注文数を1・5倍に増やすから価格を1万円から8000円に20％下げてほしいと依頼があったんです。それで、製造部にコストダウンを検討してもらったんですけど、自社工場では生産能力的にも難しいと判断して外注に出したんですが……。本当にコストダウンになっていないんですか？」

大下は川上に再度、質問を投げかけた。

「図にしてみようか」

図表 5-10 A10の売価、全部原価、直接原価の変化

従来 （単位：円）

売価（P）10,000	全部原価 8,000 材料費 4,000	直接原価 変動費（V）4,000
	固定費 4,000	付加価値（M）6,000
	粗利 2,000	

値引き後

売価（P）10,000→8,000	全部原価 8,000 材料費 4,000	直接原価 変動費（V）4,000
	固定費 4,000	付加価値（M）6,000→4,000
	粗利 2,000→0	

作業の一部を外注

売価（P）8,000	全部原価 8,000→7,000 材料費 4,000 外注費 0→1,000	直接原価 変動費（V）4,000→5,000
	固定費※ 4,000→2,000	付加価値（M）4,000→3,000
	粗利 0→1,000	

※固定費の割り勘計算の負担は減ったが、実際の人件費は減っていない。会社全体から見ると、外注費が増えただけでコストダウンどころかコストアップという結果に。

そう言うと川上は立ち上がり、ホワイトボードの前に移動した。製品A10の一個当たりの売価、全部原価、直接原価について図で説明した（**図表5―10**）。

もともと6000円あった1個当たりの付加価値（M）が値引きと外注によって3000円にまで減少している。

「1個当たりの製造固定費は、あくまで『割り勘計算』でフィクションなんだ。外注をすることによって1個当たりの固定費が4000円から2000円に減ったように見えるけど、固定費の総額そのものが減らない限り、本当のコストダウンとは言えない」

「コストダウン活動が仇《あだ》となるなんて……」

大下が頭を抱えた。

「A10については早めに、営業部と製造部で対策を練ろう」

川上の提案に早苗と大下は頷いた。

3%の売上アップで赤字解消!?

「ちなみに、粗利がマイナスだった『D40』なんですが、1個当たりの付加価値（M）では一番稼いでいたんですよ！」（**図表5―7、図表5―9**）

早苗は嬉しそうに川上に話しかけた。

「D40は『疑似赤字』だったんだね。**『疑似赤字』とは粗利がマイナスで、付加価値（M）がプラスのもの。**もし赤字だからという理由で、D40の製造をやめた場合、付加価値（MQ）の1億6000万円分だけ利益が減ることになる」

「じゃあ、やめなくていいんですね？」

「付加価値（M）もマイナスの場合は『真性赤字』だから、売るたびに赤字が増えていくのでやめるべきだ。でも、今回の場合は『疑似赤字』だから続けたほうがいいだろう」

「よかった」早苗は左手にはめた腕時計に視線を向けた。

「それにMQ会計表を使って、面白いシミュレーションをすることができるんだ。例えば、主力4製品のPを3％上げた場合には……」

川上がキーボードを叩いて、売価（P）の数値を変更した（**図表5―11**）。

「MQが29億円から29億9000万円に増えるから、Fの29億5000万円を引くと、Gはマイナス5000万円から、プラス4000万円になっていたんだ」

「えっ？　じゃあ、たった3％値上げできていれば、黒字だったんですか？」

早苗は、3％という数値に拍子抜けした。

「まぁ、そういうことだね。大下さん、このMQ会計表を営業部で情報共有して、値上げの方向で動けないか検討してみてね」

そう言い終わると川上は荷物をまとめ、足早に出張先の福島へ向かっていった。

図表 5-11 製品別MQ会計表（P3%アップのシミュレーション）

（単位：P,V,M（円）、Q（個）、PQ,VQ,MQ（百万円））

製品名	@売価（P）	@変動費（V）	@付加価値（M）	販売数量（Q）	売上（PQ）	変動費（VQ）	付加価値（MQ）	付加価値率（m率）
C30	12,875	4,000	8,875	60,000	772.5	240	532.5	69%
B20	10,300	4,000	6,300	80,000	824	320	504	61%
A10	8,240	5,000	3,240	150,000	1,236	750	486	39%
D40	25,750	9,000	16,750	10,000	257.5	90	167.5	65%
その他	—	—	—	—	2,000	700	1,300	65%
合計	—	—	—	—	5,090	2,100	2,990	59%

MQ会計（実績）（単位：億円）　　　MQ会計（シミュレーション）（単位：億円）

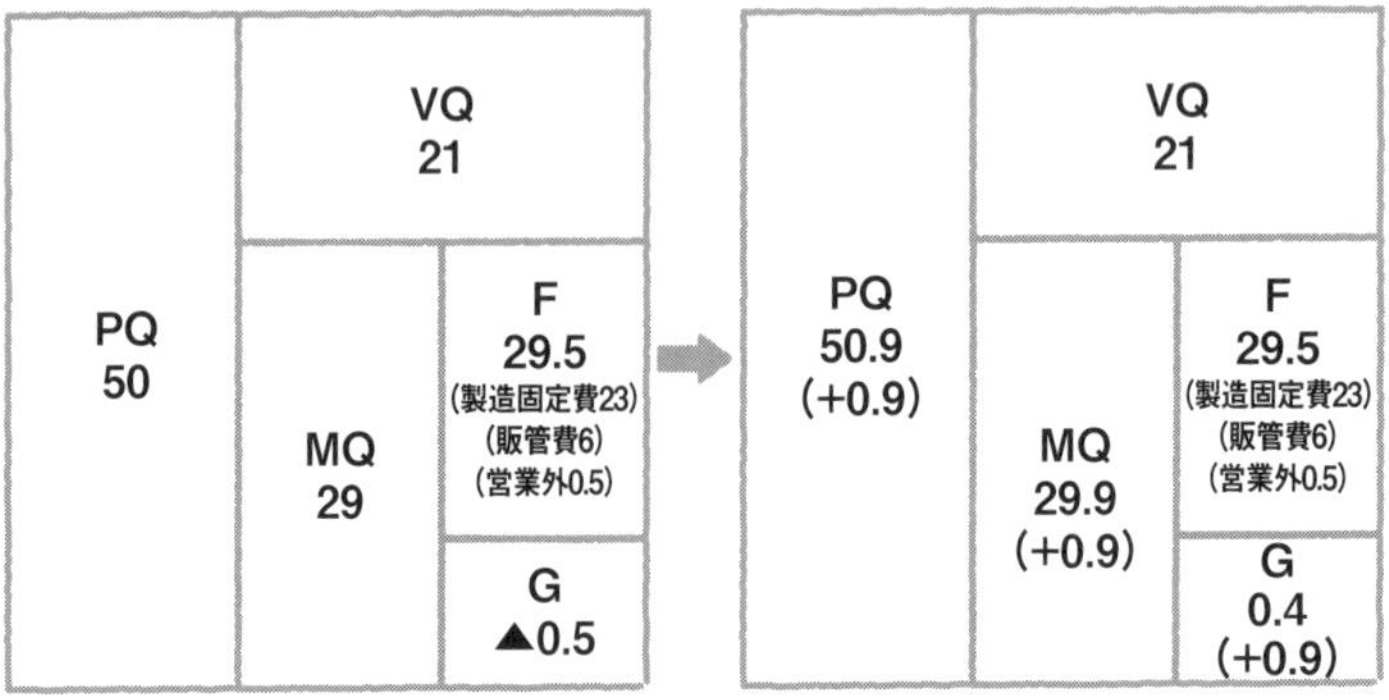

主力製品を3%値上げできれば、赤字から黒字にすることができる！

第6章 工場の大改革

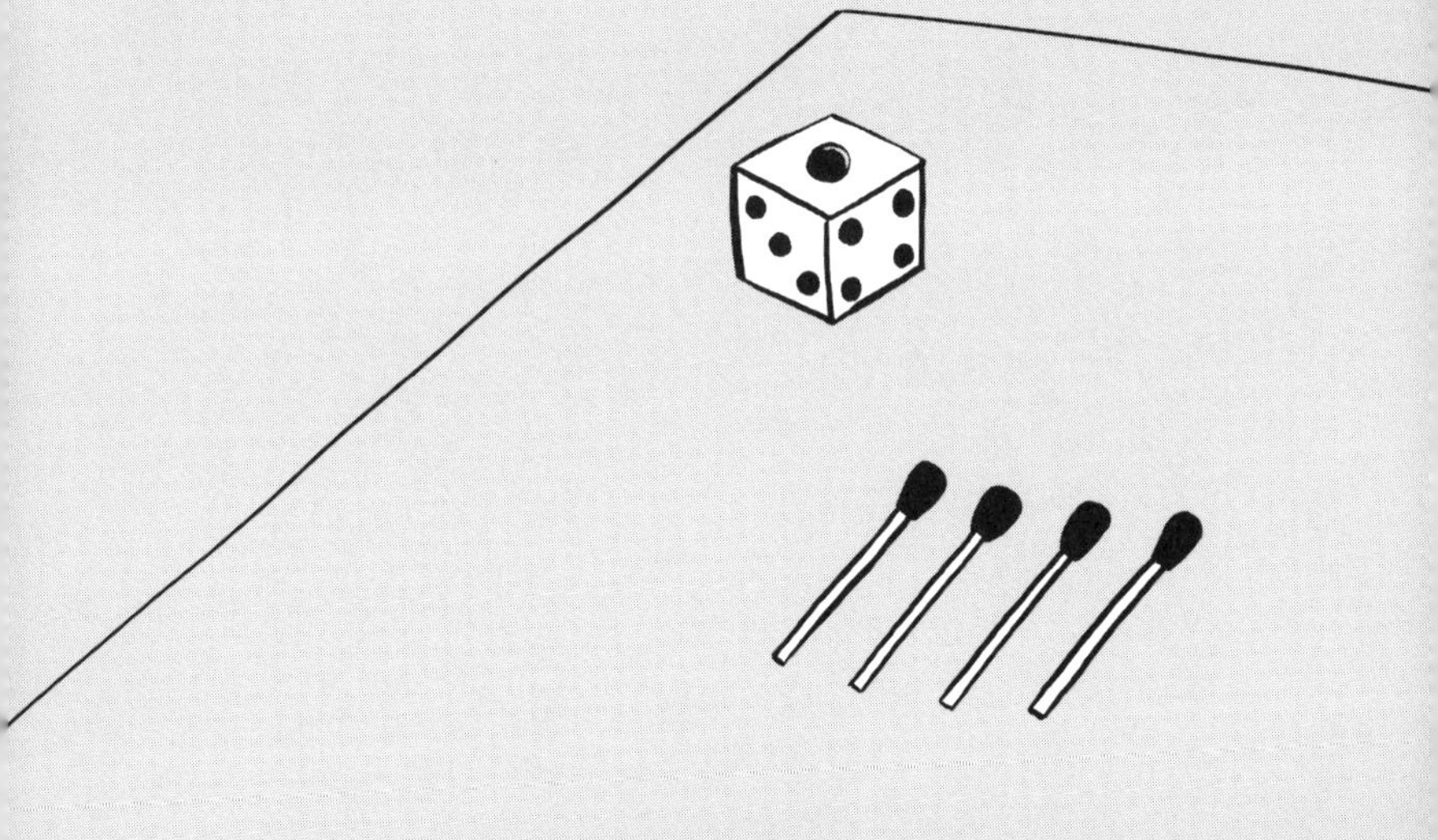

稼働率が高い＝生産性が高い!?

8月8日、冷房の効きが悪い製造部の会議室では、早苗、川上、島田、智子の姿があった。島田と智子は、早苗から「製品別MQ会計表」の説明を一通り受けた。島田は腕組みをして天井を仰ぎ、黙ったまま何かを考えているようだ。智子は電卓を叩きながら、何やら計算をしている。

「——外注をやめろと？」

島田が重い口を開いた。

「いえ。やめろとは言っておりません。ただ、現実として、値下げと外注の影響によって、売上（PQ）が一番大きい『A10』の付加価値（MQ）が小さくなってしまっているんです。価格については、残念ながらすぐには手を打てないんです」

早苗は昨日行われた営業部との会議の内容について説明をした。山崎常務も製品別MQ会計表のシミュレーションを見ながら、売価（P）の利益に与える影響の大きさについては理解を示してくれた。来年度は売価3%アップを営業の基本方針とすることで合意ができた。しかし、顧客との価格交渉は年に一度との取り決めがあり、今年度は今の売価でやるしかないとの回答であった。

MQを増やすためには、P、Qを上げるか、Vを下げる必要がある。Pは来年度の交渉まで変えられない。Qは現状の注文をこなすことが精いっぱいの状況のため、新規の受注を止めている状況だ。残された選択肢は、Vを下げることだけだ。

「今までは、全部原価計算で算定された『原価』をターゲットに、コスト削減に取り組んできました。ただ、しっくりこなかったんですよね。例えば今回の外注のように、工場の仕事が減るのに原価が下がるというのはなんとなく違和感があったんです」

そう語る智子の表情は思いのほか明るい。知的探求心の強い智子には「製品別MQ会計表」は格好の研究材料になったようだ。

「ただ、工場の稼働率は非常に高い水準で推移しています。今、『A10』の組立作業を工場に戻したら、正直、現場は回らないですね」

智子も腕組みをして、黙ってしまった。

「**キャッシュを増やす3つの指標**、覚えていますか?」

3人のやり取りを聞いていた川上が会話に参加した。

「もちろん。**付加価値(MQ)、固定費(F)、在庫の3つ**で、お金の観点から定義するんですよね。MQは販売を通じて増えたお金、Fは在庫をMQに変えるために使ったお金、在庫は販売目的で材料に投資したお金です」

智子は川上の質問に、間髪《かんはつ》を入れずに答えた。

「そうです。その3つの指標は、導入できましたか？」

「いや、まだ導入できてません。島田専務からは早くしろと催促されてますけどね」

智子は少し気まずそうに答えた。

「それじゃ、どんな指標を使っているんですか？」

「以前と同じです。製造の現場は『**稼働率**』で管理してます」

「なぜ、稼働率を指標にしているんですか？」

「なぜ？」智子は早苗と顔を見合わせた。

「なぜって、稼働率が高ければ、工場の生産性は上がりますよね？」

智子は訝《いぶか》しげな表情を浮かべている。

「『**生産性**』**という言葉には注意が必要**です。多くの製造業では工場を休ませずに効率的に動かして稼働率を上げて、製品をたくさん作ると生産性が高いと評価されますよね」

「はい、そうですね。……何か問題ありますか？」

「逆に質問させてください。工場の稼働率が高いとMQは増えますか？」

川上は智子の質問に質問で返した。

「それは、受注のある製品を作っていればMQは増えますよね」

「そうですね。『受注がある』という条件付きでMQは増えます。**受注のない製品をいくら作ってもMQは増えない**ので注意が必要です。それでは、稼働率を上げれば、固定費

（F）と在庫はどうなりますか？」
「うーん、固定費はそんなに変わらないと思いますが、残業をすればその分だけ人件費は増えますね。在庫は……受注のない製品を作れば、当然増えてしまいますね」

「そうです。もし、現場の人が稼働率を上げる事自体を目的としてしまえば、稼働率を上げるために受注がなくても、製品を作ることにつながります。その分、仕入も増えるので、お金は余計に出て行きます。つまり、**稼働率を上げる事＝お金を稼ぐ事になっていないどころか、逆にお金が減ってしまうこともある**んです」

川上は3人に順番に視線を合わせながら、ゆっくりした口調で話した。

「現場が忙しそうにしていると、どこか安心している自分がいた。ずっと稼働率を追いかけてきたからだ。じゃあ、生産性が高いというのは、どうやって測ったらいいんだろう？」

今まで黙っていた島田が川上に質問した。

川上はホワイトボードに生産性の公式を書きだした。

生産性とはインプットに対するアウトプットの比率のこと（**図表6―1**）。

MQ会計の観点から生産性は、
★インプット＝投入された経営資源（ヒト、モノ、カネ）＝固定費（F）
★アウトプット＝新たに生み出された付加価値＝付加価値（MQ）
と整理することができる。**投入した固定費（F）に対して、どれだけの付加価値（MQ）**

図表6-1 生産性とはインプットに対するアウトプットの比率のこと！

$$生産性 = \frac{アウトプット}{インプット} = \frac{付加価値(MQ)}{固定費(F)}$$

を生み出すことができるかによって生産性を把握する。いくら在庫を増やしても、ＭＱが増えなければ生産性は上がらない。

「昨年は、製造固定費の発生額23億円に対して、付加価値（ＭＱ）は29億円だったので生産性は126％ですね」

早苗は千葉精密のＭＱ会計表を見ながら電卓を叩き製造部の生産性を計算した。

「生産性（ＭＱ÷Ｆ）は、昨年の数値を基準に、上がったかどうかを検討してください。稼働率を上げろと言いながら、在庫も減らせと言うのは矛盾しており、現場は混乱します。稼働率で管理するのは、もうやめましょう」

川上がキッパリとした口調で言う。

「分かりました。生産性もMQとFで説明ができるんですね。MQ会計の指標の導入を急ぎます。それで、話を元に戻すと、外注を自社工場に戻すのは、現実的には難しいと思うのですが……」

智子が川上に質問する。

「その件ですが、実際に工場を見せてもらってもよろしいですか?」

川上は、今まで時間がとれずまだ千葉精密の製造現場には入ったことがなかった。

閑散とした作業場

4人が白衣に着替えると、工場見学が始まった。

ムーブメントの製造工程は大きく4つある(**図表6―2**)。

第1工程「部品製造」

第2工程「自動組立」

第3工程「手作業組立」

第4工程「品質検査」だ。

図表 6-2　ムーブメントの製造工程は4段階

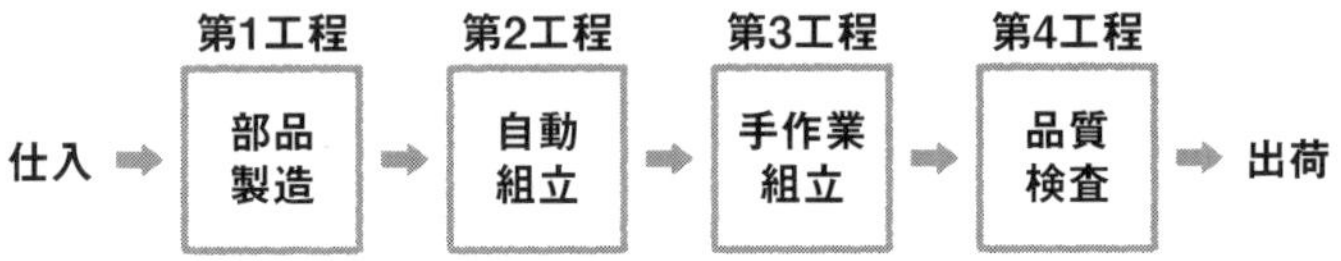

第1工程**「部品製造」**では、ムーブメントに組み込む部品の一部を製造している。旋盤、研削盤、研磨機などの工作機械によって部品を製造している。

第2工程**「自動組立」**では、部品を生産ラインに乗せて、機械を使ってムーブメントを組み立てる。100個を超える部品のうち約半分の組立は機械が行う。

第3工程**「手作業組立」**では、自動組立では取り付けることのできない部品について、手作業によって組み立てて完成させる。細かい作業が多く、難易度は高い。

第4工程**「品質検査」**では、完成したムーブメントの品質に問題がないか検査を実施する。

第1工程から順番に現場を見てきた川

上は、第3工程で足を止めた。第3工程は、広い作業スペースの中に、60台の作業台が設置されている。しかし、実際に組立作業に従事している人数は20人もおらず、閑散としていた。

一方で、第2工程までの作業が完了した仕掛品の在庫は保管する棚には収納しきれず、一部の作業台の上に専用パレットが積み上げられていた。

「作業している人が少ないようだけど。いつもこんな感じなの?」

川上は一緒に工場を見学している早苗に質問した。

「もう15時を過ぎているので、正社員しかいないんです。パートさんがいる早い時間なら作業台はいっぱいになりますよ」

千葉精密の従業員の3分の2は、女性のパート社員だ。ミリ単位の作業が求められる組立作業には手先の器用な女性のほうが向いている。10年以上の経験と卓越した技術力を持つ社員には「マイスター」の称号が与えられるが、そのほとんどがパート社員だった。

しかし、パート社員の多くは午前中の勤務で、15時を過ぎるころには、ほとんど業務を終了している。

川上は「ここが**ボトルネック**か……」と一人呟きながら、組立の様子をじっと眺めていた。

TOCダイスゲーム

8月11日、山の日。千葉精密ではお盆休みの初日だったが、川上の提案により、急遽、早苗と製造部の主要メンバー、吉田、大下の合計10名が食堂に集められた。

今回は、マネジメントゲームとは別の体験型学習をするとだけ案内があった。

机で2つの島をつくり、5人ずつ席に着いた。

「**『ザ・ゴール』**というビジネス小説を読んだことある方いますか?」

川上の質問に、島田の手が上がった。1人だけだ。

「島田さんだけですか? 思ったより少ないですね。『ザ・ゴール』は、全世界で1000万人が読んだ有名なビジネス書です。工場閉鎖の危機に陥った工場長が、恩師の助言を受けながら、工場の業務プロセスを劇的に改善していくストーリーです」

川上は黄色い表紙の分厚い本を掲げた。『ザ・ゴール』だ。

「著者の**ゴールドラット博士は『TOC(制約理論)』の生みの親**です。TOCについては後ほど説明しますが、この物語の中に、工場の生産活動についてサイコロを使ってシミュレーションする『ダイスゲーム』が登場します。今日はそのダイスゲームを実際に体験して、生産についての理解を深めましょう!」

図表6-3 ダイスゲーム　最初の準備

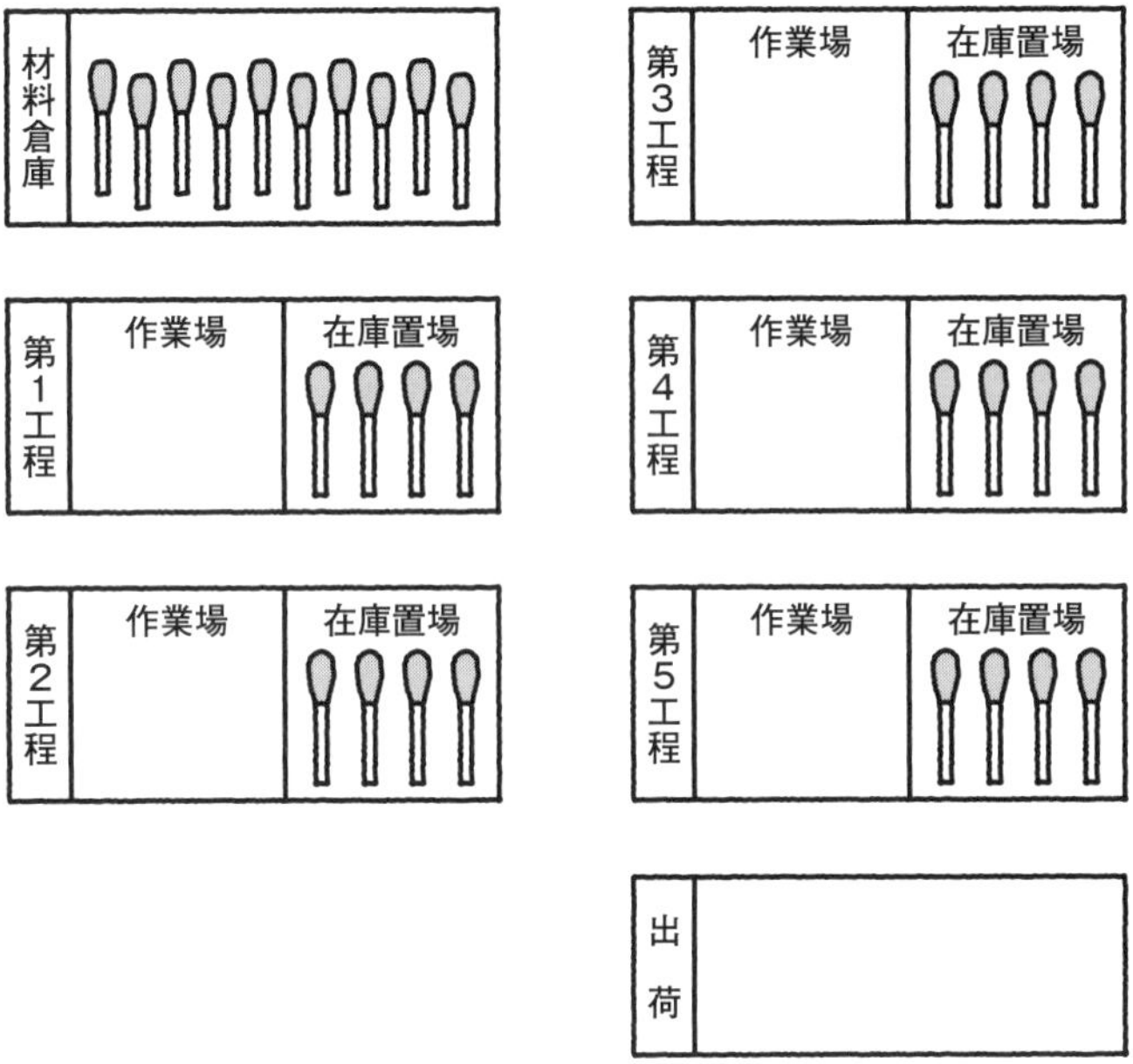

マネジメントゲームにすっかりはまってしまった早苗は、新しい体験型学習に心が躍った。

川上によるダイスゲームの説明が始まった。

ダイスゲームは1チーム5人で、5工程からなる工場を20日間運営し、在庫を抑えながら出荷（売上）を増やして、利益・営業ＣＦを増やすシミュレーションゲームだ（**図表6―3**）。

まず、各担当者に左側に作業場、右側に在庫置場と書かれたＡ４の紙とサイコロが配られ、在庫置場にマッチ棒（在庫）を4本ずつ、合計20本を並べた。

早苗は第4工程を担当することになった。

「皆さんの持っているサイコロで出来高が決まります。サイコロの出目によって絶好調なら最高6個作れますが、停電や機械故障などトラブルがある場合には、最低1個しか作れません。サイコロの平均値は3・5です。20日間繰り返しますので、各工程の平均生産能力は3・5個×20日＝70個になります。それでは1日目を始めましょう。皆さんサイコロを振ってください。どうぞ！」

川上の掛け声に合わせて、全員がサイコロを振った。早苗も大きい目を出そうと念を込めて振った。

「えっ！」

早苗が出したのは「1」の目だった。

「それでは皆さん、前工程の在庫置場からマッチ棒を自工程の作業場に持ってきてください。第1工程の方は、材料倉庫から持ってきます」

川上の指示に従って早苗は第3工程の在庫置場からマッチ棒を1本持ってきた。

「すみませーん。サイコロの目が5出たんですが、前の工程にマッチ棒が4本しかないときはどうすればいいですか？」

第3工程を担当している吉田が質問をした。

図表6-4　ダイスゲーム　1日目の作業

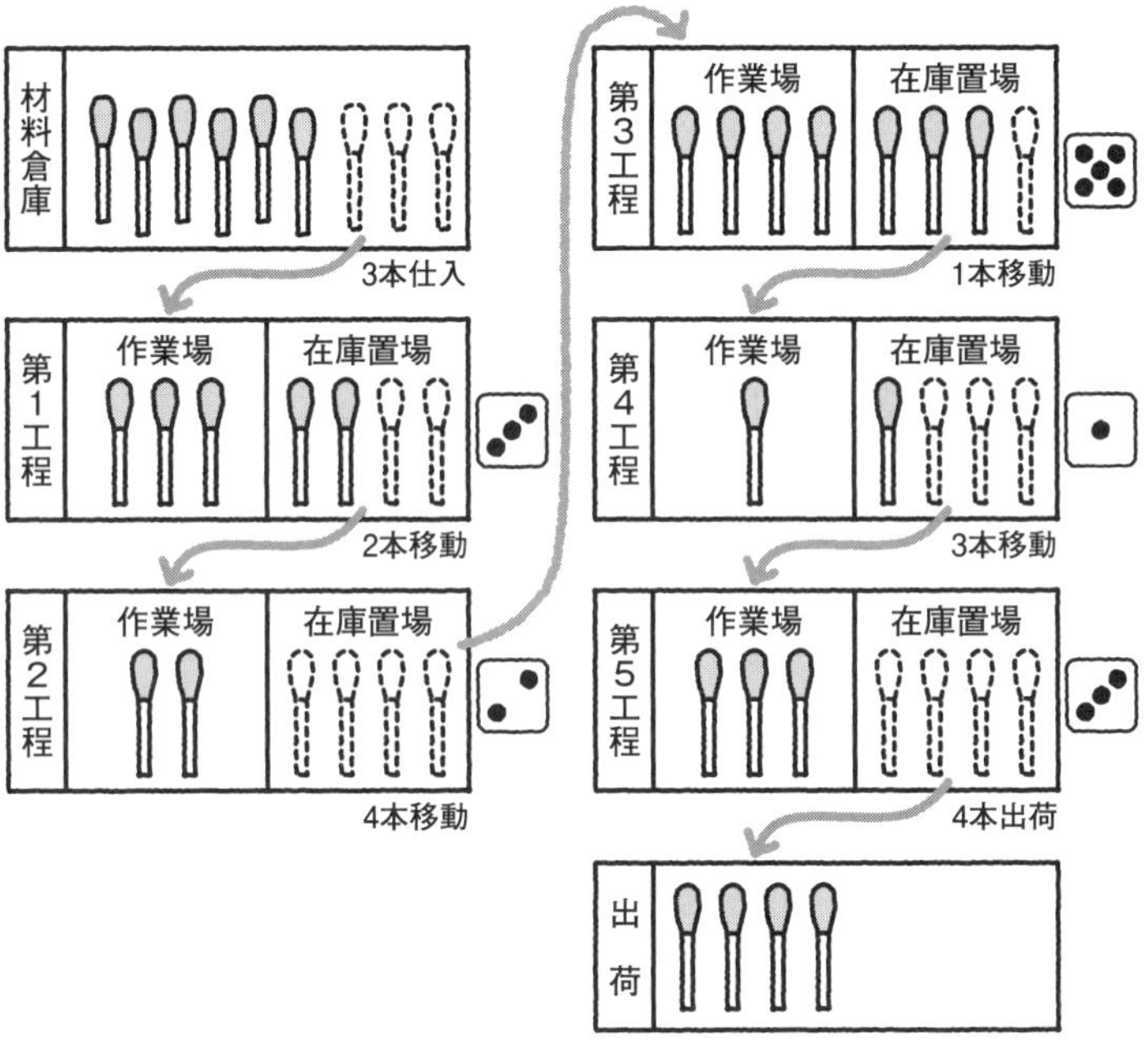

「その場合、持ってくるマッチ棒の4本だけになります。生産能力としては5個あったけど、在庫が4個しかないので、1個分は手待ち時間になったと考えます」

（なるほど。サイコロの目が無駄になることもあるのね……）

　早苗はダイスゲームの仕組みが少しだけ理解できた。

「第5工程を担当している方は、在庫置場にあるマッチ棒をすべて『出荷』の紙の上に移動してください。

図表6-5　ダイスゲーム　2日目の準備

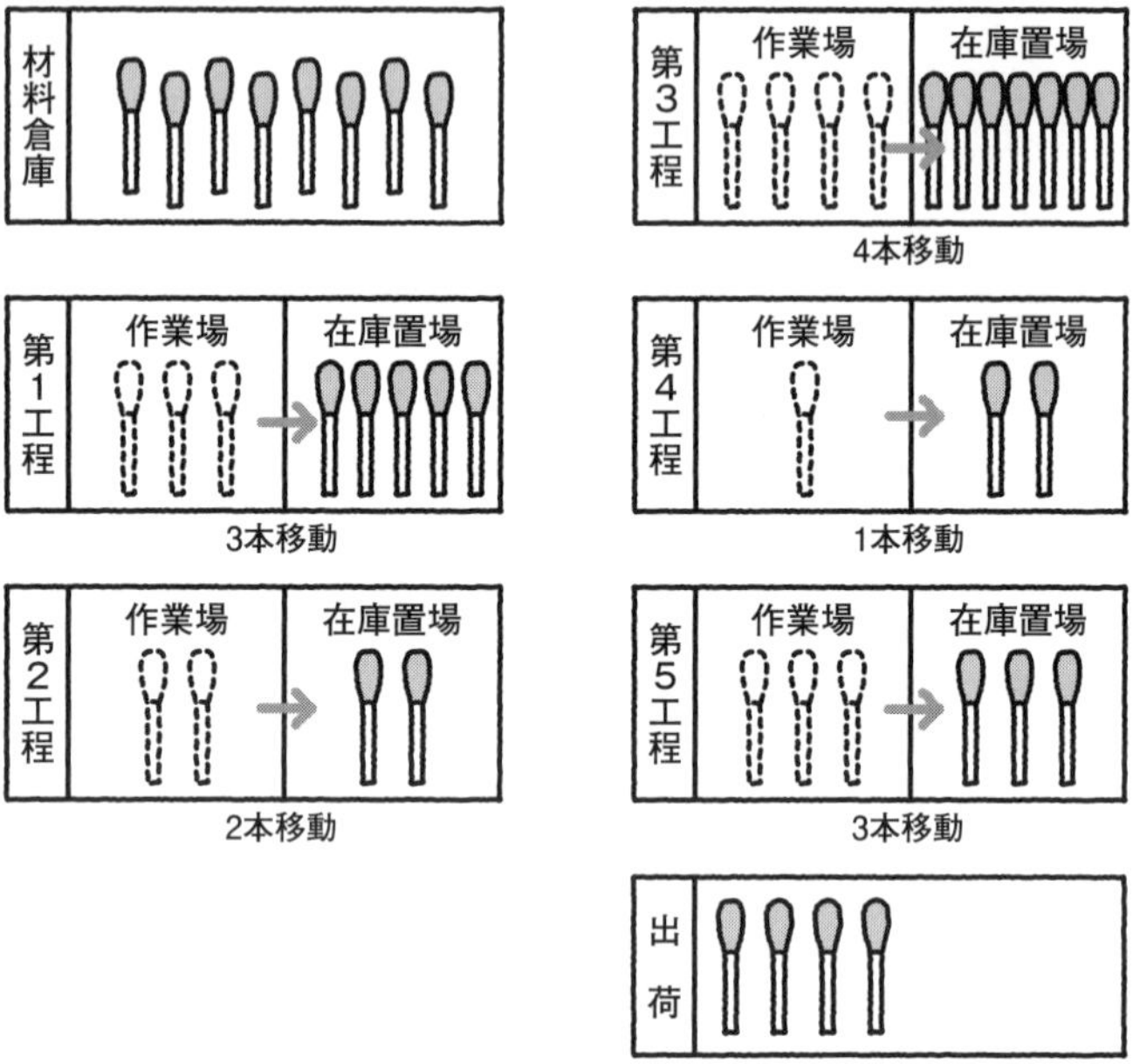

これが売上になります」

第5工程を担当している島田は川上の指示に従い、マッチ棒を出荷の紙に移動させた（**図表6―4**）。

「社長、さぼらないでもっと頑張らんとな」

島田が早苗のサイコロの目を見て笑った。

「まっ、まだ初日ですから。明日から頑張ります！」

そうは言ったものの、早苗は何をどう頑張ったら大きな目が出るのか分からない。

「それでは、2日目の準備をするため、作業場にあるマッチ棒を右側の在庫置場に移動してください」

早苗は作業場にあったマッチ棒1本を在庫置場に移動した（**図表6―5**）。

「平均生産能力は3・5個、20日間なので70個でしたね。そこで、売上目標も同じく70個に設定します」

川上はホワイトボードにMQ会計で計画を書いた。

「利益（G）の目標は50円です。今回は、利益だけでなくて、在庫の増減も加味した営業CFの目標も作っていきましょう。在庫は増えないのに越したことはありませんが、サイコロの目によって変動もするので、余裕を見て2個、10円増える計画にしました。在庫が増えれば、キャッシュが減るので、営業CFの目標は40円としました。目標達成を目指して頑張りましょう！」（**図表6―6**）。

MQ会計表には、利益（G）の下に在庫増減が加わっていた。もし在庫が増えれば、その分だけキャッシュが減るので、利益（G）より営業CFが減少する。利益＝キャッシュではない。

「さて、準備ができましたね！　それでは、ゲームを再開しましょう！　皆さん、頑張ってサイコロを振ってくださいね！」

早苗たちは2日目の出来高を決めるサイコロを振った。サイコロの目は「3」だった。

早苗は第3工程の在庫置場からマッチ棒を3本、自分の作業場に持ってきた。

図表 6-6 ダイスゲーム　MQ会計による計画

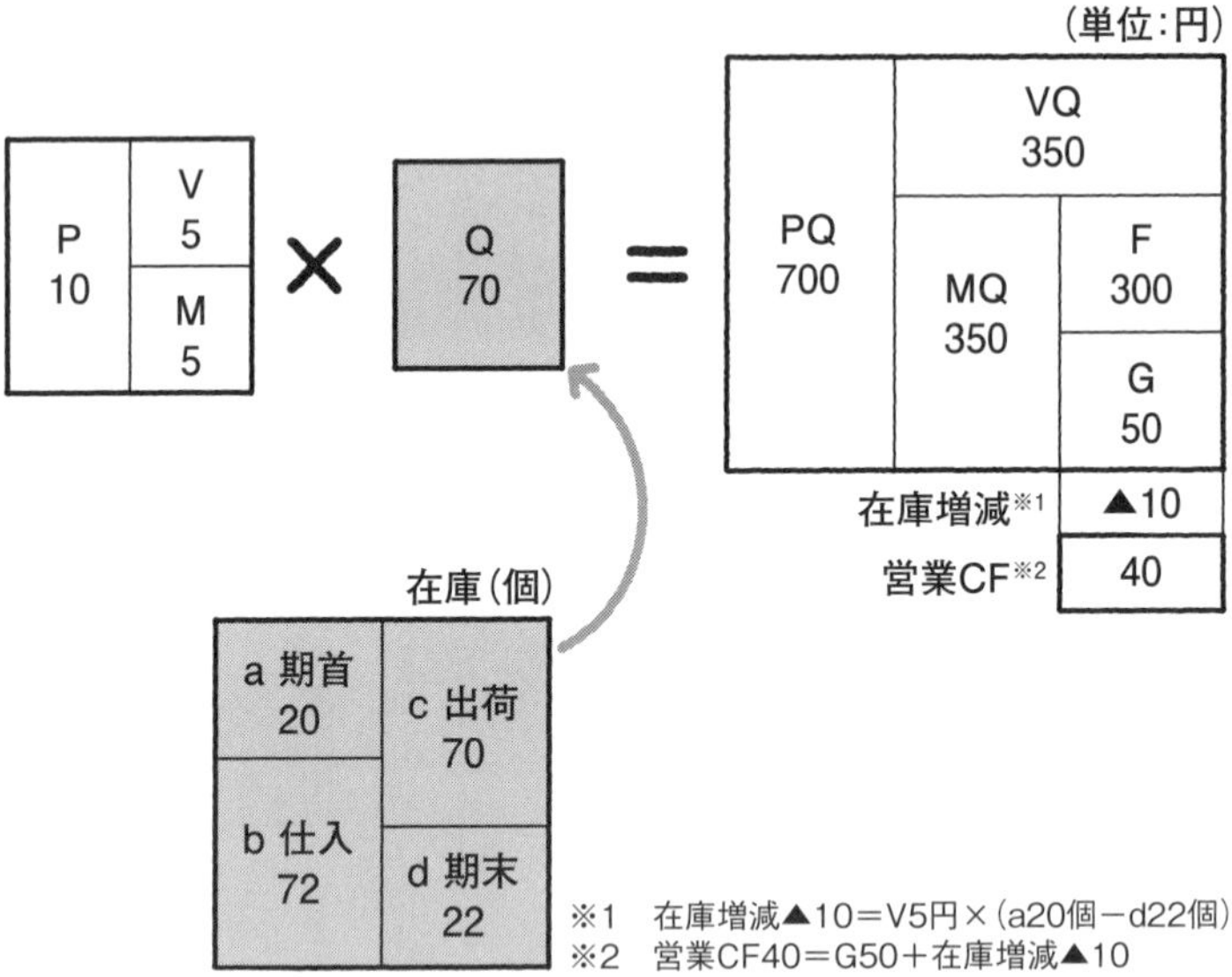

※1　在庫増減▲10＝V5円×(a20個－d22個)
※2　営業CF40＝G50＋在庫増減▲10

「せっかく6を出したのにもったいないな」

第5工程の島田は、早苗の在庫置場からマッチ棒を2本だけ持っていった。

「すみません。次は3本あるので……」

(これは私の工程だけの問題じゃない。前後の工程にも影響を与えるわね)

早苗は自分ではコントロールのできないサイコロの目にドキドキしながら、サイコロを振り続けた。サイコロの目によって、ガッツポーズをしたり、頭を抱えたり、歓声が聞こえる。

図表6-7　ダイスゲーム　MQ会計による実績(1ゲーム)

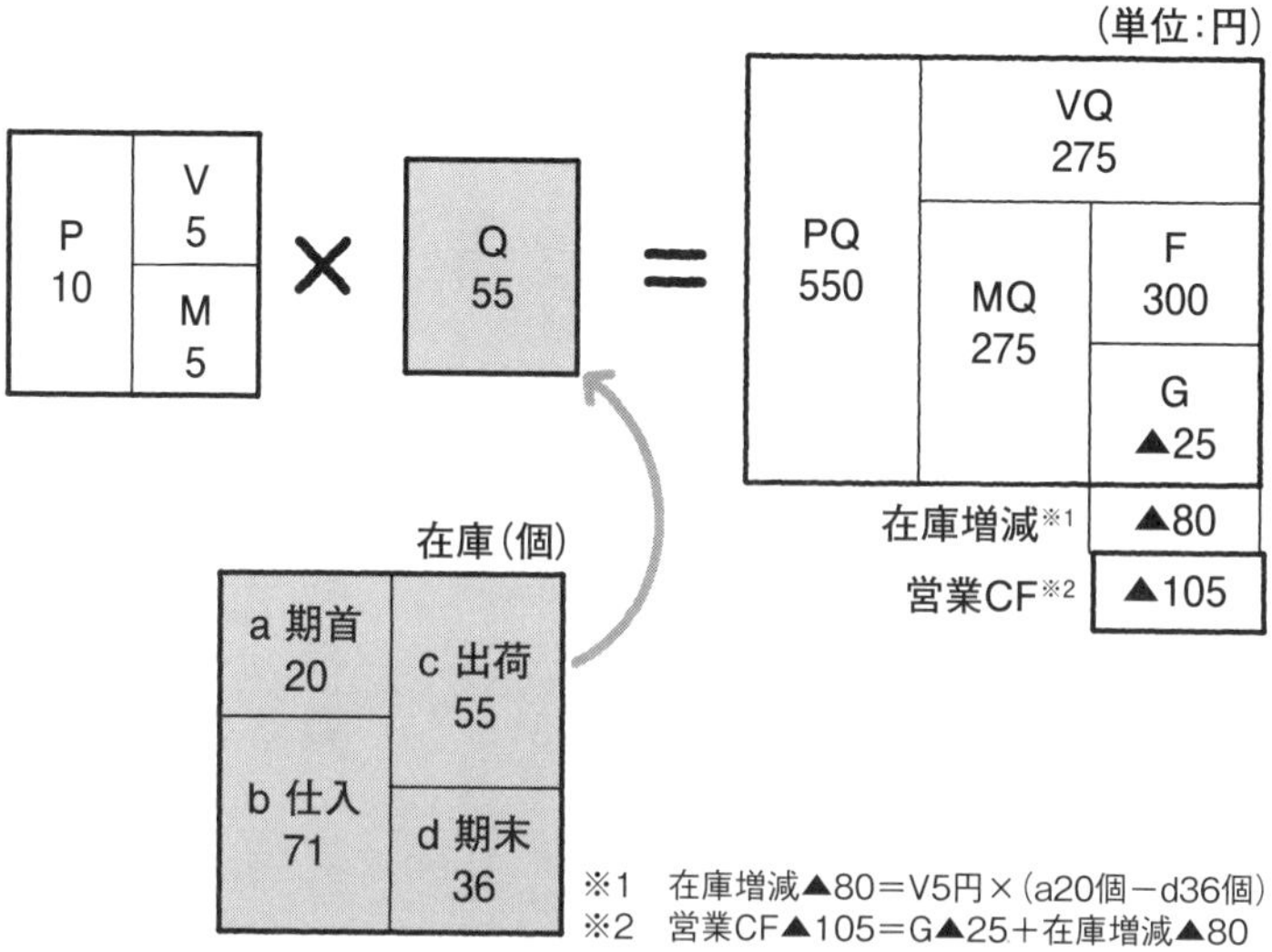

※1　在庫増減▲80＝V5円×(a20個－d36個)
※2　営業CF▲105＝G▲25＋在庫増減▲80

利益(G)、営業CFがマイナスの結果に……

参加者はそれぞれ楽しんでいるようだ。

20日間のシミュレーションが終わった。出荷と在庫置場にあるマッチ棒を数え、MQ会計によるP／Lを作成した。

出荷数は55と計画の70を大きく下回り、20個ではじめた在庫は36個と大きく増加した。その結果、利益(G)は、計画値50に対して実績値▲25、営業CFは計画値40に対して実績値▲105と目も当てられない状況だ(**図表6―7**)。

もう一つのグループでも

同様に計画を大きく下回り、決算の結果に参加者がざわついた。
（なんでこんなに計画を下回るの？）
早苗は、目の前で起きていることが理解できないでいた。

統計的変動と依存的事象

「平均はあくまで『平均』です。実際にはサイコロの目のようにバラッキます。例えば、ある作業の平均時間が60秒の場合、実際の作業を観測してみると30秒から90秒の範囲でばらついていたりします。この『ばらつき』が工場の一つ目の特徴である『**統計的変動**』です。サイコロで表現しました」

川上は、サイコロを手のひらで転がしながら続けた。

「それに毎日、工場ではいろんなことが起こりますよね？　部品の不足、機械トラブル、停電、従業員の欠勤、クレーム、特急仕事などなど。生産能力が6個あっても、いろんな理由によって1個しか作れないこともあります。まぁ、私より工場にいる皆さんのほうが実感をもっていると思いますが」

川上の言葉に参加者は、お互い顔を見合わせながら苦笑いをしている。

「そして、もう一つ工場には、重要な特徴があります。何だと思いますか？」

川上の質問にしばらく沈黙が続いた後、島田の手が挙がった。

「前の工程の影響を受ける」

「正解！　その通りです！」

島田の解答に川上は嬉しそうに大きな声を上げた。

「物事には順番があります。第3工程の作業をするためには第2工程の作業を終わらせなければならないという関係の事です。この2つ目の特徴を**『依存的事象』**と呼びます。この**『統計的変動』と『依存的事象』の2つの特徴が合わさった時、今回のように平均値より小さいアウトプットしか生まれない**のです。これは数学的に証明することができます」

（へえ、面白い考えだわ！）

早苗は、この考え方に一人興奮していた。

「それでは、2回目のシミュレーションをしましょう。次は設備投資をしたケースで考えてみましょう！　サイコロを2個にします。ただ、一つ困ったことが起こりました。第4工程の人、手を挙げてもらっていいですか？」

第4工程を担当している早苗と大下が手を挙げた。

「残念ながら第4工程の設備投資については社長の決裁が下りませんでした……。引き続き、サイコロ1個で頑張ってください！」

「社長～、決裁してくださいよぉ～」

図表 6-8　ダイスゲーム　MQ会計による実績(2ゲーム)

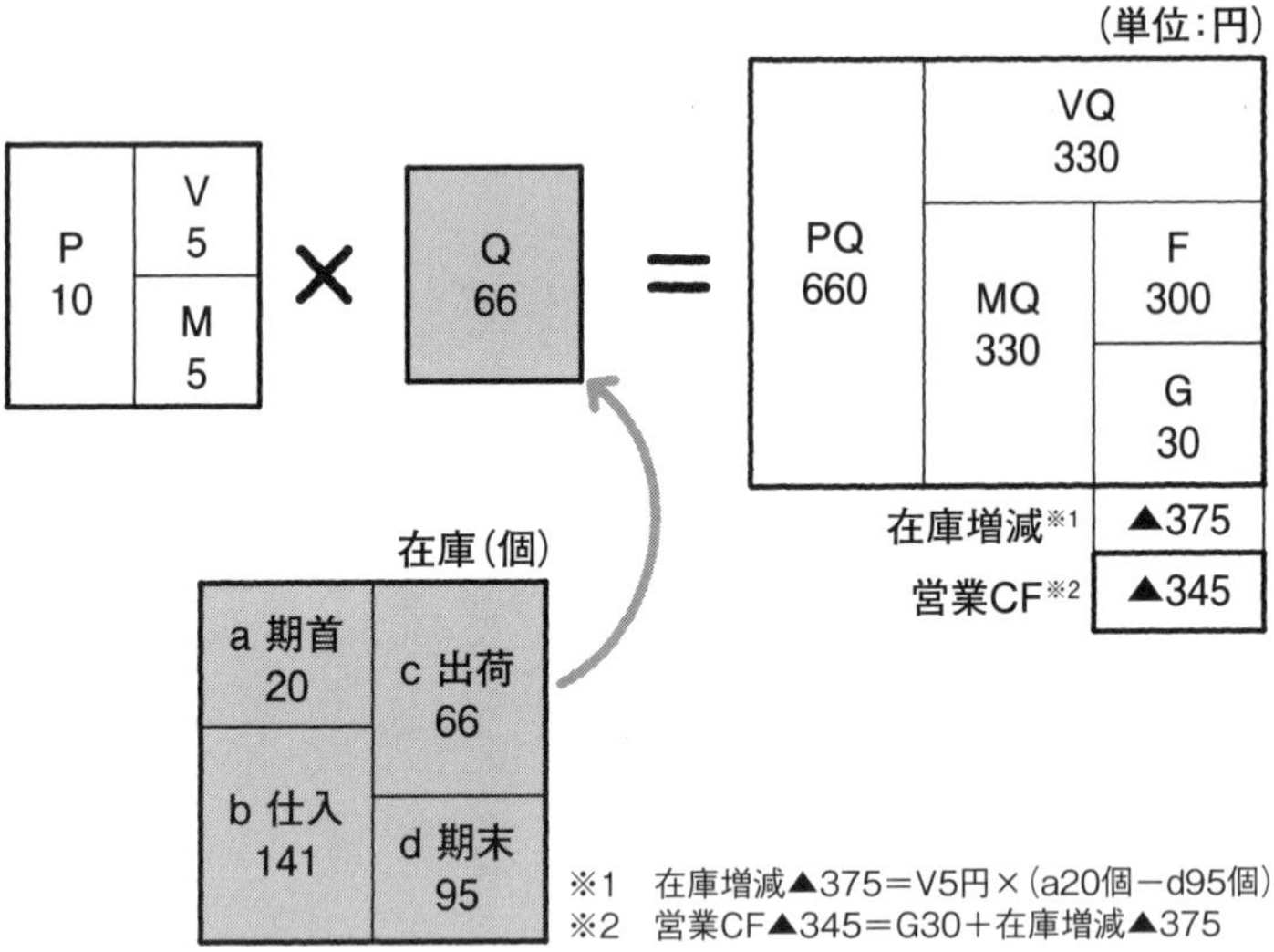

※1　在庫増減▲375＝V5円×(a20個－d95個)
※2　営業CF▲345＝G30＋在庫増減▲375

利益(G)はプラスだが、営業CFは大幅なマイナスになった

「わぁ、わたし？」

大下と早苗のやりとりに、参加者が笑った。

「サイコロの個数以外は、同じルールです。設備投資をしたので、今度こそ、売上70個を目指して頑張ってください！　それでは準備をお願いします！」

早苗は準備をしながら、サイコロの少ない第4工程を担当する自分が鍵を握っている気がしていた。

2回目のシミュレーションが始まった。参加者が慣れてきたこともあって、どんどんゲームが進んでいく。参加者は、自分のサイコロの目よりも第4工程のサイコロの目のほうが気になっているようだ。早苗が大きい目を出すと「おーっ」と喚声が上がり、小さい目を出すと「がんばれ！」と励ましの声が起きた。

20日間が終わり、P／Lを作成した（**図表6―8**）。

出荷数は66個と1回目より多かったが、在庫は仕入が増加したことから95個に急増した。MQ会計による結果は、利益（G）は30と黒字になったものの、営業CFは▲345と大きなマイナスとなった。

ボトルネックを解消せよ

「利益は出たけど、営業CFは大幅にマイナスになりましたね。今回はMQ会計だけで計算していますけど、全部原価計算をした場合、在庫増加による『みせかけの利益』の影響で、利益はもっと大きく見えてしまいます。黒字倒産の典型的なパターンですね」

（利益が出ているのに営業CFがマイナス……。なんか、今の千葉精密みたい……）

早苗は唇を噛みながら川上の話に耳を傾けた。

「この生産能力の一番小さい第4工程のことを『**ボトルネック**』と呼びます」

川上は、手元にある飲みかけのコーラの入ったペットボトルを高く掲げた。

「ボトルネックとは、直訳すると**瓶の首**です。首の部分は瓶の中で最も細い部分です」

そう言うとペットボトルを机に戻し、今度はリュックの中から砂時計を取り出した。

「この砂時計の真ん中のくびれの部分、ここがボトルネックです。2ゲーム目は『ボトルネックのある工場』を再現してみました。砂の落ちるスピードはこのくびれの部分の穴の直径で決まります。ボトルネック以上には、出荷は増えません。つまり**ボトルネックの能力が工場全体のアウトプットを決定づける**のです！」

川上の言葉を裏付けるように、第4工程で早苗が出したサイコロの目とほぼ同じ数だけ在庫が第5工程に引き取られて、出荷されていた。

「そして、ボトルネック工程の生産能力以上に第1工程によって仕入が行われた結果、大量の在庫が工場に滞留します。特に第3工程の在庫の滞留状況はひどいですよね」

第3工程の在庫置場には、第4工程での作業を待っているマッチ棒があふれていた。

「各工程では生産能力をフル活用して、それぞれ一生懸命に働きました。でも、工場全体のことを考えずに、各工程の『**稼働率**』を上げること自体が目的になってしまうと、このように工場全体としては、在庫が増加して、とてもまずい結果になるんですね。これを『**部分最適**』と言います」

（部分最適……。みんな一生懸命働いているのに上手くいかない。どうしたらいい？）

みんなが一生懸命働けば、結果はついてくると考えていた早苗にとって、川上の言葉は衝撃的だった。

「在庫を増やさずに、70個を出荷するためには、どうしたらいいと思いますか？」

「仕入を抑えるのはどうでしょうか？」

第1工程を担当していた智子だ。

「なるほど、いいですね。では、仕入の数はどうやって決定すればいいでしょうか？　ヒントを出しますね。**『在庫＝仕入－出荷』**です」

「ボトルネックが工場全体のアウトプットである出荷を決めるんですよね。であれば、ボトルネック工程の処理数と同じ数だけ仕入をすれば、在庫は増えないはずです！」

智子は、自分の思考を整理しながら話しているようだ。

「すばらしい！　それでは、仕入の数はボトルネック工程の処理数と同じ数にしましょう。第1工程の担当者はサイコロを振らずに、第4工程の作業数だけ仕入れてください」

「分かりました」

「あとは、出荷を安定させたいですね。今のままでは、ボトルネック工程のサイコロの目によって、出荷数がぶれてしまいますが……」

「ボトルネック工程に投資しましょう！」

早苗と同じく第4工程を担当した大下が答えた。

「それはいい！　でも投資にはお金が必要です。まずはお金をかけずにやる方法はないか考えてみましょうか？」

「ボトルネック工程が残業するか、他の工程が応援したらどうだろう？　さっきのゲーム、かなり手待ちの時間があったぞ」

川上の質問に答えたのは第5工程を担当した島田だ。第5工程はサイコロが2つあったものの、第4工程の在庫置場にはいつも在庫が少なく、その生産能力を持て余していた。そのため、島田は自分のサイコロの目より、早苗が担当しているボトルネック工程のサイコロの目ばかりを気にしていた。

「名案ですね！　平均3・5の目を出せば70個は出荷できます。ですので、第3ゲームでは、第4工程のサイコロの目が1か2が出た場合には、残業するか他の工程から応援をすると仮定して、1日3個は必ず作業するようにしましょう」

第2ゲームとのルールの違いは2つだ。

①第1工程の仕入の数を第4工程（ボトルネック工程）に合わせる
②第4工程のサイコロの目が1か2の場合にも、3個の作業をする

そして第3ゲームが始まった。ボトルネック工程である早苗も、第2ゲームに比べてずいぶんと楽な気持ちでゲームができた。小さな目が出ても3個は作業できるからだ。

図表6-9　ダイスゲーム　MQ会計による実績(3ゲーム)

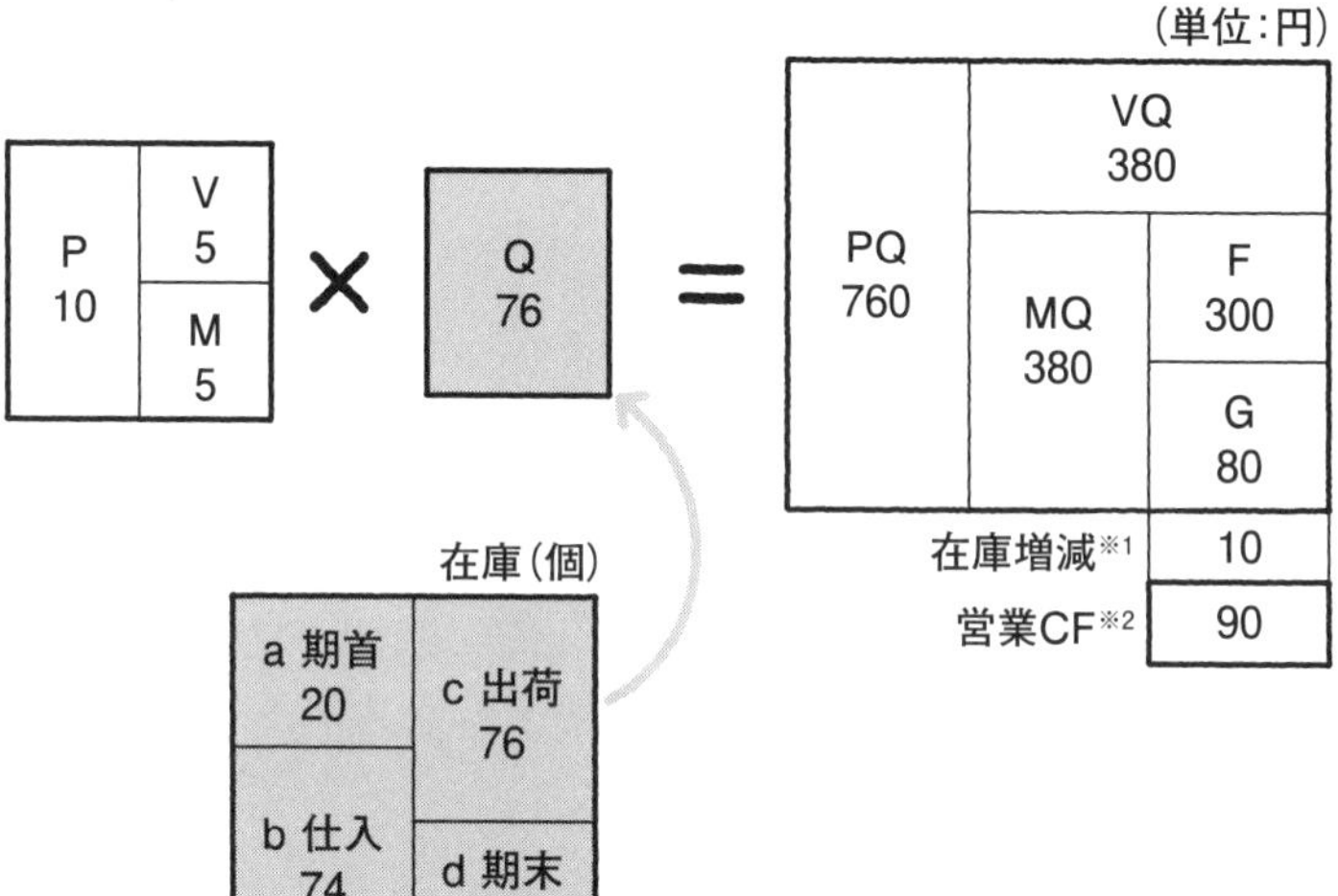

※1　在庫増減10＝V5円×(a20個－d18個)
※2　営業CF90＝G80＋在庫増減10

利益(G)、営業CFが計画を上回るプラスとなった!

今回のルール変更によって、3個以上の安定した出荷が行われ、在庫がどこかの工程で滞留することはなくなった。

第3ゲームの結果は、出荷数76個、在庫18個となり、利益(G)80、営業CF90と第2ゲームに比べて、P/L、C/Fともに劇的に改善した(**図表6—9**)。

(すごい。すごいわ!　やり方を少し変えただけなのに……)

早苗は、体中にアドレナリンが駆け巡るのを感じた。

全体最適のマネジメント

「この第3ゲームに適用したのがTOC、『**全体最適**』**のマネジメント**です！」

川上によるTOCの解説が始まった。企業のゴールは「**現在から将来にわたって儲け続ける」こと**。TOCはそのゴールを妨げているボトルネック（制約）を集中的に改善することによって、劇的に業績を向上させる経営管理手法だ。

TOCの改善は、ボトルネックのみに着目する。

①ボトルネックの発見
②ボトルネックの徹底活用
③ボトルネックへの従属
④ボトルネックへの投資
⑤ボトルネックが解消したら①に戻る

を繰り返すプロセスである。**継続的改善プロセス**と呼ばれている。

今回のゲームでは、

①ボトルネックである第4工程に的を絞って、
②第4工程を残業や応援をすることにより徹底的に活用し、
③第1工程の仕入を第4工程に合わせることによって、在庫を増やすことなく、売上、利益、営業CFが改善したのだった。
④今回は、ボトルネックへの投資はしていない。

「**ボトルネックは物理的なものに限りません。**稼働率の管理は問題ないですかね?」

川上は、千葉精密の生産現場の指標に話題を移すと、智子が話し始めた。

「この間、川上さんと話をした指標の件ですが、今日のゲームをやってみて、やっと分かりました」

川上は頷きながら、智子に話を続けるように目で合図をした。

「稼働率を上げる事が目的となってしまうと、第2ゲームのように各工程がめいっぱい生産することが評価されるんですね。うちの仕掛品在庫が増えてきたのはそのせいです」

「極端な話、稼働率を上げるためだけならば、注文がなくても在庫をたくさん作ればいいですから。しかも厄介なことに、たくさん作れば『みせかけの利益』によってP/Lが良くなったように見えてしまいます。**稼働率管理という方針がボトルネックになる場合もあるんです**」

川上の言葉に智子が深く頷いた。

仕入を制する者は在庫を制す！

「調達の方針も見直さないといけないですね」

智子が神妙な面持ちで話し始めた。

「昨年は、トーケイ社の『M36G』の注文が2倍になるという見込みだったので、部品の仕入もサプライヤーに一括で大量発注することによって値下げができたんです。ただ、実際には当てが外れて、予定の半分しか注文が入らなかったんです。でも、材料は仕入済みで手もとにあるので、組立をして完成させました。今年度は売れないけど、来年度以降は売れるだろうということで……」

「一括仕入による値引きができても、在庫が滞留してお金が寝てしまったら、元も子もないですからね。『**仕入を制する者は在庫を制す**』です！」

川上の決め台詞に智子は「たしかに」と相槌を打った。

「川上さんの言う通り、仕入の方針を見直すことによって在庫を減らすことができそうです。すぐに取り掛かりますね」

川上たちのやりとりを聞いていた島田が話し始めた。

「ただ、MQを増やすためには、ボトルネック工程の改善が必要なんですよね？　うちのボトルネックは『手作業組立』工程です。人手が全然足りてないんですよ。だから、A10の組立を泣く泣く外注に出している。それでも、まだ人手が足りず、納期に間にあわないこともある。本当に綱渡りの状態だ」

島田は腕組みをしながら困惑の表情を浮かべている。

「やはり、そうでしたか。先週の工場見学をした時に薄々感じていました」

「求人もかけているんですが、人手不足のこのご時世。なかなか人が集まらんのですよ」

「新規採用もいいんですが、あの細かい手作業は習得に時間がかかりますよね。今働いているパートの方々にもっと働いてもらうことはできないんですか?」

「川上さんならご存じでしょう? 『130万円の壁』を」

正社員を増やすほうが儲かる!?

島田の言葉に、早苗は総務部時代のことを思い出していた。

130万円の壁とは、今まで会社員の夫の社会保険の扶養に入っていたパート社員が、年収が130万円を超えると、自ら社会保険に入る必要があり、130万円未満の時より、手取りが減少するという逆転現象のことだ。そのため、千葉精密のほとんどのパート社員は年収が130万円未満になるように働く時間を調整している。

千葉精密にとっても、社会保険料の負担増加を避けるため、130万円未満で働くことを奨励していた。12月になると、130万円を超えないようにするため、各パート社員の勤務時間を調整することが総務部の恒例行事となっていた。

しかし、その影響で手作業組立の人手がさらに不足し、外注業者に仕事をお願いすることによってなんとか凌いでいるのが現状だ。

「社会保険の扶養を外れるかどうかは大きな問題です。でも、パート社員の全員が130万円未満の年収を望んでいるんですか？」

「130万円を超えたら、手取りが減るんですよ？　誰が好き好んで働くんですか」

島田は、川上の質問に半ば諦め顔で答えた。

「たしかに130万円を少し超えた程度であれば手取りは減ります。でも、それ以上に働けば、当然手取りは増えていきます。もっと稼ぎたい方は本当にいないんですか？」

「います！」

大きな声が食堂に響いた。声の主である早苗に全員の視線が集まった。

「マイスターの田辺さんですが、息子さんが高校を卒業して子育てが一段落したので、もっと働きたいと相談されたことがあります。他にも田中さんや大野さん、加藤さんも！」

早苗は、総務部時代に相談を受けたことのあるマイスターの名前を挙げた。

「ただ、総務部としてはパート社員の方の社会保険料を抑えるために、130万円に収まるようお願いをしていたんです。それで、田辺さんや大野さんは、うちとは別にパートを掛け持ちしているんです」

「それは初耳だな。だったら田辺さんたちにもっとうちで働いてもらえるってことか？　彼女たちが望むなら正社員になってもらってバリバリ働いてもらいたいな。**手作業組立のボトルネックが解消すれば、外注も減らせるし、納期問題も解決**できそうだな」

田辺たちの希望はどうやら島田の耳には届いていなかったようだ。

「でも、パート社員を正社員にしたら、固定費が大幅に増えますよ」

智子の言葉に、みんなが黙ってしまった。

「じゃあ、MQ会計で損益をシミュレーションしてみましょうか？」

川上はホワイトボードの前に移動し、製品A10のMQ会計表を描きだした。

「変動費（V）5000円のうち、1000円が外注費ですよね。外注が無くなれば、粗利（M）は1000円増えます。外注に出している業務を、すべて社内でやるためには、正社員を追加で何人くらい必要ですか？」

「そうですね。ざっくりですが15人は増やさないと回せないですね」

「正社員が1人400万円として、15人だと……固定費（F）が6000万円増える」

そう言うと川上はMQ会計表による損益比較を完成させた（**図表6―10**）。

「今までどおり、外注にお願いするのと、正社員を増やして内製するのとでは、どちらが

図表6-10 A10を外注から内製化した場合

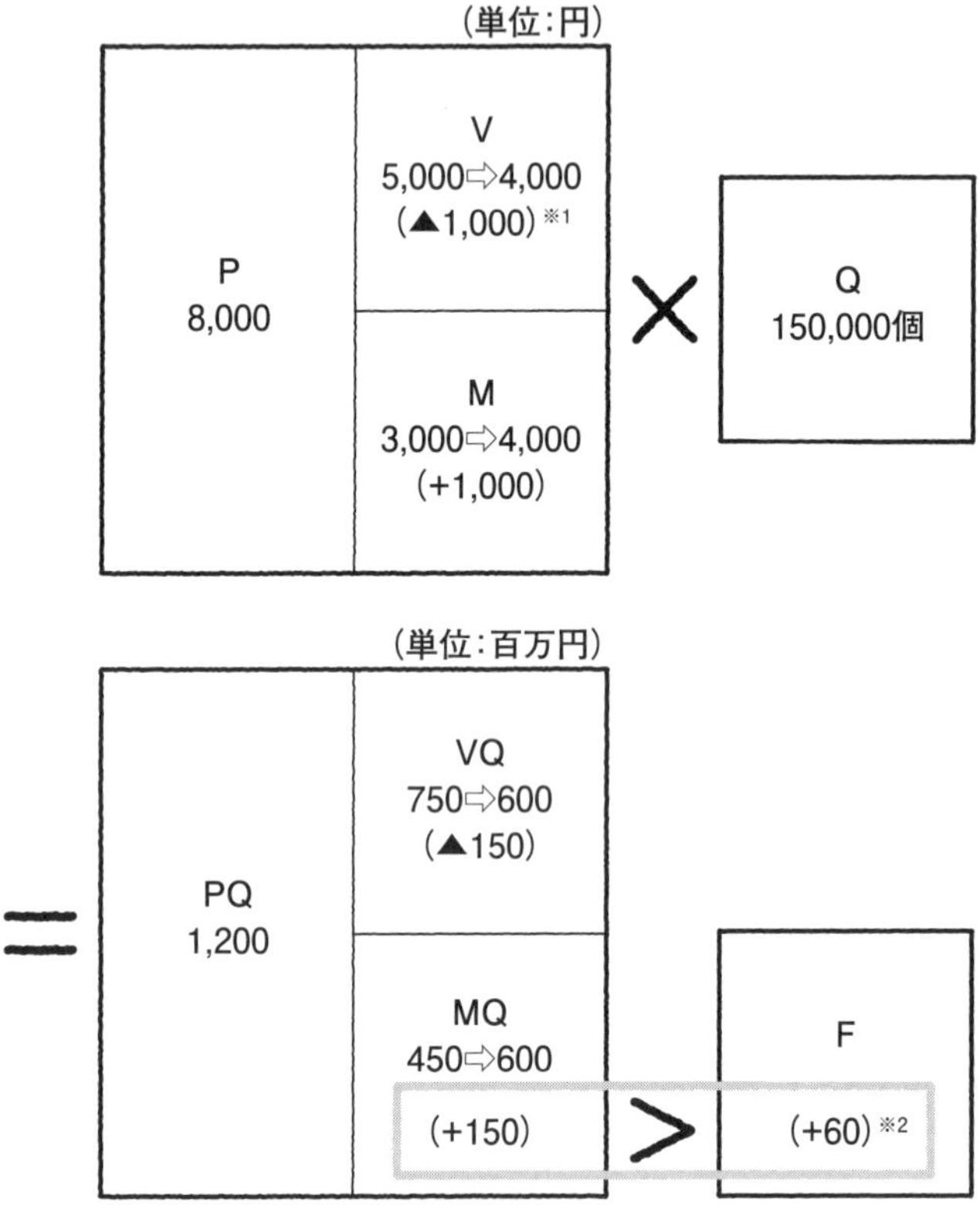

※1 外注をやめることによって、1個当たり1,000円のVを削減。
総額で150百万円のVQを削減し、MQが増加。
※2 正社員が15人増加することによって、F60百万円が増加。

MQ150百万円 > F60百万円

外注を続けるより、正社員を増やして
内製化したほうが儲かる!

儲かりますか？」

ＭＱ会計表から、損益シミュレーションの結果は明らかだ。

正社員を増やす事によって、固定費（Ｆ）は６０００万円増加するものの、社内で生み出される付加価値（ＭＱ）は1億５０００万円も増加する。

「外注に出すより、社内で作業するほうが儲かるんですね」

智子は、ホワイトボードを見ながらしきりに感心している。

「**ＭＱ会計は意思決定の時に役に立つ戦略的な会計です**。もし、Ｆが増えても、それ以上にＭＱが増えるのであれば、自信をもってＧＯサインが出せます」

「いやぁ〜、いつもはいかにFを抑えるかということばかりで。わざわざFを増やすようなことは、とても考えつかないですよ！」

島田が呆れたような表情で言う。

「それは**思考のボトルネック**ですね。常識は良識とイコールではありません。自分の中の当たり前を、まずは疑ってみること。そうすると発想がぐーんと広がりますよ！」

川上の言葉に智子は頷いた。

「**ボトルネックを解消することで、会社のＭＱが増えて、お客様に納期通りに納品できて、もっと働きたいパート社員を正社員にすることができる。まさに三方《さんぽう》よし**ですね！」

一気に問題を解決できる目途が立ち、早苗は嬉しくて声が弾んだ。

「これだけ大きな意思決定は、社長の一存で決められない。取締役会に諮《はか》ろう。あとは、あの方を説得できるかが問題だな……」

島田の心配する声を受けて、早苗は取締役会での資料作りにとりかかった。

全責任を負う覚悟

お盆休みが明けた8月20日。千葉精密の取締役会にアンダーソンの姿があった。アンダーソンの初めての参加に、会議室はいつもよりピリピリした空気に包まれている。

オブザーバーとして参加している吉田が7月までの業績報告を行った。今期は品質問題の対応に追われ、前期と比べると受注が少なく、減収減益だった。アンダーソンから2、3確認の質問があったが、業績の良否について特にコメントはなかった。

次の議題は「パート社員の正社員化」についてだ。

「えー」

「その前に一つ意見をさせてもらえますか?」

早苗が話し始めようとした瞬間、アンダーソンが割って入った。

「今回の議案は、売上が下がっている現状で、固定費を増加させる方針です。取締役として、合理的な理由がなければ賛成することはできません」

「も、もちろんです！」

早苗は自分の鼓動が速くなっているのが分かった。

（ここで私が頑張らなくちゃ、すべてが無駄になる！）

早苗は緊張しながらも、手作業組立工程がボトルネックになっていること、外注により MＱが減少していること、パート社員を正社員にすることによってボトルネックの生産能力が強化されること、固定費（F）が増える以上に、MＱを増加させることができることを、事前に作成してきた資料を使いながら懸命に説明した。

早苗の話が終わると、会議室はしばらくの沈黙が流れた。

「――『MＱ』というのは『**スループット**』と同じものですか？」

頬杖を突き厳しい表情で話に聞きいっていたアンダーソンは、早苗に質問した。

「…………（スループット？）」

「おっしゃる通りです」

早苗が答えに窮していると、隣の島田が助け舟をだした。

スループットとは、売上から真の変動費を引いて求めるTOCの利益の概念だ。TOCの目的は、ボトルネックを解消し、スループットを増大させることにある。売上＝PＱ、変動費＝VＱと定義すれば、スループット＝MＱとなる。つまりTOCの目的を言い換えると、ボトルネックを解消し、MQを増大させることと言える。

「私の経営方針もスループットの向上を一番重視しています。今回の正社員化はボトルネックに対する投資で、スループットも確実に増えるんですね？」

「はい。スループットは間違いなく増えます」

島田はアンダーソンの目をまっすぐに見つめて答えた。

「分かりました。それでは、この議案に賛成しましょう」

アンダーソンは早苗に笑顔で答えた。

「あ、ありがとうございます！」

「ただし、条件があります。作業を見直し、生産性を向上させれば15人も必要ないのではないですか？　人数については、再度、慎重に検討してください」

早苗は隣の島田が頷いているのを横目で確認し、「分かりました」と答えた。

「最後に一言、言わせてください」

アンダーソンから笑みは消え、厳しい投資家の顔になっていた。

「今期に結果を出すというコミットは覚えていますね。もし、結果が出せない時には……」

「もちろん、社長である私が全責任をとります！」

力強く答える早苗に、アンダーソンは「ＯＫ」とだけ言うと、それ以上は何も言わなかった。こうしてパート社員の正社員化の議案は、取締役会で可決された。

改善の兆し

アンダーソンの提案を受け、15人から10人に減らして、正社員の希望者を募った。

その結果、田辺たちマイスターの称号を持つベテランを中心に8人の応募があった。応募定員を割り込む結果だ。しかし、130万円を超えても働きたいと希望したパート社員は20人を超えた。

9月1日、田辺たち8人は正社員として千葉精密に加わった。パート社員についても、130万円の壁で一律に時間を制限するのではなく、各人の希望に沿った形でシフトが組まれるようになった。

その結果、ボトルネックだった手作業組立工程の生産能力は一気に向上した。午後になると閑散としていた手作業組立工程は一日中フル稼働している。今まで積み上げられていた仕掛品のパレットはみるみる減っていき、**納期問題は1か月もたたずに解消した。**

納期遅れがなくなり時間に余裕ができたため、次に取り組んだのは作業の標準化だ。同じ作業でもマイスターに比べて、作業の遅いメンバーは3倍以上も時間がかかっている場合もあり、作業者によるスキルのバラつきが大きいのが問題だった。以前から製造部でも問題意識を持っていたが、実際には目の前の仕事に追われて後回しになっていた。マイスターの作業手順を観察し、ストップウォッチで時間を計り、写真入りのマニュアルを作成し、作業の標準化に取り組んだ結果、全体的に作業スピードが向上してきた。

10月からは、外注加工に出していたA10の手組立作業を千葉精密に戻すことになるため、一気に仕事が増加するが、智子は「なんとかなる」と手応えを感じていた。

仕入方針も大きく転換した。購買担当者は今までコストで評価されていたため、ボリュームディスカウントを狙って、数か月分を一気に仕入れることが多かった。そのため、倉庫は、材料で溢れ、B／Sを膨らませる一因となっていた。

そこで、ダイスゲームに倣って、**仕入をボトルネックの生産となるべく同期化するように、一回の注文数を減らした**。嫌な顔をする仕入先もいたが、千葉精密の生産状況がリアルタイムに分かることから、好意的に対応してくれる仕入先も多かった。

この仕入方針の変更により、材料が倉庫で眠ることなく、工場を流れるようになった。

さらに材料がなければ加工ができないため、作りだめによる仕掛品在庫も増えることはなくなった。

営業部も生産現場に余力ができてきたため、新規の受注を積極的にとりにいっている。納期を顧客にしっかり約束できることで営業もやりやすくなった。

副次的な効果として、営業部と製造部の関係にも改善の兆しが見られてきた。今まで、営業部員が工場に来る理由は、品質か納期のクレームが多かったため、製造部からは歓迎されていなかった。それが、最近ではクレームではなく、感謝を伝えるために工場を訪れる営業部員ばかりだ。

あの山崎が亀戸《かめいど》の銘菓「船橋屋のくず餅」を手土産として持参し、製造部のメンバーと談笑している。こんな状況を誰が想定しただろうか。

（こんな短期間に成果が出るなんて、ＴＯＣってすごい！）

早苗は、千葉精密の復活に確かな手応えを感じていた。

第7章

利益より大切なこと

バランスシートのダイエット

10月10日。秋晴れで気持ちがいい。父親の腕時計を2か月ぶりに身に着けた早苗の姿が会議室にあった。以前、時計修理技能士の資格を持つ島田にオーバーホールをお願いしていたものが、戻ってきたのだ。

父が亡くなってからおよそ1年の時を経て、腕時計は再び時を刻み始めていた。

（いつかは、うちの会社でも腕時計を作りたいなぁ……）

正確に時を刻む腕時計の秒針を目で追いながら、あの父の言葉を思い出した。

「俺は部品屋では終わらんぞ！　必ず千葉精密オリジナルの機械式時計を作るんだ！」

目を閉じれば、暗闇の向こうに熱っぽく語る父親の姿が浮かぶ。早苗は久しぶりに父を近くに感じられ、幸せな気持ちで、川上との定例ミーティングに参加した。

「さなえ、そろそろダイエットに取り組もうか？」

「ダ、ダイエット？　そりゃあ、最近は運動不足ですけど、そんなに体重は変わっていません！　いくら先輩でも言って良いことと、悪いことがあります！」

川上の思いがけない一言に、今まで気分の良かった早苗はムッと頬を膨らませた。

「えっ？　あ〜違う違う！　さなえのことじゃなくて、千葉精密のバランスシートのことだよ！」

川上は、笑いながら顔の前で右手を左右に振った。

「あぁ、うちの会社のことですか？」

早苗の顔はみるみる赤くなっていた。

「B／Sは会社の『健康診断書』って話をしたの覚えてる？　千葉精密はだいぶ太っちゃったから、健康体に戻るためにダイエットが必要だね」

「そっ、そうでした」

早苗の頬は赤みを帯びたままだ。

「B／Sのダイエットをするうえで、まず初めに検討するのが『**運転資本**』だ」

「運転資本？」

早苗は初めて聞く言葉だ。

「**運転資本は企業が事業を行ううえで必要となる資金**だ。運転資本は、B／Sの科目としては存在しない。計算によって求めるものだ。そこで覚えておいてほしいんだが、運転資本は「W」、売掛金は「U」、在庫は「Z」、買掛金は「K」とあらわしたとき、

運転資本（W）＝売掛金（U）＋在庫（Z）－買掛金（K）で求める差額の概念なんだ。U、Z、Kだから**運転資本はUZK（ウズク）と覚える**」

川上はいつものように、得意げに続ける。

「売掛金が多い＝回収に時間がかかる、在庫が多い＝販売までに時間がかかるということだから、それだけ事業に必要なお金、つまり運転資本が必要になる。反対に、買掛金が多い＝支払いまでの期間が長いということで、運転資本が少なくてすむ」

「つまり、運転資本が大きいとその分だけB／Sも大きくなるということですか？」

早苗は電卓を取り出して、千葉精密の前期末の運転資本を計算してみた（**図表7―1**）。

「売掛金12億5000万円、在庫8億円、買掛金4億円だから、運転資本は、16億5000万円ですね。これって大きいんですか？」

「実は金額だけでは運転資本の大きさは判断できない。運転資本は売上と比べる『**回転期間分析**』によってその大きさが分かるんだ」

「回転期間分析……？」

また、早苗の分からない言葉だ。

「回転期間分析は、運転資本を構成する科目の残高が売上の何か月分あるかを検討する評価指標なんだ。まぁ、口で説明してもちょっと分かりづらいよね。売掛金の回転期間は売掛金÷平均月商（年間売上÷12か月）で求めることができる。さなえ、計算してみてくれ

図表7-1　千葉精密工業の運転資本（2018年3月末）

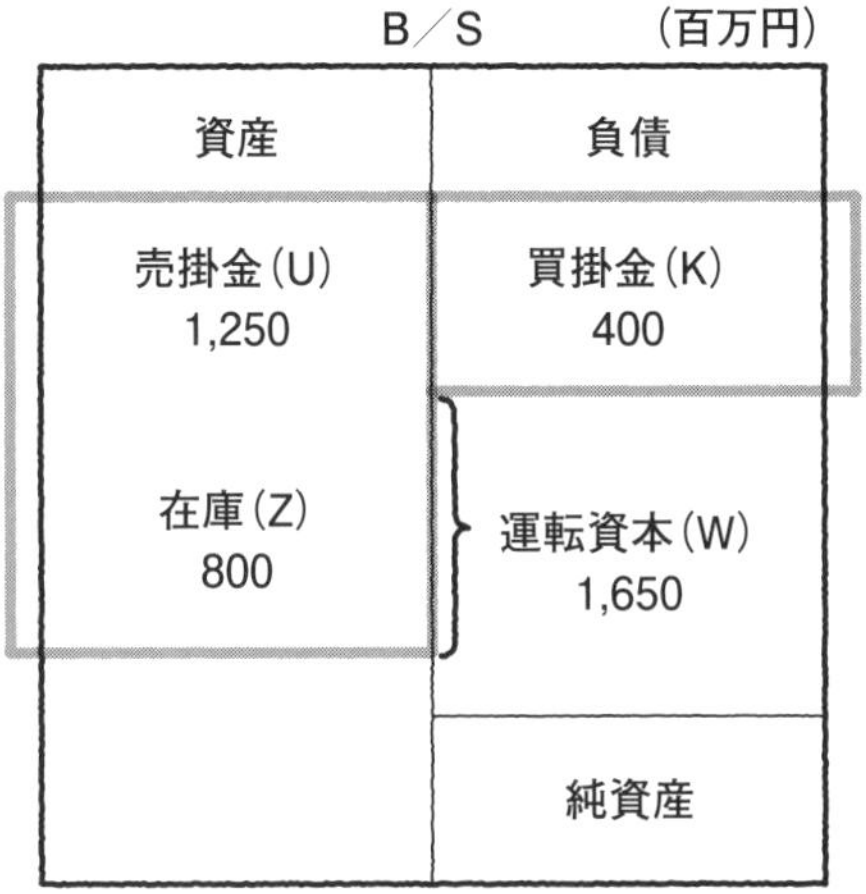

る？」

早苗は川上に言われるままに電卓を叩いた。

「えーっと……3です」

「OK。つまり売掛金回転期間は3か月ということだ。この結果の意味するところは、販売してから現金を回収するまで平均して3か月かかっているということなんだ。同じように在庫と買掛金、運転資本の回転期間も計算してみようか」

早苗が電卓で計算すると、在庫回転期間は2か月、買掛金回転期間は1か月、運転資本回転期間は4か月となった（**図表7―2**）。

「在庫回転期間は、仕入れてから販売するまでにかかる期間、買掛金回転期間は、仕入れてから支払いをするまでにか

図表 7-2　回転期間分析

単位：億円

売掛金回転期間	＝	売掛金残高 / 平均月商※	＝	12.5 / (50÷12)	≒	3か月
在庫回転期間	＝	在庫残高 / 平均月商	＝	8 / (50÷12)	≒	2か月
買掛金回転期間	＝	買掛金残高 / 平均月商	＝	4 / (50÷12)	≒	1か月
運転資本回転期間	＝	運転資本残高 / 平均月商	＝	16.5 / (50÷12)	≒	4か月

※平均月商＝年間売上÷12か月

かる期間だ。**運転資本回転期間は、このUZKの差額として求められる。具体的には、仕入代金の『支払い』から販売代金の『回収』までの日数だ**」

「運転資本、難しいですね。分かったような、分からないような……」

早苗は腕組みをして、自分で求めた回転期間とにらめっこをした。

「運転資本は、時系列で考えるとわかりやすいよ。B／Sの運転資本を右側に90度傾けてみよう」

そう言うと川上はホワイ

図表7-3　運転資本の時系列分析

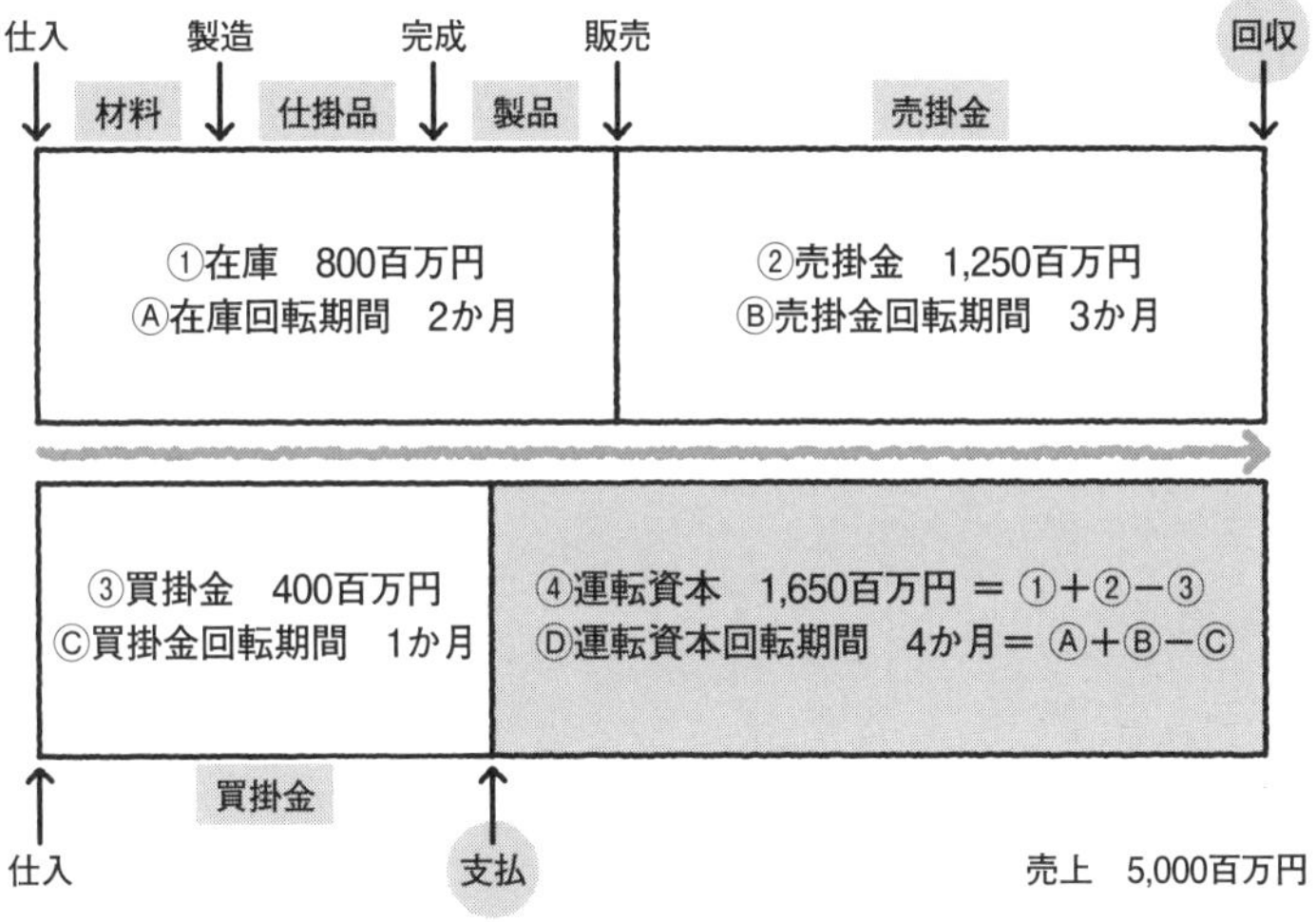

トボードに図を描き始めた。上の段に在庫と売掛金、下の段に買掛金と運転資本が描かれている。

材料の「仕入」から売掛金の「回収」というビジネスの一連の流れとそれに対応する勘定科目が時系列で整理されている（**図表7―3**）。

滞留在庫の選択肢

「なるほど。図で考えるとよく分かりますね！」

「そうだね。ちなみに人間は基礎代謝を高めると体重は落ちやすいだろう？　この運転資本回転期間は会社の『基礎代謝』だ。基礎代謝の高い会社は、キャッシュの回転が速いから運転資本は短くなる。反対に基礎代謝の低い会社は、キャッシュの回転が遅いから運転資本は長くなるんだ」

「千葉精密の運転資本回転期間は4か月。運転資本が大きくて代謝が悪いですね」

基礎代謝を上げるためには、在庫や売掛金の回転期間を早める取り組みが必要だ。ちなみに、買掛金は仕入先にとっては売掛金だから、買掛金のサイトを長くすると仕入先の代謝が落ちて、仕入先の資金繰りが苦しくなる」

「お世話になっている仕入先の会社に、ご迷惑はかけられません」

「そうだね。だから、まずは在庫と売掛金で考えてみよう」

「分かりました。在庫は1回の注文数を減らしたので、以前より少なくなっています」

「仕入方針の変更は上手くいっているみたいだね。あとは昔に仕入れて、もう使う予定のない材料とか、作ったけど納品の予定がない製品はないかな？」

図表7-4 滞留在庫に対する選択肢

選択肢	在庫の実物	P/L	B/S	C/F
①何もしない	有り	影響なし	影響なし	影響なし
②赤字で売る	無し	売上が増える 粗利益がマイナス	在庫減少 スリム化	売上＋節税 (赤字×約30%)
③評価を引き下げる	有り	特別損失を計上する 棚卸資産評価損	在庫減少 スリム化	影響なし※
④捨てる	無し	特別損失を計上する 棚卸資産廃棄損	在庫減少 スリム化	節税(廃棄損×約30%)

※一定の条件を満たせば、損金として節税が可能。

「そういえば、倉庫にホコリをかぶっている在庫がありますね」

早苗は倉庫の奥に積まれたパレットを思い浮かべていた。「そういった在庫を**滞留在庫**というんだ。滞留在庫に対する選択肢は①何もしない、②赤字で売る、③評価を引き下げる、④捨てるの4択だ」（**図表7―4**）

「選択肢はいろいろあるんですね。分かりました。智子さんと相談してみます」

回収なくして売上なし

「あとは売掛金だね。基本の回収サイトは何日？」

「そう言われると、ちょっと分からないですね……」

「さなえ、営業の仕事は注文を取ってくること、って考えていない？」

「へぇ？　違うんですか？」

「営業で一番大事なのは販売代金をしっかり『**回収**』することだ！」

「まぁ、たしかに回収は大事なのは分かりますが、一番ですか？」

早苗は回収が大切ということは理解できたが、一番というのにはまだ納得していない。

「**回収なくして売上なし。**回収が一番大事。これは譲れない。売りっぱなしで回収しなければ、意味がないどころか、入金がないのに材料代の支払い、税金の支払いなど、販売するよりも資金繰りが厳しくなる」

「たしかに、前期末決算の時は、品質不良で入金が遅れたものがあって苦労しました」

早苗は資金繰りで苦しかった時の感情が蘇り、胃のあたりが重く感じた。

「回収は本当に重要なんだ。だから、顧客ごとの回収サイトを把握して、あまりに長いものがあれば交渉して短くしてもらう。期日を過ぎても回収していない売掛金があれば、営業担当者の最優先の業務は『回収』だ」

「回収が最優先……」

「まずは、**社長自身がB／Sの意識をもって経営をしなければ、資金繰りは改善しないし、運転資本を削減することはできない。**『隗《かい》より始めよ』ってね」

「先輩、よ――く分かりました！　B／Sをスリム化するために、製造部とも営業部ともしっかりと話し合いをしますね」

「ＯＫ！　それじゃあ午前中のミーティングはこれで終了」

午後は吉田を交えて、ミーティングの予定だ。

「腹減ったー！　今日は『カツカツ』のトンカツ定食かな？」

川上はお腹をさすりながら、行きつけのトンカツ屋に早苗を誘った。

「いいえ。今日はヘルシーにお蕎麦にしましょう」

「えっ！　もう気分はトンカツなのに……」

「会社がダイエットするのに私たちが太ったらダメですよね？　『隗より始めよ』です」

早苗はいたずらっぽくウインクをした。

知られざる「保養所」の存在

蕎麦を食べ終えた早苗と川上が会議室に戻ると、吉田がすでに席についていた。

「先週、伊藤支店長が来られました。それで……」

「なにか言われたんですか？」

言葉に詰まる吉田に、川上は話を先に進めるように促した。

「はい。この向島の本社工場を売却して、郊外に移転しないかと。この辺りは、マンション用地の需要が多いので、買った時よりだいぶ高く売却できるし、郊外の工場用地も手ごろな価格のものをいくつか紹介できると……」

「吉田さん！　本当ですか？」

早苗にとって寝耳に水の話だった。

「千葉精密は父が創業してから、ずっとこの墨田区でモノづくりを続けてきたという誇りがあります！　ちょっとお金が入るぐらいの理由では、絶対に売らないですから！」

早苗は気持ちが高ぶり、声が大きくなった。

「はい……。社長がそう言うと思って、この件については、やんわり断っておきました」

吉田の言葉にホッとした早苗は、少しずつ冷静さを取り戻していった。

「まだ、支店長はうちの業績の改善に懐疑的です。どうにか融資したお金を回収しようと隙を狙っているようです」

「まぁ、社員の多くが地元の人間なので、郊外に工場を移転すると通勤できない人も出てきて、ちょっと現実的じゃないですよね。B／Sのダイエットは、必要な資産を削ることではなくて、無駄なものを減らすことです。他に減らせそうな資産はありますか？」

川上の言葉に吉田は**「補助残高明細表」**を準備した。

早苗は、明細表で資産を一つ一つ確認していくと、見慣れないある項目に目が留まった。

「吉田さん、土地の明細の中にある『保養所』って何ですか？」

「ああ、これは南伊豆にある保養所です。購入したのは私の入社前のことなので経緯はよく知らないんですが、バブル景気の時に、大江戸銀行に勧められるままに買ったみたいです」

南伊豆と聞いて、早苗は小さい時の記憶をかすかに思い出していた。父と千葉精密の社員のみんなで社員旅行に何度か出かけたことがある。その行き先が南伊豆だった。

「南伊豆か……。最近は全然、利用してないですね」

「はい。私が入社して16年経ちますが、一度も行ったことがないですね。現状、管理費と固定資産税だけを払っている状態です」

吉田は少し残念そうに話した。少しの沈黙の後、川上が口を開いた。

「『金持ち父さん貧乏父さん』って本知ってる？　この本の中で『**資産は私のポケットにお金を入れてくれる。負債は私のポケットからお金をとっていく**』と定義しているんだ」

「この保養所はポケットからお金が出て行くだけですね。もはや資産とは呼べない。B／Sをスリム化するためには売るべきですよね？」

早苗は父との思い出の場所を手放すのは少し気が引けた。ただ、千葉精密のB／Sをスリム化するためには仕方がないと覚悟をした。

「社長、ただ売却にあたって問題がありまして……」

吉田は少し気まずそうに切り出した。

「問題、ですか?」

早苗は吉田の言葉を待った。

「実は以前から保養所は売りに出していたんです。それで、先代社長が亡くなる少し前に、南伊豆にある社会福祉法人『桃源郷』の老人ホーム建設計画があって、この土地をぜひ買いたいと」

「えっ? そうだったんですか! なんで売らなかったんですか?」

「この保養所の簿価は1億5000万円あるんですが、先方は5000万円で買いたいという条件だったんです」

早苗は頭の中で計算をした。

「その条件で売ったら、1億円の損失が出てしまいます」

「はい。うちの経常利益は当時1億円もありませんでしたから、1億円の特別損失を計上すると赤字決算になってしまいます。それで断念したんです」

「そうだったんですか。1億円も損失が出るなら諦めるしかないですね」

(せっかく覚悟を決めたところなのに……)

早苗は肩を落とした。

「——**諦めたらそこで試合終了ですよ**」

と川上は穏やかな声で囁いた。

聞いたことのあるフレーズに早苗はクスッと笑った。吉田にはピンと来てないようだ。

「先輩は、昔から諦め悪いですもんね」

早苗は中学時代、川上が剣道の区大会決勝戦で、延長の末「抜き胴」で劇的な勝利をもぎとったことを思い出した。延長戦で不敗の記録をもつ川上は憧れの存在であった。

（たしかに、諦めるのが早すぎたわ。もっとしっかり考えなくちゃ！）

「えっと、もっと高い値段で買ってくれる先を見つけるってことですか？」

「たしかにもっと高い値段を出してくれる先があれば最高だ。でも実際は、そんなに買いたいと思っている人は少ないんじゃないかなぁ？」

と川上が疑問を呈した。

「はい。5年前から売りに出していますが、具体的な話に進んだのはこの1件だけです。人口も減っているみたいで、住宅地としての需要は少ないようです」

と吉田が答えた。

「高く売るどころか、他に買いたい人を見つけるのも難しそうですね。老人ホームは、他に候補地が見つかったんでしょうか？」

「いえ。まだ見つかってないみたいです。この間も先方から売ってほしいと電話があったので……」

（何か他に打つ手はないかしら……）社会福祉法人に対して、まだ売却の可能性はあるようだ。しかし、価格が折り合わない。早苗は別の案を考えようとしていた。

「じゃあ、『桃源郷』への売却を真剣に検討してみますか?」

川上はさらりと言った。

「えっ? 先輩、本気で言ってます? 1億円の損失が出るんですよ!」

「売ったらそうなるね」

川上は事も無げに言い放った。

「さなえ、損益計算書も大事だけど、全体を俯瞰してみよう」

損して金取れ!

「全体を俯瞰する、ですか?」

「そう。P/LだけではなくてB/SとC/Fの影響についても考えてみよう」

そう言うと川上はホワイトボードに保養所を売却することによって生じるP/L、B/S、C/Fの影響について図解を始めた(**図表7―5**)。
①保養所の売却時には、早苗が気にしていた通り、P/Lで特別損失が1億円発生する。B/Sでは保養所の1億5000万円が減少し、その代わりに5000万円の現金が入っ

てくる。C／Fで言うと、投資C／Fが5000万円のプラスだ。

②売却する保養所には大江戸銀行の融資残高5000万円の抵当権がついている。そのため、売却するにはあたっては、抵当権を抹消するため、融資を全額返済する必要がある。B／Sでは現金と借入金が5000万円減少する。C／Fでいうと、財務C／Fが5000万円のマイナスだ。P／Lには直接影響はないが、今後、返済した5000万円に対応する支払利息が減少する。

「うーん。たしかに、B／Sはスリム化できるかもしれませんが……」

売却をしても、そのお金は返済に回ってしまい手許には1円も残らない。早苗は、大きな損失を出してまで売却するほどのメリットは感じられなかった。

「まだ話は終わっていないよ。**法人税を支払う時が、売却損の出る取引のポイントだ**」

そう言うと、川上は納税時の影響について説明を始めた。

③日本の税制では、会社の利益に対して約30％の税金がかかる。利益が大きくなれば税金が増えるし、利益が小さくなれば税金も減る。特別損失を計上すれば、その30％に相当する法人税を減らすことができるのだ。

「今回は1億円の損失だから、その30％の3000万円が節税できるんだ。馬鹿にできない金額だろう？　名付けて『**損して金取れ**』ってね」

「たしかに3000万円も節税できればすごく助かりますね！」

図表 7-5 保養所を売却すると財務的にどんな影響が？

①保養所の売却

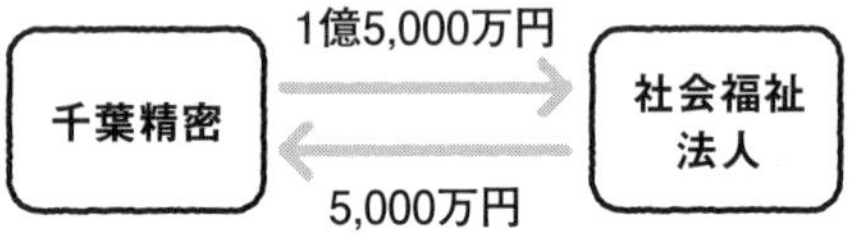

P／L…特別損失1億円
B／S…現金＋5,000万円、
固定資産▲1億5,000万円
C／F…投資CF＋5,000万円

②銀行に返済

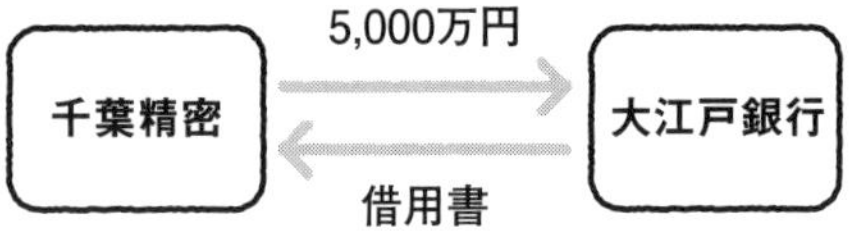

P／L…今後、支払利息が減少
B／S…現金▲5,000万円、
借入金▲5,000万円
C／F…財務CF▲5,000万円

③納税時に赤字分だけ節税

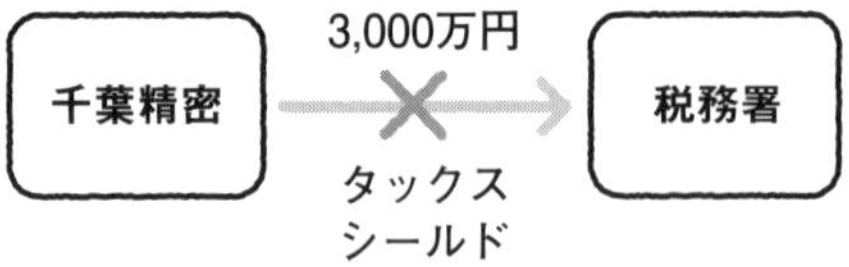

P／L…法人税▲3,000万
B／S…現金＋3,000万円
C／F…営業CF＋3,000万円
※売却前と比較して

まとめると…

保養所1億5,000万円と引き換えに、5,000万円の借金が減り、3,000万円（節税分）の現金が増える。

早苗は損失がもたらす意外な効果を知り、あらためて売却を決意した。

「特別損失は経常利益の下で計上される。だから、ブラック・シップスから言われている経常利益2億円を達成する条件にも影響はない。ちなみに、この節税効果のことを『**タックスシールド**』って言うんだ。ちょっとかっこいい呼び名だろう？」

川上は得意げな顔をして言った。

「吉田さん、『桃源郷』さんに連絡を取ってもらえますか？」

早苗は、さらなるB／Sのスリム化に向けて動き出した。

大切なものほど目に見えない

「運転資本の件ですけど、社内で『**CF向上プロジェクトチーム**』を立ち上げました。滞留在庫は、損益よりもキャッシュ・フローを優先し、赤字を覚悟で売れるものは売る。売掛金については回収サイトを見直すとともに、回収を営業の最重要の仕事と位置付けて活動しています。あれだけいがみ合っていた製造と営業が協力してやっているので、それだけで社内は大盛り上がりです！　あと、保養所の売却もトントン拍子に話が進んで、明日、契約を結ぶことになったんです！」

10月25日、早苗は矢継ぎ早に、この2週間の成果について川上に報告をした。

川上は早苗の話を嬉しそうに聞いていた。

「ところで先輩、一つ質問してもいいですか？」

「なんだい？」

「『会計は経営を映す鏡』って言っていましたよね？　会計を学んで会社の状況が数値で分かるようになって、経営改善も進みました。でも……」

「でも？」

川上は早苗の話を促した。

「ちょっとうまく表現できないんですけど、**会計だけでは経営のすべては表現できないん**じゃないかなと、最近考えるようになりまして」

早苗は会計の理解が進むにつれ、浮かんできた疑問を川上にぶつけた。

「そんなの当たり前じゃん！」

「へっ？　そんなこと会計士が言っちゃっていいんですか！」

ひょうひょうと答える川上に、早苗は拍子抜けした。

「会計を仕事にしてきたからこそ、**会計の限界**について誰よりも感じているよ。でも、早くも会計の限界に気づくなんて、千葉社長、恐れ入りました」

川上はわざとらしく両手をついて頭を下げた。

「ちょ、ちょっと、からかわないでくださいよ！」

「いやぁ、本当にすごい気づきだよ。どこでそう感じたのか教えてくれない？」

「社員が一生懸命頑張っている様子を見て、父が言っていた言葉を思い出したんです。『私一人では何もできない。社員あっての会社。社員こそ千葉精密の宝だ』って」

「親父さんは、社員想いの素晴らしい経営者だったんだね」

「ありがとうございます。でも宝のはずの社員が、会計では人件費というコストです」

「たしかに、**優秀な社員をB／Sで資産計上することはない**ね。他にもあるかな？」

「例えば、最近、会社の雰囲気がだいぶ明るくなって、すごく活気があるんですよ。それに、MQ会計が社員の間でも徐々に浸透してきたんです。『P』とか『V』とか社内で飛び交うようになって、MQ会計が共通言語になってきたんです！」

早苗は、現場での社員のやりとりや社内会議の様子をありありと思い浮かべていた。

「こういうのって、会社の大切な資産だと思うんですけど、B／Sの資産には載らないですよね？」

「さなえは『**目に見えない資産**』に気づいたんだね。ちょっと書くものある？」

早苗は赤い手帳を取り出すと、川上に渡した。川上はボックスを描くと、**「バリューダイナミクス」**と書き加えた（**図表7―6**）。

「バリューダイナミクス？」

早苗は初めて目にする言葉だ。

「**バリューダイナミクスは、価値の源泉となる企業の資産を5つに分類したフレームワーク**だよ。在庫や設備などの『**物的資産**』と現金や売掛金などの『**金融資産**』の2つは『**目に見える資産**』だ」

川上はボックスの左側を囲って、「目に見える」と書いた。

「目に見える資産はB/Sに載っている資産ですね」

「そう。さなえの言っていたのは『目に見えない資産』のことで、『**顧客資産**』、『**人的資産**』、『**組織資産**』の3つがある。B/Sには載っていないけど、たしかに存在していて、付加価値、つまりMQを生み出す源泉となっている重要な資産なんだ」

川上はボックスの右側を囲って「目に見えない」と書いて、説明をした。

顧客資産は、得意先の質と量である。直接の得意先だけではなく、その先の流通チャネル、エンドユーザーをも含む。

人的資産は、従業員の能力、モチベーションの高さだ。従業員だけでなく、仕入先や外注先も含む。

組織資産は、企業の競争力の源泉だ。具体的にはブランド力、戦略、システム、企業文化などが含まれる。

「『**大切なものは目に見えない**』ってね」

図表7-6 バリューダイナミクス

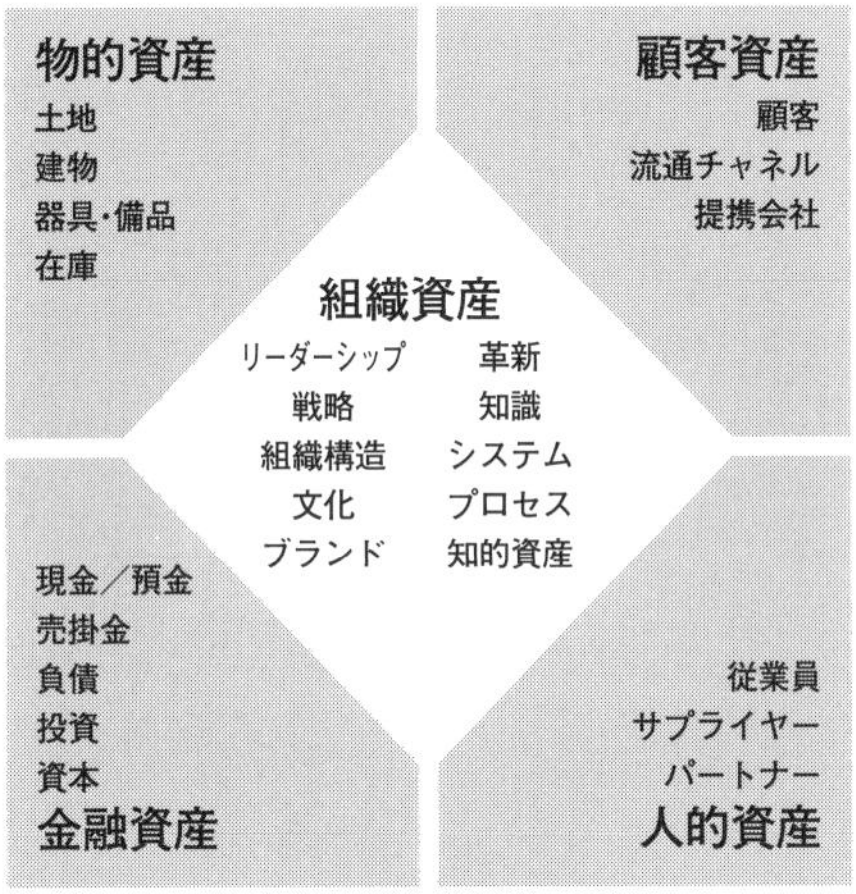

出典:『バリューダイナミクス』東洋経済新報社

川上が『星の王子さま』の一節を引用したということが早苗にはすぐに分かった。

（大切なものは目に見えない）早苗の好きな言葉だ。

「目に見えないから、数値にするのは難しいですけど、すごく大事ですよね」

「本当に大事だよ。目に見えない資産がなければMQを生み出すことはできないからね。だからB／SやP／Lを見ているだけでは、企業の良し悪しを判断することはできないんだ。それにしても、ずいぶん経営者らしくなってきたなぁ……」

しみじみ語る川上に、早苗は少し頬が赤くなった。

「でも、どうやって5つの資産を育てて

いけばいいんでしょうか?」

「いい質問だ。そのヒントはマネジメントゲームにある」

戦略費用が会社を救う!

「また、マネジメントゲームですか!」

早苗は、なんでもマネジメントゲームに喩える川上がおかしかった。

「美樹さんの会社盤、どんなだったか覚えている?」

「えっと、赤、青、黄、緑、橙、いろんな戦略チップが並んでカラフルでした」

「そう! マネジメントゲームでは戦略チップが5つあるんだけど、バリューダイナミクスの5つの資産と対応していることを発見したんだよ!」(**図表7―7**)

「戦略チップは会計的にはコストだ。だから短期的な利益だけを追うなら、戦略費用は使わないほうがいい。そっちのほうが手っ取り早く、利益を計上できる。でも戦略費用は将来に対する種まきなんだ。種まきをせずに、種もみまで食べてしまえば、次の年に収穫はできないだろう? 戦略費用を使わない企業に未来はないんだ」

「**戦略費用はP/Lでは費用ですけど、5つの資産への投資**なんですね!」

「その通り。トヨタはリーマンショックで赤字の時にも、研究開発費という戦略費用に投

図表7-7 戦略チップと5つの資産

色	戦略	目的	対応する資産
赤	広告宣伝・マーケティング	顧客の獲得	顧客資産
青	研究開発（新技術、新製品）	商品力の強化	物的資産
黄	教育研修	人材育成、能力開発	人的資産
緑	IT投資、社内インフラ整備	生産性の向上	組織資産
橙	保険	リスクマネジメント	金融資産

資を続けた。その額なんと1兆円」

「いっ、1兆円！」

途方もない金額に早苗の声が上擦った。

「トヨタは足元の利益だけじゃなく未来を見ていた。トヨタにとって、研究開発という未来への種まきは、利益より大切なことなんだ。その後、トヨタは自動車の販売台数で世界一になり、過去最高益を更新している」

「さすが日本一の会社ですね」

「ちなみに、このバリューダイナミクスを開発したのは、世界5大会計事務所の一つ『アーサーアンダーセン』だ。会計の限界にチャレンジしたのが会計事務所っていうのが、ドラマチックだよね」

「へー。でも、このバリューダイナミク

スって、そんなに有名ですか?」

「残念ながらアーサーアンダーセンは、バリューダイナミクスを発表した2年後に解散してしまったんだ。その影響もあって、あんまり世の中に認知されていない」

「えっ? 解散って、潰れちゃったんですか?」

「史上最大の粉飾決算と言われている『エンロン事件』に関与していた。それで『信頼』という会計事務所にとって一番重要な目に見えない資産を失ってしまったんだ」

「粉飾決算って怖いですね……」

「**帳簿はごまかせても、経営の実態はごまかせない。**さなえ、粉飾決算は絶対ダメだぞ」

「はい! 肝に銘じます!」

第8章

ビジネスモデルの大転換

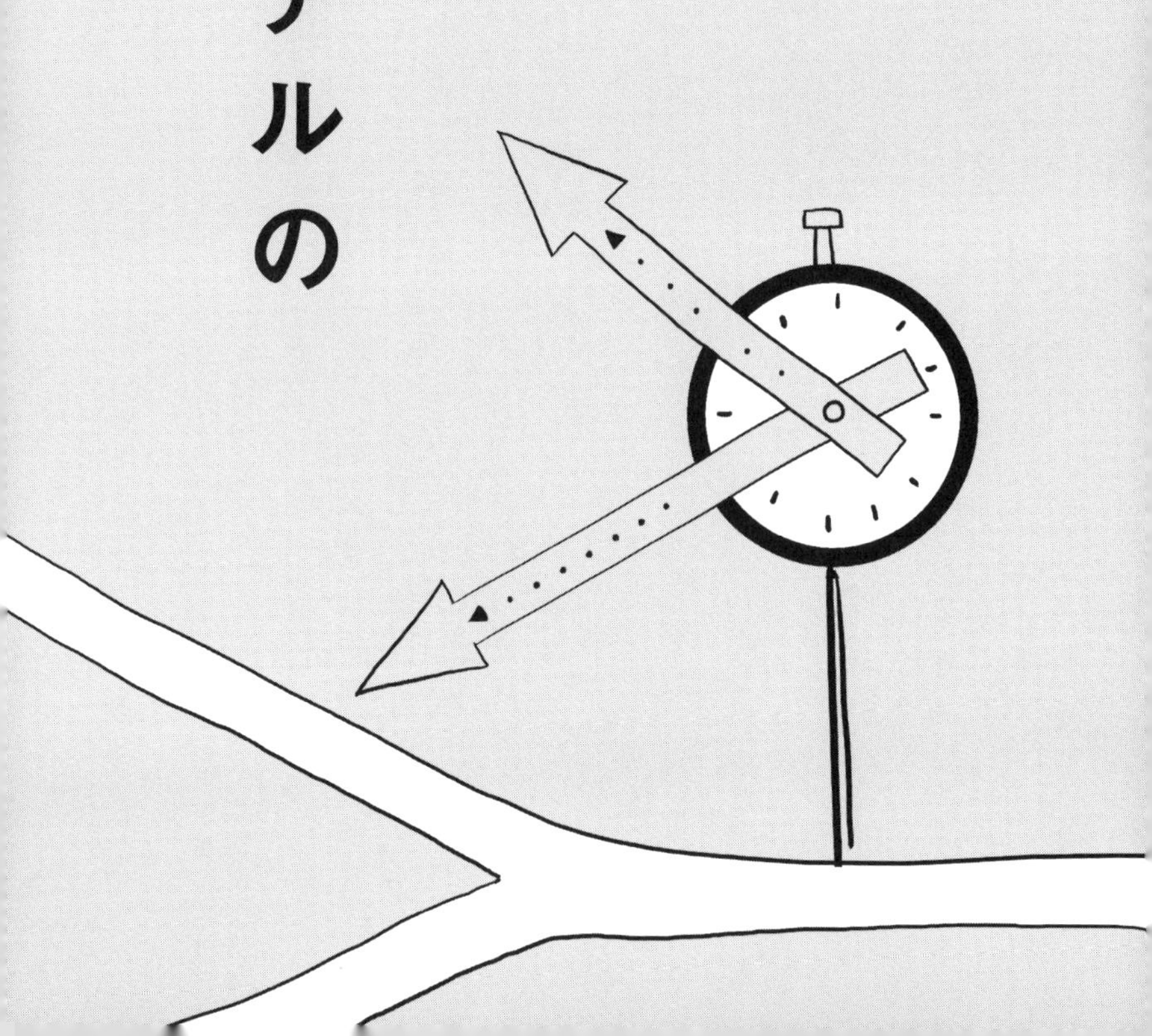

危機の予感

11月19日、朝晩の冷え込みが厳しくなってきた。早苗はベージュの薄手のコートに白いマフラーを巻いて出勤した。

早苗は赤い手帳を読み返しながら、MQ会計の講義を行うためにレジュメを作成していた。パート社員を対象に早苗が講師を担当する。MQ会計を社内の共通言語にするためには、社長自ら教えるのが効果的と考えたからだ。

「社長、少しお時間よろしいでしょうか？」

早苗が顔を上げると、神妙な面持ちの山崎が立っていた。

「どうされたんですか？」

「一つ、困ったことが起きまして……」

早苗と山崎は執務室の隣にある会議室へと場所を移動した。早苗はただ事ではないという不安を感じながらも、山崎が自分のことをはじめて頼ってきてくれたことについて、少し嬉しい気持ちにもなっていた。

「実は、うちの一番の取引先の京葉時計社の事です」

重々しく口を開いた山崎から、次々と言葉が流れ出てきた。京葉時計社は中堅の老舗時計メーカーだ。若者をターゲットにした比較的安価で、斬新なデザインの機械式時計で人気を博したが、ここ数年は販売不振が続いていた。自社での再建を諦め、2年前にファストファッションメーカー「H&S」に買収された。

H&Sは、売上は2兆円を超える世界的なアパレルメーカーだ。流行を取り入れた商品を大量生産し、低価格で提供することによって、世界中の若者から支持を受けている。

京葉時計社の買収は、機械式時計をH&Sの商品ラインナップに加えるために行われたもので、買収後の京葉時計社の調達方針は、低価格・大量発注へと変わった。

今回、山崎が来年度の発注について京葉時計社との打ち合わせをしたところ、来年度は更なる値下げ要求をされたというのだ。

「**来年度は各得意先に売価3%アップで交渉しています。**特に京葉時計社に納めている製品『A10』のm率（付加価値率）は他の製品に比べて低いので、絶対に値上げをしてもらおうと交渉に臨みました。しかし、親会社H&Sの意向ということで、逆に値下げを要求されてしまいました。先方の調達部長も親会社には逆らえないみたいです。ただでさえ低いm率なので、値下げ要求を受け入れればMQはほとんど稼げません」

山崎は、悔しそうに唇を噛んだ。

「山崎さん。次回の打ち合わせに私も同席させてください」

早苗は、今まで顧客との交渉に立ち会った経験はなかったが、会社の危機に指をくわえて待っていることはできなかった。

山崎が京葉時計社の調達部にアポイントを入れると、次の打ち合わせは2日後の11月21日に決まった。打ち合わせ場所として指定されたのは、いつも行っている京葉時計社の工場ではなく、なぜかH&Sの本社だった。

思いがけない提案

H&Sの本社は、表参道駅から歩いて5分ほどの距離にある。グッドデザイン賞を受賞したガラス張りのモダンな10階建ての本社ビルは、南青山の新しいシンボルとなっている。1、2階はH&Sの旗艦店となっており、平日にもかかわらず流行に敏感な大勢の若者でにぎわっていた。

早苗と山崎は、受付を済ませると会議室に案内された。しばらくすると、部屋をノックする音が聞こえ2人の男性が入ってきた。

一人はチャコールグレーのスーツを着た50代の真面目そうな男性、もう一人は白のカットソーの上に青いジャケットを羽織ったジーパン姿の30代半ばぐらいの男性だ。

早苗は2人と名刺交換をした。50代の男性が京葉時計社の調達部長の長谷川、30代の男性がH&S経営企画室長の早乙女だ。

（なんで親会社の経営企画室長が同席するんだろう……）

早苗は疑問に思いながら、交換した名刺を机に並べた。

「千葉社長、お会いできて光栄です〜。噂では聞いていましたが本当にお若いですね〜」

早乙女はテーブルに肘をついて、薄ら笑いを浮かべている。

「父が亡くなって、急に社長になったものですから……」

「そうですよね〜。こんな若い女性に社長業は大変すぎますよね〜」

語尾をやたらと伸ばす早乙女の話し方に、早苗は居心地の悪さを感じた。

「今日は京葉時計社様との来期の契約条件についてお話に来ました。さっそくですが、本題に入ってもよろしいでしょうか？」

山崎が早苗と早乙女の話に割って入った。

「いや、その前にもっと大切な話があるんですよ〜」

早乙女は山崎の話を遮ると、早苗のほうに向きなおった。

「千葉社長ぉ〜、千葉精密を10億円でH&Sに売ってもらえませんか〜？」

「えっ？」

早乙女の唐突な言葉に、早苗は耳を疑った。

（千葉精密を売る？　……じゅ、じゅうおくえん？）

固まって反応できない早苗をよそに早乙女が話を続けた。

「京葉時計社もうちが買収してから、業績が安定したんです。なにしろ世界中のH＆Sの店舗で機械式時計が売れてますからね～」

早乙女は横目で視線を送ると、長谷川はうつむいたまま頷いた。

「今、機械式時計の流行は『マニファクチュール』じゃないですか～？」

マニファクチュールとは、機械式時計をムーブメントも含めて自社で一貫生産する方式だ。マニファクチュールを採用している時計メーカーは、セイコー、シチズン、ロレックス、オーデマピゲなど一流の時計メーカーだけだ。一方で、京葉時計社のように千葉精密からムーブメントを仕入れて組み立てる方式は、「エタブリスール」と呼ばれている。

「ファッションブランドでマニファクチュールを手掛けているところは、まだ一社もないんですよ～。H＆Sがマニファクチュールのオリジナル機械式時計を販売したら、マジでカッコよくないですか～？」

早乙女の狙いは、千葉精密をH＆Sの傘下に加えることによって、H＆Sグループで機械式時計を一貫生産するマニファクチュールとすることのようだ。

「カッコいいって……。そのために会社を売れというのですか？」

「悪い話じゃないと思うんですよね～。H＆Sのグループ会社になれば、業績は安定するし～、雇用だって守れますよ～」

「そうかもしれませんが急なご提案だったので……。少し考える時間を頂けますか？」

早苗は即答を避けた。

「いいですよ～。でも今月中に返事を聞かせてくださいね～」

「お断りした場合、京葉時計社様との取引はどうなりますか？」

「うーん、断る理由はないと思いますけど～。もし断るのであれば、マニファクチュールの方針とは合わないので、千葉精密との取引はおしまいですね～」

「そ、それではうちの製造に支障をきたします！」

早乙女の回答に長谷川が困惑の表情を浮かべた。

「経営レベルの話です。長谷川さんは口を挟まないでください！」

早乙女は早苗のほうを向いたまま、冷たい口調で長谷川を黙らせた。

「分かりました。社内に持ち帰って、検討させて頂きます」


H&Sを後にした早苗と山崎は、言葉も交わさずに表参道駅に向かって歩いた。青山通りを行き交う車の音が絶え間なく響いている。

「社長、どうするつもりですか？」

「先に会社に戻っていてください」

表参道の駅で山崎と別れた早苗は、表参道の交差点でしばらく立ちすくんだ。

（どうするって、どうしよう……。今日は、ムーブメントの値決めの商談に来たはずなのに。気がついたら、会社を売る話になっていて。もし、千葉精密を売ったら、私はどうなるんだろ？　社長を辞めるってこと？　10億円が手に入るの？　でも、普通の女の子に戻れるのかな……）

思考がぐるぐる回り止まらなかった。

早苗はバッグの中から取り出したiPhoneのロックを解除すると、発信履歴に残っている番号に電話をかけた。

断固たる決意

20時、羽田空港国際線旅客ターミナルにある「スカイカフェ」に早苗と川上の姿があった。

川上は昨日までシリコンバレーにいた。4月からCFOとなるベンチャー企業「ハッピーアグリ」のミーティングに参加していたのだ。

「なるほど。それで、明日の打ち合わせまで待てずに、空港まで押しかけてきたんだね」

川上は、ビールを飲みながら、早苗の話を聞いていた。

「私、どうしたらいいでしょうか？」

いつになく弱気になっていた早苗は、川上にすがりたい気持ちになっていた。

「で、さなえはどうしたいの？」

「H＆Sはすごい会社ですし、社員の雇用の安定を考えたら子会社になったほうがいいのかなと。子会社になれば資金繰りの心配をすることもなくなりますし……」

「じゃあ、売る方向で考えているの？」

川上は唐揚げを口に頬張りながら話した。

（なんか、今日の先輩の態度は素っ気ない。こんなに悩んでいるのに……）

「それが正直なところ、自分でもどうしたらいいのかよく分からないです。それで、先輩ならどうするかなって」

「じゃあ、俺が決めてやるよ」

そういうと川上は、リュックからサイコロを取り出した。

『奇数が出たら『会社を売る』、偶数が出たら『会社を売らない』。確率は50％ずつ」

川上は無表情のまま、右手の人差し指と親指でサイコロをつまむと、早苗の顔の前に持っていった。

「さっ、サイコロで決めるんですか？」

川上の突飛な提案に早苗は唖然とした。

「そう。文句なしね！　それじゃあ、振るよ！」

川上がサイコロを両手で包み上下に振り、投げようとしたその瞬間、「ダメ！」と早苗は川上の両手を押さえて、サイコロを振るのを制止した。

「もし、奇数が出たらどうするんですか！　会社を売ることになったら取り返しがつかないじゃないですか！」

早苗は川上の手を握ったまま、興奮した様子でまくし立てた。

「**社長の仕事は意思決定をすること。**マネジメントゲームで学んだよね。どんなに難しいことでも社長は意思決定をしなければならない。社長が他の人に意思決定を委ねるってことは、サイコロで決めるのと同じくらい無責任なことなんだよ」

川上は先ほどまでとは打って変わって、優しい口調で早苗に話しかけた。

（私は今まで何を学んできたんだろう……）

早苗はガツンと頭を殴られたようなショックを受けた。

「それに、もう答えは出ているようだね？」

「えっ？」

「『会社を売ることになったら取り返しがつかない』って叫んでたよ」

「たしかに。私そう言ってました。父が創った大切な会社。社員みんなの大切な会社なんです。絶対に売りなくないです！」

早苗は咄嗟《とっさ》に口にした言葉の中に自分の本当の気持ちを確かめることができた。

「**社長には断固たる決意が必要なんだ。**社長が迷っていたら、社員は不安でしょうがないだろう？」

「ダンコたる決意……」

早苗は川上の言葉をかみしめた。

「ところで、いつまでこの状態が続くのかな？」

早苗は視線を下に向けると、川上の手を強く握り続けていたことに気づいた。

「ご、ごめんなさい！」

手を放した早苗は川上に背を向けた。早苗は耳まで赤くなった顔を両手で覆った。

10億円じゃ安すぎる!?

翌日、出勤した早苗は朝一番で島田と山崎を招集した。H&Sから買収を提案されたこと、会社を売るつもりはないという自分の決意を伝えた。

「千葉精密を売るなんてありえん。よく決断してくれた！」

島田は早苗の考えを支持してくれた。山崎も安堵の表情を浮かべている。

「しかし、来期の生産計画が大きく狂うな……」

「機械式時計ファンの間でも、マニファクチュールにこだわる方が多くなっています。当社からムーブメントを仕入れているエタブリスールの時計メーカーも軒並み、ムーブメントの自社開発を検討していますよ」

「そうなると、うちのようなムーブメントの専業メーカーは厳しくなるな」

「はい。今までのビジネスモデルだけでは通用しなくなると思います」

島田と山崎は、早苗が社長に就任して以来、主導権争いから犬猿の仲であったが、千葉精密の危機に際して一生懸命に議論を交わしている。早苗は2人の議論する姿が嬉しかった。しかし、話を始めてから3時間が過ぎても、この難局を打開する解決策を見出すことができなかった。

その日の夕方、早苗はアンダーソンに電話をかけた。会社にとって重要な提案を独断で決めたことについて、叱責されるのを覚悟していた。

「10億円とは……、千葉精密の企業価値をだいぶ安く見積もられましたね」

電話越しのアンダーソンの声は冷静だった。

(10億円が、や、安い?)

早苗はアンダーソンの金銭感覚についていけなかった。

「サナエさんの判断は正しいです。そんな価格では売ってはいけません。もし売るなら、少なくとも30億円以上です。私が交渉しましょうか?」

「さ、30億?　いっ、いくら積まれても、千葉精密を売るつもりはありません！」

早苗の気持ちは金額の多寡では動かないくらいに固まっている。

「ＯＫ。サナエさんの考えはよく分かりました。Ｂｕｔ……」

「もちろん分かっています。結果を出せなかったときには、私が責任をとります！」

「ふぅ――」

アンダーソンと電話を終えた早苗は大きく息を吐いた。

（取締役のメンバーは会社を売らないという方向で合意がとれたわ。次はこのピンチを乗り越えるアイデアが必要ね……。社員のみんなの意見も聞いてみたい……）

早苗は、この難局を社員みんなで乗り越えたいと考えていた。

ＳＷＯＴ分析

11月23日、勤労感謝の日。３連休の初日だ。休日がカレンダー通りの千葉精密では、休業日であったが、製造と営業の主だったメンバーの姿が食堂にあった。

「大切な話がある」とだけ伝えられたのは休みの前日だった。直前の連絡だったのにもかかわらず、声のかかった社員は休日の予定を調整して会社に集まってくれた。

早苗は集まった社員に対して、Ｈ＆Ｓから提案された買収の話をありのままに伝えた。

話を聞いた社員は不安な表情を浮かべている。

「私の決意は、会社は売らない、です。今まで通り、みんなと千葉精密をやっていきたいと考えています！」

早苗は、つとめて笑顔で語りかけた。

ホッとした表情を浮かべる者もいれば、まだ不安な表情の者もいる。早苗は続けた。

「みなさんをクビになんて絶対にしません！　だからこそ、今日はみんなに集まってもらったんです！　たしかに京葉時計社の仕事が無くなるのはすごくピンチです。このまま何も手を打たなければ、千葉精密は潰れてしまうかもしれません！　島田専務、山崎常務とも、いろいろ議論を尽くしました。でも、正直まだ打開策は見つかっていません。でも、でも、こんなことで諦めたくないんです！」

早苗の熱の入った言葉に触発され、全員が真剣に聞き入っている。

「みなさんにお願いがあります。みなさんの力を貸してください！　千葉精密はこれからどんな行動をとればいいのか？　どんな会社にしていきたいのか？　みんなのアイデアをぜひ聞かせてください！　千葉精密の未来をみんなで、みんなで考えていきましょう！」

早苗が話し終えると、誰からともなく拍手が起こった。

「みんな、やろうよ！　千葉精密は俺たちの会社だ！」

大下の呼びかけに「そうだ！」「やろう！」と参加者たちから声が上がった。

早苗は、会場にいる社員全員の気持ちが一つになっていくのを感じた。

拍手が鳴りやむのを待って、川上が早苗と入れ替わった。

「それではここから、みんなで千葉精密の戦略を考えていきましょう！　**戦略を考える前に重要なことは、『敵を知り、己を知る』こと**です。まずは現状分析をしましょう」

そう言うと川上は、ＳＷＯＴ分析の説明を始めた。

ＳＷＯＴとは、以下の英語、

「Strength（強み）」
「Weakness（弱み）」
「Opportunity（機会）」
「Threat（脅威）」

の頭文字からとったものだ。

川上は、参加者を４人１組となるように４つのグループに分けた。ＳＷＯＴ分析をグループワークで実施するためだ。各グループは準備していた付せんと油性ペン、模造紙をテーブルに持ってくると、さっそくブレストを始めた。

「主要顧客に売上を依存しすぎだ」

「マニファクチュール志向が強くなると厳しくなるな……」

いざ話をはじめると、弱みや脅威ばかりが聞こえてくる。

「みなさん！　弱みや脅威ばかりじゃなくて、強みや機会もちゃんと考えてくださいね！

図表 8-1 SWOT分析

	プラス	マイナス
内部環境	**強み(S)** ・技術力に定評がある ・マイスター制度 ・やる気のある社員が多い	**弱み(W)** ・上位取引先の依存度が高い ・固定費が大きい ・借入過多(財務基盤が弱い)
外部環境	**機会(O)** ・機械式時計の需要拡大 ・高性能化へのユーザーの期待 ・オーダーメイド時計の流行	**脅威(T)** ・時計メーカーの意向に左右される ・マニファクチュール志向が強くなる ・銀行からの追加融資が困難

もし本当に強みや機会がないのであれば、誰も千葉精密に仕事を頼んでないはずですから」

川上の呼びかけに、参加者の一人が「そりゃそうだ」と大きな声で応じると、他の参加者たちに笑いが起こった。その後には、

「マイスター制度は他にはないよね」

「機械式時計の世界的な需要は年々増加している」

など、強みや機会についても議論されるようになった。

1時間後、4つのSWOT分析表ができあがった。各グループが発表した後に、4つの分析表を持ち寄り、参加者全員で一つのSWOT分析表にまとめた（**図表8―1**）。

「ほぉー。現状がよ〜く分かるね」

山崎は顎に手を当てながら、完成したSWOT分析表をまじまじと見た。

「技術力はあるけど、上位取引先の時計メーカーに対する依存度が高くて、その意向に左右される。機械式時計の需要は増えているけど、京葉時計社を買収したH&Sのようにマニファクチュール志向が強くなっているから、このままムーブメントだけを製造するビジネスモデルが続かなくなるかもしれない」

山崎の分析結果を聞いた早苗は、ゆっくりと頷いた。

「千葉精密が置かれている状況を見事に言い表していますね！」

川上も山崎の分析に納得しているようだ。

未来を決める投票

「SWOT分析は、あくまで現状分析です。現状を知ったうえで、戦略を立てることが最終的な目標です。内部環境と外部環境を掛け合わせることによって戦略を考えていく『**クロスSWOT分析**』をやっていきましょう。具体的には、強みと機会を掛け合わせて、強みを生かして、機会を活用するための戦略は何か、というように考えていきます」

参加者たちは先ほどと同じ要領で、グループワークでクロスSWOT分析を行った後、

図表8-2 クロスSWOT分析

	強み(S)	弱み(W)
機会(O)	① 積極戦略 **技術力×高性能化** 付加価値の高いムーブメントを開発し、価格を上げる。 →Pアップ戦略	② 改善戦略 **依存度高い×需要拡大** 特定の取引先への依存体質を抜けるため、新規取引先の開拓。 →Qアップ戦略
脅威(T)	③ 差別化戦略 **技術力×やる気×マニファクチュール** オリジナル機械式時計を自社で製造、販売する(脱下請け)。 →ビジネスモデルの転換	④ 回避戦略 **固定費大きい×メーカーの意向** 損益分岐点を引き下げるために、固定費を削減(リストラ)。 →Fダウン戦略

1枚のクロスSWOT分析表を完成させた(**図表8―2**)。

「戦略が出そろいましたね」

できあがったクロスSWOT分析表を前に、川上は嬉しそうに笑みを浮かべた。

「ただ、**すべての戦略を実行することはできません。限られた経営資源を有効に使うには、一つの戦略に集中する必要があります**。どの戦略を実行するべきか、皆さんに投票してもらいます。少し時間をとるので考えてください」

①**積極戦略**は、他社の真似できないムーブメントを開発して、高価格販売する**Pアップ戦略**だ。精度の向上、小型・軽量化、パワーリザーブの長時間化などの付

加価値向上に成功すれば、現在のムーブメントより高く販売することができる。

②**改善戦略**は、新規の取引先を開拓する**Qアップ**戦略だ。今回の京葉時計社のように、売上依存度の高い取引先からの受注が無くなった場合、経営に与える打撃が大きい。新規先を増やす事によって売上の依存度を下げることができれば、経営が安定する。

③**差別化戦略**は、オリジナルの機械式時計を千葉精密で製造、販売する戦略だ。今までムーブメント製造の部品メーカーからマニファクチュール方式の機械式時計の完成品メーカーとなり、自社で販売もする。千葉精密の**ビジネスモデルを大きく変える戦略**だ。

④**回避戦略**は、現状の損益分岐点を下げるために固定費を削減する**Fダウン戦略**だ。冗費の節約はもちろんのこと、戦略費用として予算化している教育研修費や研究開発費、固定費の中で大きな割合を占める人件費も削減対象として固定費を圧縮する。

「どの戦略も成功すれば業績を改善できるでしょう。でも、実際に行動するのはみなさんです。どんなにすばらしい戦略を立てても、実行されなければ絵に描いた餅になってしまいます。だから『やってみたい！』という想いも無視できない重要な要素なんです」

川上は参加者一人一人と目を合わせながら話し掛けた。

「それでは、千葉精密の未来を決める投票です！　投票用紙に戦略を一つだけ書いて、私に提出してください」

（どの案を選択するかで、千葉精密の未来が変わる）

早苗は、クロスSWOT分析表から左手首にしている腕時計に視線を移した。

（でも、本当にやってみたいのは、お父さんの夢でもあったオリジナルの機械式時計をつくること。大きなチャレンジだけど、やってみたい！）

早苗は、一息つくと投票用紙に「ビジネスモデルの転換」と丁寧に書いて、川上にその投票用紙を渡した。

投票の結果、「Pアップ戦略」3票、「Qアップ戦略」2票、Fダウン戦略1票、「ビジネスモデルの転換」10票となった。

「それでは、投票の結果、『**千葉精密のオリジナル機械式時計を製造、販売するビジネスモデルに転換する**』という戦略に決まりました！」

川上の言葉に、参加者から「おおーっ」という歓声があがった。

「座して死を待つよりは、出て活路を見出さん、か……」と島田が呟いた。

「私も、これに投票しました。島田さんは無理だとお考えですか？」

早苗は島田に問いかけた。

「先代が果たせなかった夢だ。簡単ではないだろう。でも今のような下請けビジネスでは、時計メーカーの意向次第で業績が大きく左右される。このまま下請けビジネスだけを続けるのは厳しいだろう。それに、最終製品を販売するということは、否が応でもお客様と向き合うことになる。**モノづくりの原点は、お客様に喜んでもらうことだ**。その意味でも、取り組む価値は十分にある」

島田の話を聞いた早苗は胸が熱くなった。

「島田さん、製造部も大変になると思いますが、よろしくお願いします！」

早苗は深々と頭を下げた。

「もし、ダメだったら俺も責任をとる。一緒に頑張ろう！」

オリジナルの機械式時計を製造、販売するビジネスモデルを実現するために、プロジェクトチームが発足。「鉄は熱いうちに打て」という川上のアドバイスを受け、キックオフミーティングは、連休明けの11月26日に開催されることが決まった。

ターゲットは誰か？

キックオフミーティングには、社内メンバーとして早苗、島田、山崎、吉田、智子、大下の6名、社外メンバーとして川上に加えて、美樹の姿があった。

「美樹さんは、オリジナル商品『贅沢愛ス』を大ヒットさせた実績があるマーケティングのプロです。今回は千葉精密が社運を賭けたチャレンジをすると聞いて、オブザーバーとして協力してくれることになりました！」

川上が美樹の紹介を終えると同時に「ようこそ！」と拍手をすると、他のメンバーも大きな拍手をして美樹を歓迎した。

「今回は、重要なプロジェクトにお招き頂きありがとうございます！　少しでもお役に立てるよう頑張りますので、よろしくお願いします！」

美樹は、いつものように満面の笑みを浮かべて挨拶をした。

「それじゃあ、さっそく始めましょう！　今回のプロジェクトはオリジナルの機械式時計を売ってMQを稼ぐことです。このプロジェクトでMQを2億円を稼ぐことを目標としましょう！　ただ、お金の話が先行すると自由な発想ができなくなるので、いったんMQは脇に置いておいて、まずは**どんなお客さんをターゲットにするのか**？　そこから考えていきましょう」

「ターゲットって、絞ってしまうとお客さんが減ってしまいませんか？」

川上の提案に吉田が疑問を投げかけた。

「事例で考えてみましょうか。和洋中のメニューがそろっているレストランと、中華料理専門店があったとします。中華料理が食べたいとき、吉田さんはどっちに行きますか？」

「うーん。中華を食べるなら専門店ですね……」

「そうですよね。私も同じです。なぜかというと、専門店は中華を食べたいお客さんにターゲットを絞っているからなんです。**ターゲットを絞ることの反対は、万人受け**です。万人受けしたレストランは、和洋中の選択肢があって一見良さそうなんだけど、食べるものを決めているお客さんからすると、あまり魅力的ではないんです」

川上の話に「なるほど」と吉田が頷いた。

「『贅沢愛ス』も、F1層の健康と美意識の高いOLをターゲットに商品開発をしたんですよ。結果、ターゲットのF1層のお客様から多くの支持を頂きました。それだけじゃなくて、F2層のお客様や、男性のお客様にも買って頂いているんです！」

美樹は自分の経験を語った。

（F1って、カーレースの事じゃなさそうね）

早苗は、美樹の使っている言葉が理解できなかった。

「あの、F1とかF2とか何ですか？」

早苗は、控えめに手を挙げると、おそるおそる質問をした。

「ターゲットを決めるとき、性別・世代別にセグメントを分けることが多いの。F1層っていうのは、20〜34歳の女性を指す言葉よ」

美樹はホワイトボードに、世代別区分の表を書いた（**図表8—3**）。

図表 8-3　世代別区分

年齢＼性別	男性	女性
50歳以上	M3層	F3層
35歳〜49歳	M2層	F2層
20歳〜34歳	M1層	F1層
13歳〜19歳	T層	
4歳〜12歳	C層	

M＝Male、F＝Female、T=Teenager、C＝Child

「なるほど。たしかにM3層向けとF1層向けの腕時計では、ニーズが全然違いそうですね。M3層は機能面にこだわりが強そうだけど、F1層はデザイン重視でしょうね」

早苗はターゲットを絞ることの重要性がようやく分かってきた。

「オーソドックスに行けば、M1層、M2層をターゲットにすべきだよな。実際に機械式時計の需要は男性のほうが多いし」

山崎は表を見ながら呟いた。左手首にはオメガの機械式時計がはめられている。

「そこなんですが、女性も機械式時計に興味があるんですよ」

智子がA4の資料を掲げた。自分で用

意したもののようだ。

「これはスイス時計協会ＦＨが公表している『腕時計に関する消費者意識調査２０１６』という資料です。この資料によると、57・4％の女性が機械式時計に関心があるという結果なんです。それに、機械式時計を『購入する予定』、『今後、購入したい』と回答した女性は85・6％もいるんですよ！」

智子は数字を強調した。

（すごい数字）

早苗は調査結果を赤い手帳にメモした。

「機械式時計は私も欲しいです。でも、レディースのって、メンズをただ小さくしたものや、宝飾品をあしらったものとかで、なんか自分好みのデザインをしたものがないんですよねー」

美樹の発言に智子も「分かります」と同意した。

「いっそのこと、Ｆ1層をターゲットにしませんか！」

大胆な提案をした早苗に、みんなの視線が集まった。

「メンズはたしかに市場は大きいですが競合も多いですよね。それに、ムーブメントを納めている時計メーカーとも市場でぶつかることになります。でも、レディースであれば、それほど市場も大きくないし、時計メーカーにも事前に話をしておけば、そんなに目くじらを立てるメーカーもないと思います。それに何より、調査結果から、女性がこんなにも機械式時計に関心を寄せていて、購入も検討しています。女性の心をつかむ素敵なデザインの機械式時計ができれば、きっと勝負できるはずです！」

早苗は自分で自分の話を聞きながら、「いける！」という確信を強めていった。

「かわいくてセンスの良いデザインの腕時計なら若い女性にも訴求できる」

「女性専用の腕時計メーカーって、業界初で面白いんじゃない？」

など、女性をターゲットとすることについて、メンバー間でも好意的な意見が飛び交った。

「それではメインターゲットはF1層でいいですね？」

川上の質問に、参加者全員が頷いた。

「OKです！　それでは、次に進みますね。F1層に絞ったとしても、F1層の中には20歳の女子大生、25歳のOL、32歳の専業主婦などいろんなタイプの女性がいますよね？　生活スタイルも価値観も全然違います。もっとターゲットを具体化するために、ペルソナの設定をしていきましょう」

売りたい「たった一人」を決める

（ペルソナ……？）

早苗は川上の目を見つめながら首を傾げた。

「**ペルソナっていうのは、理想の顧客となる架空人物のこと**です。商品開発や販売をするときに、Ｆ1層というぼんやりしたコンセプトではなくて、たった一人の人物を設定することによって、その人物の視点、つまり顧客の視点に立って、商品開発や売り方を考えることができるようになるんです！」

「うーん、さらに絞るんですか。ペルソナの一人に売れても商売にならないのでは？」

吉田が腕を組んで、心配そうな顔をしている。

「スープ専門店の『Soup Stock Tokyo』って知ってますか？」

「ああ、たしか錦糸町の駅ビルにもお店がありますね」

「そうですね。スープストックトーキョーは、ペルソナの設定で成功した企業です。『秋野つゆ』という37歳で経済的に余裕のあるキャリアウーマンをペルソナに設定しました。商品の開発、店舗の設計、接客スタイルなど、秋野つゆさんがどうしたら喜んでくれるだろう？　という視点ですべてを決めてきました」

早苗は川上の話を聞きながら、1週間前に食べに行っていたことを思い出していた。

「すごくお店の雰囲気がいいんですよね。スープも本当に美味しいです。特に『オマール海老のビスク』は毎回リピートしています！」

「私は『東京ボルシチ』が大好き」と美樹が続いた。

「ここにも熱烈なファンがいましたね。吉田さん、**ペルソナの設定はボウリングのセンターピンだと思ってください。ペルソナの設定がうまくいけば、後ろのピンも倒れていきます**。早苗社長や美樹さんがファンになったように」

「ペルソナの設定によって、商品コンセプトも明確になるんですね」

吉田も納得したようだ。川上から「とにかく具体的に」とペルソナの設定方法の説明を受けたメンバーは、さっそくワークを始めた。ペルソナが女性ということもあり、早苗、智子、美樹が中心になって進めていき、一人のペルソナ「星野葵」が完成した（**図表8―4**）。

「葵ちゃん。何か、本当に居そうじゃないですか？」

完成したペルソナのプロフィールを眺めながら、早苗は川上に意見を求めた。

「うーん。本当に葵ちゃんが居たら、付き合いたい……」

「はぁ？　先輩何言っているんですか？」

「いや、冗談だよ。でも、それくらいリアルに設定できているってことだね」

（もう！）早苗は自分で創作したペルソナに嫉妬するという妙な体験をした。

「いったん、ここでお昼休憩にしましょう。開始は14時半からにしますね」

気がつくと時計の針は1時半を回っていた。

図表8-4　ペルソナの設定

名前	星野　葵（ほしの　あおい）
性別、年齢	女性　27歳
身長、体重	166cm 53kg
血液型、星座	A型　いて座
職業	大手出版社　ファッション誌　編集者
年収	550万円
学歴	青山学院大学　文学部　英米文学科　卒業
家族構成	父（会社員、56歳）、母（パート、52歳）、妹（大学生、21歳）
交際関係	独身、恋人いない歴 6か月
出身地	千葉県浦安市（最寄駅：新浦安）　一軒家
現居住地	東京都江東区（最寄駅：清澄白河）　賃貸マンション1DK
趣味	カメラ、ホットヨガ、海外旅行、デパ地下めぐり
SNS	Instagram、Facebook、LINE
腕時計	BVLGARI アルミニウム（クォーツ）
ストーリー	・大学生時代に、ファッション誌「YanYan」の読者モデルをやっており、その縁で発行元の出版社に入社する。入社当時は、編集というモデルとは全く違う仕事に戸惑い、辞めたいと泣いたこともあった。5年目の現在は、企画の立案から取材、特集記事の作成に携わるなど、大事な業務を任されており、仕事へのモチベーションは高い。 ・趣味の一眼レフカメラで、風景や料理、かわいい小物を撮影しては、Instagramに投稿をしている。読者モデル時代からのファンも多く、フォロワーは女性を中心に3000人を超える。 ・以前は海外のハイブランド（PRADA,BVLGARI etc.）に憧れていたが、最近は、日本製で、センスや品質、ストーリー性のあるアイテムを好んで買っている。 ・腕時計は20歳のお祝いに父親に買ってもらったアルミニウム（クォーツ）を愛用。尊敬している先輩が、グランドセイコー（機械式）を身に着けていることから、機械式時計について興味を持ちはじめた。

4Pと4C

「ペルソナも設定できたので、後半は4Pと4Cを決めていきます」

1時間の休憩の後、川上から4Pと4Cの説明が始まった。

4Pは、企業のマーケティングの重要な要素である、

「Product（製品）」

「Place（流通チャネル）」

「Promotion（販売促進）」

「Price（価格）」

を指す。4Cは、4Pを顧客視点で捉えなおしたもので、

「Customer Value（顧客価値）」

「Convenience（利便性）」

「Communication（コミュニケーション）」

「Cost（コスト）」

を指す。

「ペルソナが決まって、4Pが決まれば、誰に、何を、いくらで、どこで、どのように売

るのかが決まります。ただ、4Pだけだと、どうしても売り手の視点が強くなります。そこで4Cも併せて検討することによって、顧客、つまり葵ちゃんの視点に立って、考えることができるんです。あともう一息です。頑張りましょう！」

川上の励ましを受け、プロジェクトメンバーは4Pの検討に入った。美樹が葵の立場になってコメントしながら、4Cも固めていった。

ブランド名はTWW（Tokyo Women's Watches）と名付けられた。「東京で生きる女性のために、東京で作られた時計」という意味が込められている。

4Pのうち、最も苦労したのが**「価格設定」**だ。今までは時計メーカーに部品を納めているだけだったので、値決めは時計メーカーの言い値、もしくは原価に一定の利益を乗せる**コストプラス法**だけだった。

機械式時計を製造するためには、自社で製造しているムーブメントの他に、ケース、文字盤、ベルトなどの部品を仕入れる必要がある。Vは2万円と試算された。今までと同じようにコストプラス法で値決めをするとV2万円の場合、Pは3万～4万円となる。

これに対して、美樹はコストプラス法に異を唱えた。

「葵ちゃんはTWWがいくらなら喜んでお金を払ってくれるかですよね？　葵ちゃんにとって製造原価なんて、なーんにも関係のない話ですよね。私なら10万円は出すかな……」

「**値決めは経営**だからね」

やりとりを聞いていた川上は嬉しそうだ。

葵の立場に立って考えてみると、ＴＷＷの10万円という価格に価値を感じてくれているかどうかだ。洗練されたデザインとコンセプトに共感してもらえれば、10万円は海外ブランドに比べると割安に感じられ、喜んで購入してくれるという結論に至った。

「10万円は小売価格だから、時計店への卸価格が千葉精密のＰになる。卸価格は小売価格の50～70％が相場だ」

という山崎の情報を頼りに、卸価格は小売価格の60％の６万円と設定した。

その結果、機械式時計１個当たりの損益は、Ｐ６万円、Ｖ２万円、Ｍ４万円となる。ＭＱ２億円を稼ぐためには、販売個数Ｑは５０００個（＝ＭＱ２億円÷Ｍ４万円）だ。

「できた～！」

大下が大きな声を上げて、両腕を頭上にめいっぱい伸ばした。

早苗が腕時計で時間を確認すると19時40分を指していた。５時間以上の時間をかけて、ようやく４Ｐと４Ｃの表が完成した（**図表８―５**）。

早苗は４Ｐの表を眺めながら、父の夢に近づいている実感とチームの一体感に嬉しさが込み上げてくるのを感じていた。と同時に、別の気掛かりが頭をよぎった。

（もう、後戻りできないわ。私も覚悟を決めよう！）

図表 8-5 4Pと4C

4P　売り手(千葉精密)の視点	4C　買い手(葵)の視点
製品 レディース用の機械式時計。 ブランド名:TWW (Tokyo Women's Watches) 	**価値** クォーツではなく機械式というこだわり。 身に着けていてかわいい。 自分らしさを表現できる。
価格 希望小売価格は10万円　※下記参照 千葉精密の損益 卸売価格(P)6万円(小売価格の60%) 原価(V)2万円　粗利(M)4万円	**コスト** 海外ブランドの機械式時計(30万円～)と比べると、リーズナブルに感じる。機械式時計のエントリーモデルとしてはちょどよい値ごろ感。
流通チャネル 東京都内の時計専門店、セレクトショップで販売。自社サイトによるネット販売も検討。	**利便性** 購入できる店舗が東京に限定されていることが、ブランドのコンセプトに整合している。高級品だから買える店舗が少ないほうがいい。
販売促進 東京を生きる女性のために東京で作られた機械式時計。シンプルかつ上品なデザインで仕事やデートなどTPOを問わず使える。女性ファッション誌や店頭で訴求。	**コミュニケーション** 東京で生きる女性のための時計という新しいコンセプトに共感できる。 仕事にもプライベートにも使えるデザインはうれしい。

キャッチコピー:Every second with you.

※小売店の1個当たり損益

小売P 100,000	V 60,000
	M 40,000

＝

千葉精密の1個当たり損益（単位:円）

卸P 60,000	V 20,000
	M 40,000

MQ2億円を稼ぐために必要な販売個数は？

必要販売個数(Q)
＝MQ2億円÷M4万円
＝5,000個／年

11月30日、早苗は表参道のH＆S本社を訪問し、毅然とした態度で、早乙女にH＆Sの買収には応じない旨を伝えた。

「あっ、ありえなくないですか〜？　ほっ、本気で言ってます〜？」

早乙女の声が上擦り、早苗の決断を覆そうとありとあらゆる説得を浴びせかけてきたが、早苗は、

「今まで本当にありがとうございました」

と、あわてている早乙女に深々と頭を下げ、早々に会議室を後にした。

外に出ると両手を伸ばして大きく伸びをした。

仕事は無くなったが、なぜかすがすがしい気分でいっぱいの自分に思いのほか驚きながら、軽やかに表参道を後にした。

父大吉の想い

12月に入り、世間はすっかりクリスマス・年末年始ムードになる中、千葉精密では、毎日のようにTWWプロジェクトの打ち合わせが行われ、怒涛の日々が続いていた。

TWWの設計・製造を任された島田と智子は、日常業務をこなしながらプロジェクトの

タスクに一つ一つ取り組んでいた。最も重要なタスクである「腕時計のデザインの選定」は、複数の案の中から樽の形を意味するトノー型に決定した。

「葵ちゃん、このデザインなら絶対に気に入るはずだわ。私も欲しい―」

オーソドックスなラウンド（丸形）やスクエア（四角形）でなく、なめらかな曲線が特徴的なトノー型のフォルムは上品で知的な印象を与えると、美樹のGOサインが出た。


島田の紹介で、文字盤やベルトなどの部品の供給業者もすぐに決まった。

その中でも、時計の革バンドを製造している田代皮革《ひかく》の田代社長は「何でも相談に乗るよ」と非常に好意的だ。

早苗は田代に父親の話を聞いた。

大吉は生前、時計部品業者の社長仲間の飲み会の席で「オリジナルの腕時計をつくる！」と毎回のように豪語していたそうだ。大吉の夢に感銘を受けた田代は、当時から革バンドの供給を大吉に約束していたという。

「大吉さんはオレたち町工場の希望だったから。その大吉さんの想いを一人娘が継ぐ……。こんな嬉しいことはないよなぁ。だから何でも言ってな！」

田代は、昔を思い出しながら感慨深げに早苗を見ていた。

（お父さんは、ここでも生きてる）

父の想いが田代の中にも生き続けていることに、早苗の胸はいっぱいになった。

コンフリクト・マネジメント

12月25日クリスマス当日。早苗と川上は今年最後となる打ち合わせのため、会議室にこもっていた。そこに勢いよくドアをノックする音が聞こえた。

「メリークリスマス！　大下サンタが販売店との契約をとってきましたよ！」

大下は、早苗に嬉しそうに報告をした。

「すごーい！　さすが大下君！」

と早苗は手を叩いて喜んだ。

大下はTWWを取り扱ってくれる時計販売店の新規開拓を担当している。今まで取引実績がなく、サンプルの腕時計もない。企画書だけでの営業は困難を極めた。

多くの時計販売店に門前払いされる中、1社だけ話を聞いてくれる販売店があった。腕時計のセレクトショップ「タイムフライヤー（TF）」だ。創業からわずか5年で東京を中心に50店舗以上を展開している急成長の企業だ。

TFは腕時計を、時間を知るためのものとしてではなく、自分らしさを表現するファッションアイテムと位置付けている。有名ブランドのみならず、他の店では販売していない新進気鋭のブランドも取り扱っており、商品ラインナップが豊富なのが特徴だ。

ＴＦの社長兼バイヤーの藤谷沙織には、ＴＷＷの「東京で生きる女性のために東京で作られた時計」というコンセプトが気に入られた。ホワイトデー企画の一つとして、トライアルで１００個を仕入れてくれるという。

「藤谷社長から『しっかりとプロモーションすれば、小売価格10万円で十分に売れる』とお墨付きまでもらえたよ！　でも、１個当たり６万円の卸価格を提案したら、電卓を叩きだして『６万円は無理。４万円にして！』と一蹴されて……」

大下が頭を掻きながら、参ったという表情を浮かべている。

早苗は必要販売個数（Ｑ）を計算した（**図表8―6**）。

「Ｐ４万円、Ｖ２万円だと、Ｍは２万円。目標のＭＱを２億円稼ぐためには、Ｑは１万個必要になる。これは計画の２倍ね。そもそも、そんなに作れるかしら……」

「お互いの間をとって、５万円で売れるようになんとか交渉はがんばるよ。でも、押しの強い女性と交渉するのは得意じゃないんだよね」

「**コンフリクト・マネジメント**の出番かな」

黙って２人のやりとりを聞いていた川上は、ホワイトボードに図を描きはじめた。

コンフリクト・マネジメントとは、コンフリクト（衝突、葛藤、対立）が生じた場合に、双方にとってWin-Win（ウィンウィン）となるような根本的な解決を目指す手法だ（図表8―7）。

「高く売りたい千葉精密と、安く買いたいタイムフライヤーという対立構造があるよね。6万円で売ったら、千葉精密の満足度は高いけど、TFには不満が残る。4万円で売ったら、その逆になるよね。お互いが譲らなければ、取引自体が無くなるかもしれない。そこで、大下さんは、妥協してお互いに言い値の間である5万円を提案するんだよね？」

大下は黙って頷いた。妥協という言葉に少しムッとしているようだ。

「でも、妥協の産物からは本当の満足は生まれない。協調的もしくは協創的に両社を本当に満足させる方法があれば、そっちのほうがいいよね？　いわゆるウィンウィン」

川上は、両手でつくったVサインを重ねてWの文字に見立てた。

「もちろん、ウィンウィンの関係が築ければベストです。でも、価格の交渉事なので、高く売ると安く買うって、そもそも矛盾していませんか？」

笑顔で問いかける川上に対して、大下は分からないという表情のままだ。

図表 8-6 2億円のMQを稼ぐために必要なQは？

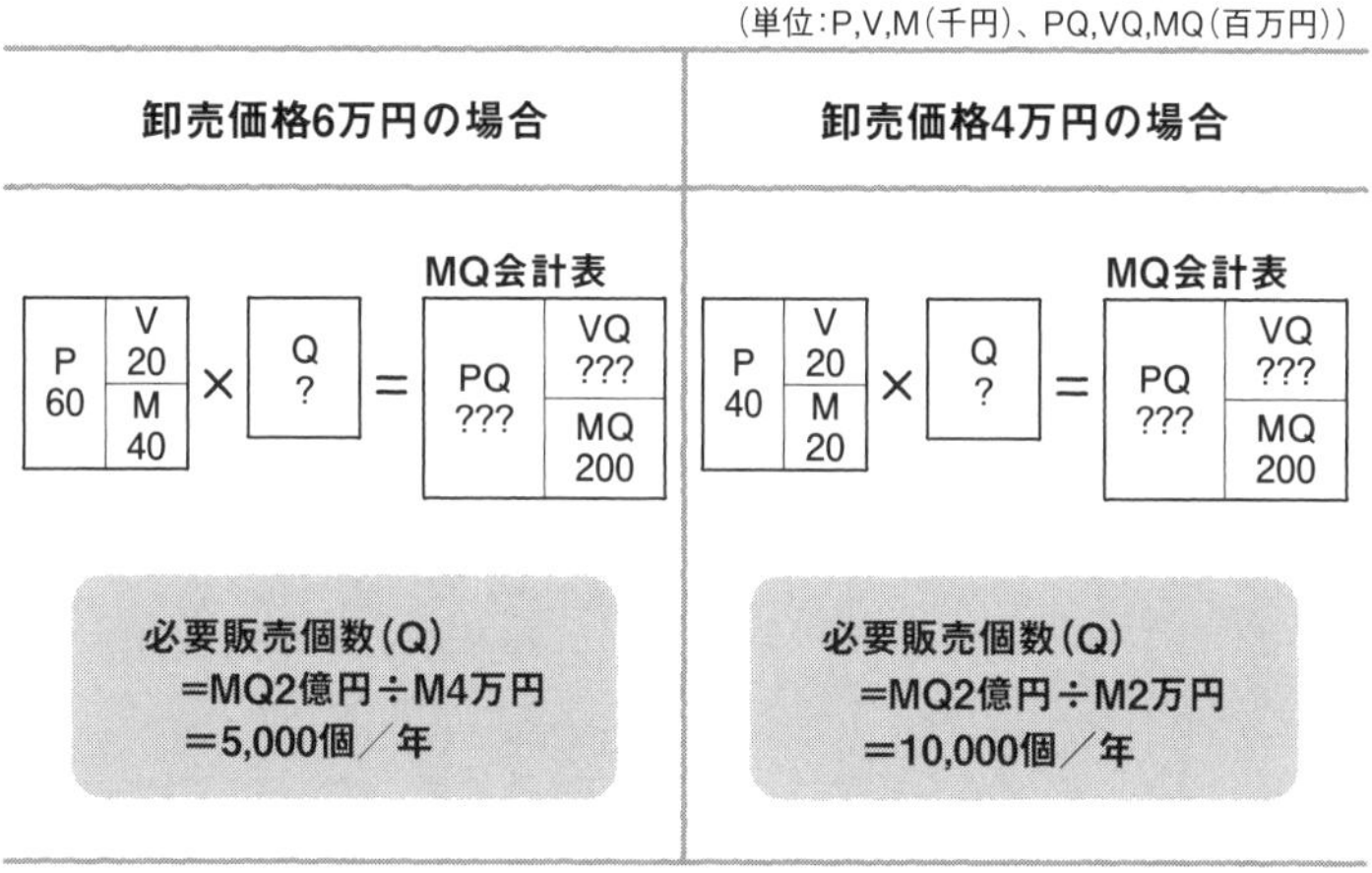

図表 8-7 コンフリクト・マネジメントとは？

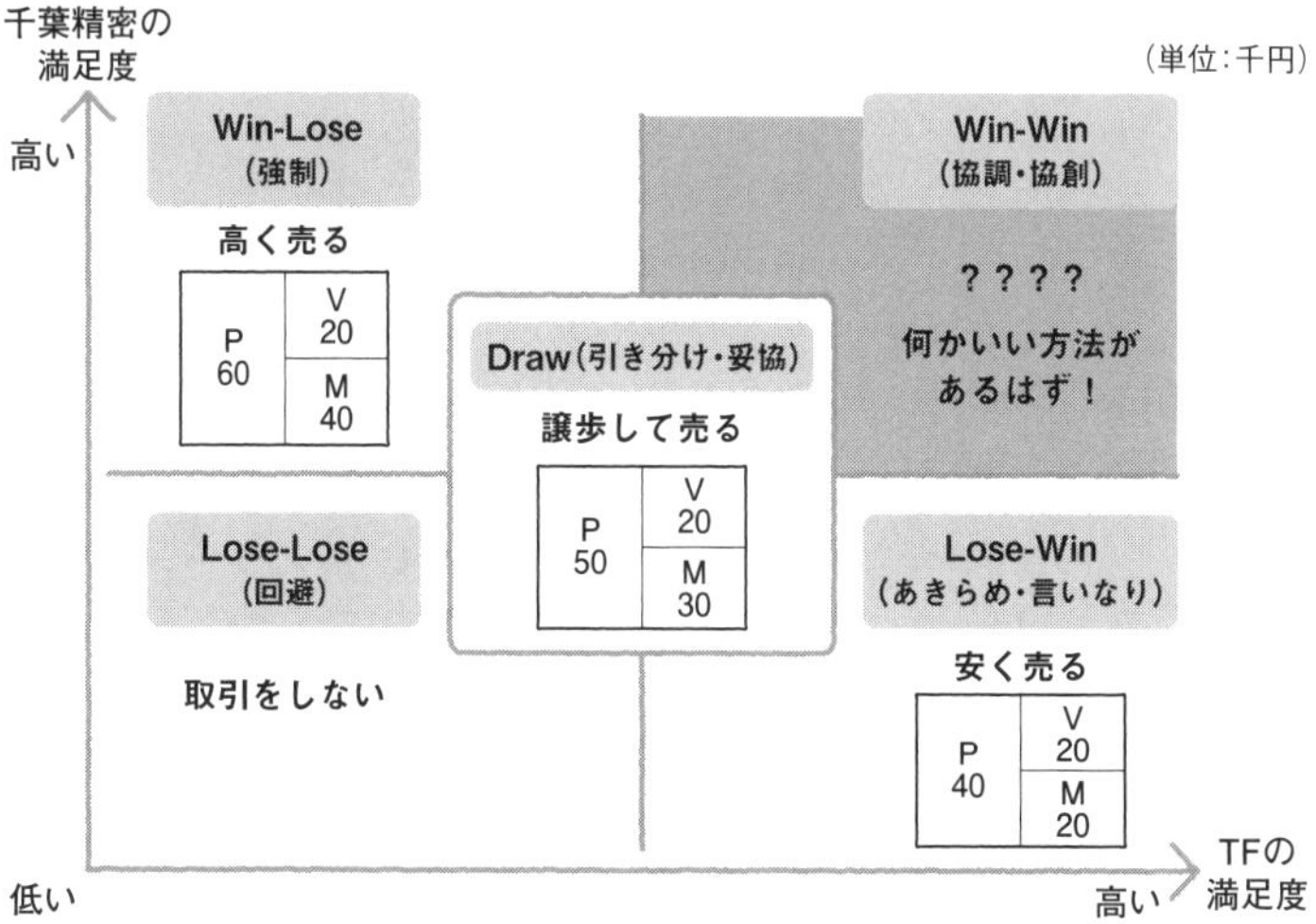

思考プロセス

「たしかに『高く売る・安く買う』で行動レベルでは明らかに対立している。だから、**行動レベルで考えていても、解決することはできない。そこで、その行動の裏側にあるニーズのレベルで考えて問題解決の方法を見つけるんだ。この問題解決の方法はTOCの思考プロセスの一つ『クラウド』という手法**だ」

「TOCって、この間のダイスゲームで学んだ理論ですよね？」

「そうだよ。『ザ・ゴール』の続編『ザ・ゴール2』で紹介された手法なんだ。今、クラウドの作成プロセスを書くからちょっと待っててね」

川上は書き慣れているのか、スラスラとホワイトボードにクラウドの作成方法を書いていた（**図表8―8**）。

「作成プロセスに従って、このクラウドを埋めていくと問題解決にたどりつけるんだ。まずは、行動レベルの対立。『D高く売る』と『D'安く買う』が行動レベルで対立しているね」

川上は右側の2つの行動ボックスを埋めた。

「次にその行動をとるニーズを考えてみる。なんでその行動をとるんだろう？」

「そりゃあ、うちの会社は高く売ったほうが儲かりますよね？　タイムフライヤーだっ

図表 8-8　クラウドの作成プロセス

1. 対立している行動・手段(D、D')は何？
2. その行動をとるニーズ(B、C)は何？
   (なぜならば○○○だから)
3. 共通の目標(A)はあるか？
4. A→B→D、A→C→D' で読んでみて、意味が通るか？
5. なぜB(C)のニーズを満たすために、D(D')をしなければならないのか？(どんなことを仮定にしているのか？)
6. その仮定は本当に存在するのか？(思い込みはないか？)
7. 仮定を崩すことによって、B、Cのニーズを満たして、導かれる新たな解決策は何か？

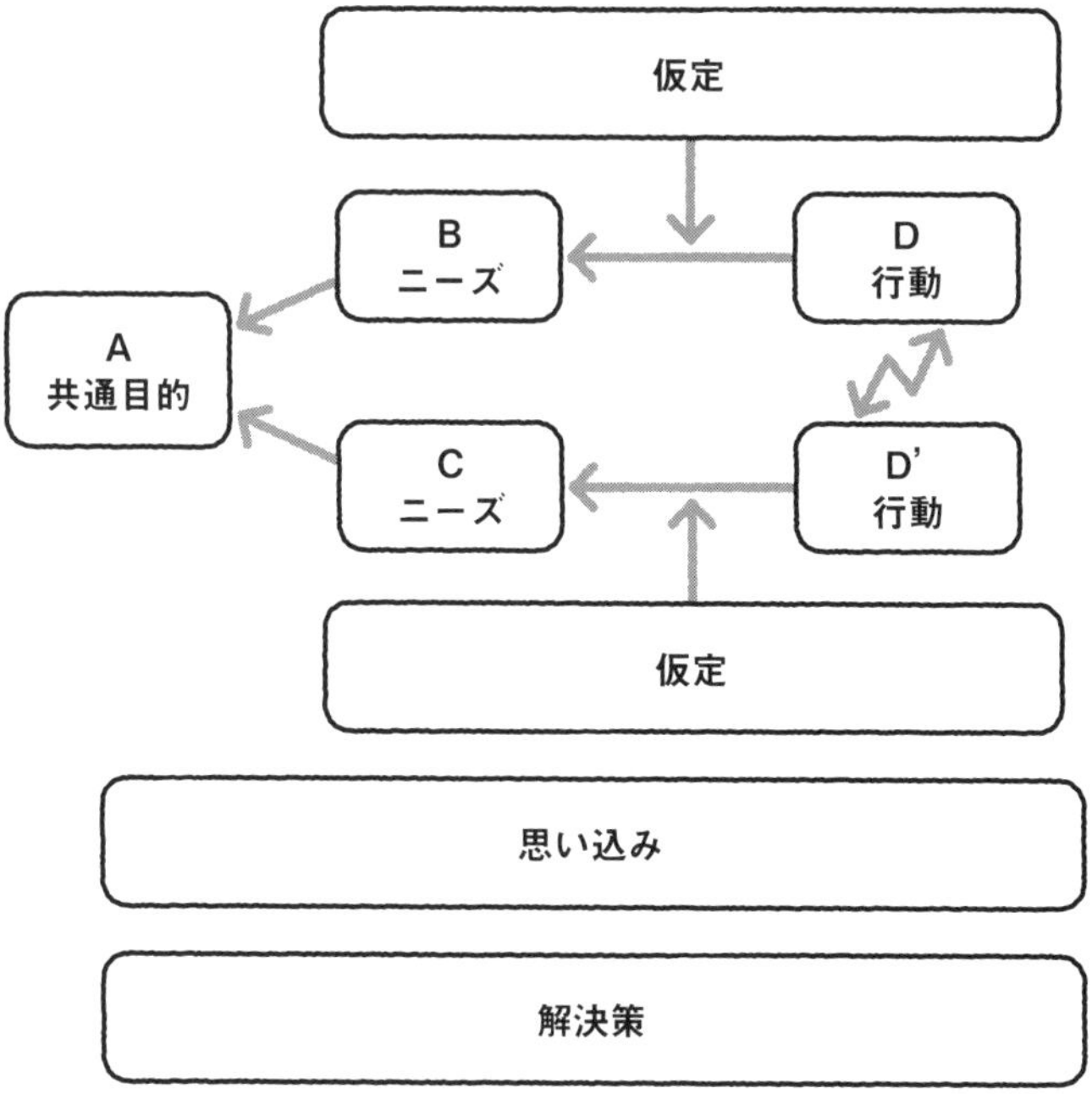

て、安く仕入れて高く売れば儲かります。両社とも利益を出すためじゃないんですか?」

(利益も大事だけど……) 大下の主張を聞いた早苗は少し違和感を覚えた。

「大下君、支払条件はどうなっているの?」

「『30日後払い』で藤谷社長に提案したら、『90日後払い』にしてくれって。これも交渉しないと……」

「それよ!」

「それだ!」

早苗と川上は大きな声を上げた。大下はびっくりして目を丸くしている。

「**TFの安く仕入れたい本当の理由は資金繰りを楽にすること**だわ。TFは商品ラインナップが売りなんでしょう? だから、仕入をするのにものすごくお金が必要なのよ。それに仕入れたからと言って必ず売れるとは限らないし……」

「俺も同じ考えだよ。さなえ、本当に経営者らしくなってきたね」

「この一年、資金繰りで本当に苦労したので……」

早苗は照れ隠しのため、川上に視線を合わせずに答えた。

「TFの立場に立って考えてみようか。共通条件として、販売価格10万円、仕入個数は100個、支払条件は90日後払い。卸売価格は6万円と4万円の場合に分ける。販売個数は100個、50個、30個の場合に分ける。90日間のMQ会計表、C／F、在庫金額についてシミュレーションしてみよう！」

内容は卸価格（V）が2パターン、販売個数（Q）が3パターン、2×3で合計6パターンのTFのMQ会計表、C／F、在庫を完成させた（**図表8−9**）。

「ほーう。卸価格が4万円のほうが、P／LもC／Fもいいですね。当たり前だけど」

大下は出来上がった数値を見ながら呟いた。

「このシミュレーションで注目してほしいのがC／Fの比較だ。100個売れる場合には、どちらもキャッシュ・フローは大きくプラスになるから問題はない。問題なのは、当てが外れて30個しか売れずに、70個が在庫になった場合には、入金は30個分しかないけど、支払は100個分発生するので、C／Fはマイナスになる。TFは在庫リスクを負っているよね。だから、まだ実績のないTWWをなるべく安く仕入れたいんだ」

早苗は川上の説明に納得がいった。

「それで、50個売れた場合のC／Fが興味深い。藤谷社長は自らバイヤーとしてすごい成果を挙げてきたから、目利きには自信があるはずだ。TWWは間違いなく50個は売れると自信があるんじゃないかな？　**6万円で仕入れた場合には100万円のマイナスなのに対して、4万円で仕入れた場合には100万円のプラスになる**んだ。90日間も営業して、キャッシュ・フローがプラスになるのかマイナスになるのかでは、天と地の差だ」

図表 8-9 TFのMQ会計表、C／F、在庫のシミュレーション

（単位：P、V、M（円）、Q（個）、PQ、VQ、MQ（千円））

	卸価格（V）6万円の場合	卸価格（V）４万円の場合
販売個数（Q） 100個 在庫数 0個	MQ会計表 P 100 / V 60 / M 40 × Q 100 ＝ PQ 10,000 / VQ 6,000 / MQ 4,000 C／F 収入 10,000 支払 6,000 収支 4,000 B／S 在庫 0	MQ会計表 P 100 / V 40 / M 60 × Q 100 ＝ PQ 10,000 / VQ 4,000 / MQ 6,000 C／F 収入 10,000 支払 4,000 収支 6,000 B／S 在庫 0
販売個数（Q） 50個 在庫数 50個	MQ会計表 P 100 / V 60 / M 40 × Q 50 ＝ PQ 5,000 / VQ 3,000 / MQ 2,000 C／F 収入 5,000 支払 6,000 収支 ▲1,000 B／S 在庫 3,000	MQ会計表 P 100 / V 40 / M 60 × Q 50 ＝ PQ 5,000 / VQ 2,000 / MQ 3,000 C／F 収入 5,000 支払 4,000 収支 1,000 B／S 在庫 2,000
販売個数（Q） 30個 在庫数 70個	MQ会計表 P 100 / V 60 / M 40 × Q 30 ＝ PQ 3,000 / VQ 1,800 / MQ 1,200 C／F 収入 3,000 支払 6,000 収支 ▲3,000 B／S 在庫 4,200	MQ会計表 P 100 / V 40 / M 60 × Q 30 ＝ PQ 3,000 / VQ 1,200 / MQ 1,800 C／F 収入 3,000 支払 4,000 収支 ▲1,000 B／S 在庫 2,800

「なるほど。安く仕入れたい本当のニーズは、キャッシュ・フローなんですね。それじゃあ、TFのニーズ（C）は『健全なキャッシュ・フロー』ですね」

その後も3人で会話をしながら、千葉精密とTFの共通目的は何か、BとD、CとD´の間に存在する仮定は何か、を明らかにしていった。

> 共通の目的（A）「千葉精密とTFの共存共栄」
> B・Dの仮定「高く売らないと①利益が少なくなる、②値引販売によるブランド価値の低下」
> C・D´の仮定「安く買わないと①資金繰りが厳しくなる、②在庫リスクが大きくなる」

「よし！　ここまでできれば、対立の構造はだいぶ分かるようになるね。行動では対立しているけど、千葉精密の『利益の確保』とTFの『健全なキャッシュ・フロー』というニーズは対立しているかな？」

「してないです」川上の質問に早苗が短く答えた。

「そう。対立がないんだから2つのニーズを同時に満たすウィンウィンの行動はきっとあるはずだ！」

「卸売価格は6万円。その代わりに支払サイトを半年とか長くするのはどうですか？」

大下は妙案を思いついたとばかりに、早苗と川上の顔を交互に見た。

「価格から離れて考えたのはいい視点だね。千葉精密の利益を確保しながら、ＴＦの健全なキャッシュ・フローのニーズも満たすことができる。でも、千葉精密の資金繰りは悪化するし、ＴＦの在庫リスクは依然として消えないよね。両者に不満が残るから、まだ妥協レベルの行動かな」

川上の言葉に大下は「これも妥協か……」と残念がった。

「ＴＦの資金繰りの観点から、別の解決策を探ってみようか？　どんなタイミングで代金の支払いがなされれば、キャッシュ・フローが安定するんだろう？」

「うーん。**もし売れた分だけ、お金を払うんだったら資金繰りは困らない**ですね……」

（売れた分だけ……。売れた分だけ？）

早苗は自分の言葉を反芻《はんすう》していた。どこかで見聞きした記憶がある言葉だ。

「あっ！　**委託販売！**」

早苗はふと脳裏に浮かんできた言葉を叫んだ。委託販売は簿記２級のテキストに書いてあった内容だ。簿記３級の資格をとった早苗は、今は２級の勉強をしている。

「委託販売にすれば、ＴＦの資金繰りの問題は解決できるわ！」

Win-Win

委託販売は通常の販売と異なり、委託者（千葉精密）が受託者（ＴＦ）に販売を委託する販売形式だ。売れた分だけ、受託者は委託者に代金を支払う。

受託者のメリットとしては、在庫リスクは負わずに、品揃えを増やす事ができ、仕入がないため資金繰りも楽だ。委託者のメリットとしては、卸売をするより、委託販売で受託者に手数料を支払うほうが粗利（Ｍ）を高くすることができる。

さらに通常販売の場合には、売れ残ってしまった時に、販売店の値下げ販売によるブランドイメージの低下が心配される。

一方、委託販売の場合には、価格決定権が委託者にあるため、値下げによるブランドイメージの低下を回避することができる。

「販売手数料を30％に設定したら、７万円が入ってくる。４万円で卸売をした場合と比べると、粗利は２万円から５万円の2・5倍になる！　ＭＱ２億円を稼ぐために必要な販売個数も１万個から４千個、半分以下の個数で達成できるわ！」

早苗は興奮した様子で解決策を埋めて、クラウドが完成した（**図表8―10**）。

「すげー。まさにウィンウィンだ！」

図表 8-10 これが、高く売る・安く買うの対立クラウド

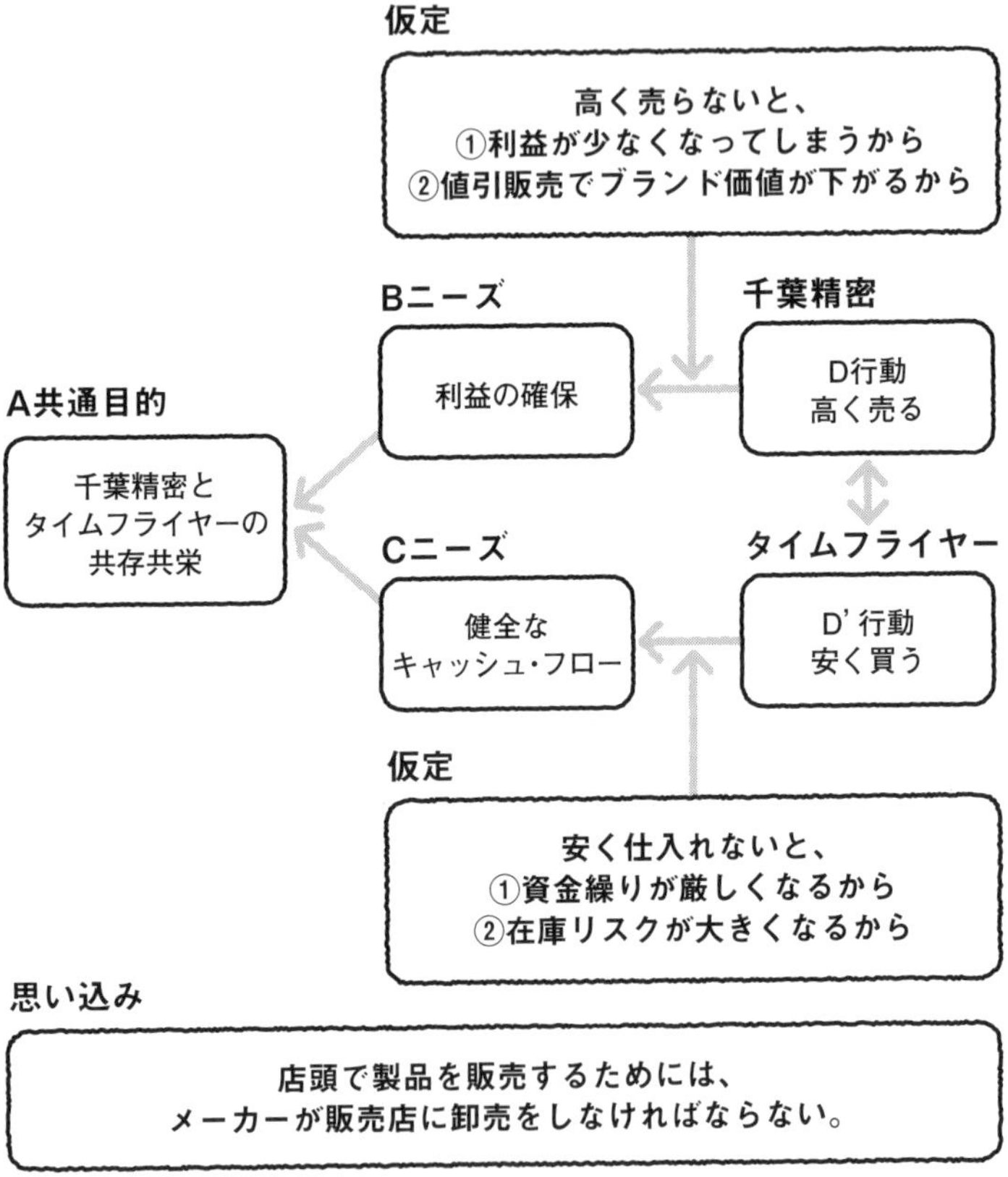

解決策

委託販売を導入する（手数料30%）。

千葉精密のメリット

→ 通常販売より粗利率アップ
→ 値引販売なし（価格決定権あり）

タイムフライヤーのメリット

→ 仕入がないので資金繰りが楽
→ 在庫リスクがない

大下は、完成したクラウドを見ながら「すげー」を繰り返した。

「委託販売か……。よく考えたね」

川上もクラウドを見ながら、感心しているようだ。

「それじゃあ、本当にウィンウィンになっているかの検証だ。30%の手数料で販売個数が100個、50個、30個を委託販売した場合、千葉精密とTFのMQ会計、C／F、在庫金額について、シミュレーションをしてみよう！」

川上の言葉に、早苗と大下はシミュレーションを完成させた（**図表8—11**）。

「すごい。みごとに2社のニーズを解決しているわ……」

早苗はシミュレーション結果を見ながら、委託販売でうまくいくとの確信を強めた。

「TFは在庫リスクを負わずに、売れた分だけの利益とキャッシュという成果を得ている。千葉精密も委託販売のほうが**付加価値率（m率）**が高い。その分、在庫リスクはあるけど、原価ベースだから、TFが卸売価格で保有するほどの負担もない」

川上の言葉に早苗はさらに自信を深めた。

「在庫補充のために、販売店から販売情報をタイムリーに報告してもらおう。そうすれば、売れ筋の腕時計だけ生産することができるから、売れ残りという在庫リスクも小さくすることができるはずだ」

川上は微笑みながら左手の親指を立てた。

図表 8-11 千葉精密工業　ＴＦのＭＱ会計表、Ｃ／Ｆ、在庫のシミュレーション

【委託販売　手数料30%】　(単位:P、V、M(円)、Q(個)、PQ、VQ、MQ(千円))

	タイムフライヤー	千葉精密
販売個数(Q) 100個 在庫数 0個	MQ会計表 P 100 / V 70 / M 30 × Q 100 = PQ 10,000 / VQ 7,000 / MQ 3,000 C／F 収入 10,000 支払 7,000 → 収支 3,000 B／S 在庫 0	MQ会計表 P 70 / V 20 / M 50 × Q 100 = PQ 7,000 / VQ 2,000 / MQ 5,000 C／F → 収入 7,000 支払 2,000 収支 5,000 B／S 在庫 0
販売個数(Q) 50個 在庫数 50個	MQ会計表 P 100 / V 70 / M 30 × Q 50 = PQ 5,000 / VQ 3,500 / MQ 1,500 C／F 収入 5,000 支払 3,500 → 収支 1,500 B／S 在庫 0	MQ会計表 P 70 / V 20 / M 50 × Q 50 = PQ 3,500 / VQ 1,000 / MQ 2,500 C／F → 収入 3,500 支払 2,000 収支 1,500 B／S 在庫 1,000
販売個数(Q) 30個 在庫数 70個	MQ会計表 P 100 / V 70 / M 30 × Q 30 = PQ 3,000 / VQ 2,100 / MQ 900 C／F 収入 3,000 支払 2,100 → 収支 900 B／S 在庫 0	MQ会計表 P 70 / V 20 / M 50 × Q 30 = PQ 2,100 / VQ 600 / MQ 1,500 C／F → 収入 2,100 支払 2,000 収支 100 B／S 在庫 1,400

全てのケースで両社とも営業CFがプラス！

「いける。いけるよ！　社長、このクラウドとシミュレーション結果をそのまま使って交渉していい？　これだったら、必ず藤谷社長も乗ってくるはずだよ！」

「千葉精密の数値も出すのね。まぁ、後ろめたいことはないけど。そうね、本当の信頼関係を築くためには、隠し事は不要ね！　分かった。大下君に任せるわ！」

早苗の言葉に、大下は「よし！」とガッツポーズをとると、さっそく藤谷社長に電話でアポイントを入れた。

エピローグ

決算取締役会

2019年5月24日、千葉精密の決算取締役会の開催日を迎えた。

「――以上が、決算の概要になります」（図表E―1）

吉田は2019年3月期の決算報告を終えると、ハンカチで額の汗をぬぐった。

早苗は手元の決算書と目の前に座っているアンダーソンを交互に見た。

アンダーソンは頷くだけで、表情を変えることはなかった。

吉田が血相を変えて、早苗に決算書を持ってきたのはゴールデンウイーク明けの5月7日。令和が始まって最初の営業日の朝だった。

「社長、大変です！　目標の経常利益に届きませんでした……」

「えっ？」

早苗は心臓の鼓動が速くなっていくのを感じた。

アンダーソンと約束した目標の経常利益2億円に対して、結果は1億3000万円。7000万円足りなかったのだ。

事前に把握していたMQ会計（DC）の速報値では、3月に発売したTWWが、予想以上の大ヒットを記録する等、2019年3月期の利益（G）は3億3000万円となった。2018年3月期の▲5000万円と比べると3億8000万円も改善していた。

そのため、制度会計（FC）で計算したとしても、目標の2億円は間違いなく超えると楽観的に考えていた。それが見事に覆されたのだ。

「原因は、やっぱり製造固定費ですか？」

「はい。今期は在庫をだいぶ削減することができました。でも、在庫として資産計上されていた過去に発生した製造固定費が、売上原価として今期に費用計上されることになったので、その分、制度会計の利益が減ってしまったのです」

吉田は制度会計のP／LとMQ会計の比較表を示しながら説明をした（**図表E—2**）。

「前期は、在庫が増えた分だけ、製造固定費が資産計上されたから『みせかけの利益』が出たんですよね。今期は、**在庫が減って、資産計上されていた製造固定費が費用計上されたから逆に『みせかけの損失』が出**たということですね……。本当の利益は増えているのに……」

早苗は比較表を見ながら、悔しさが込み上げてきた。

P/L（2期比較）

項目	2018年3月期	2019年3月期
売上高	5,000	5,500
売上原価	4,200	4,730
売上総利益	800	770
販管費	600	580
営業利益	200	190
営業外収益	0	0
営業外費用	50	60
経常利益	150	130
特別利益	0	0
特別損失	0	100
税引前当期純利益	150	30
法人税等	50	10
当期純利益	100	20

C/F（2期比較）

（単位:百万円）

項目	2018年3月期	2019年3月期
税引前純利益	150	30
減価償却費	100	100
特別損失	−	100
売掛金の増減	▲300	450
在庫の増減	▲400	430
買掛金の増減	30	▲30
その他	▲30	▲50
営業活動によるCF	▲450	1,030
投資活動によるCF	▲50	50
財務活動によるCF	200	▲720
キャッシュの増減	▲300	360
キャッシュの期首残高	400	100
キャッシュの期末残高	100	460

	目標	実績	結果
経常利益	200百万円	130百万円	未達
営業CF	500百万円	1030百万円	達成

図表 E-1 千葉精密工業　比較財務3表

B/S（2期比較）

（単位:百万円）

資産の部	2018年3月期	2019年3月期	負債・純資産の部	2018年3月期	2019年3月期
現預金	100	460	買掛金ほか	820	750
売掛金	1,250	800	短期借入金	1,000	130
棚卸資産	800	370	流動負債合計	1,820	880
			長期借入金	800	650
			社債	0	300
流動資産合計	2,150	1,630	固定負債合計	800	950
固定資産	1,000	750	資本金	30	30
			利益剰余金	500	520
固定資産合計	1,000	750	純資産合計	530	550
資産合計	**3,150**	**2,380**	**負債・純資産合計**	**3,150**	**2,380**

P/Lは目標の経常利益2億円に対して、
結果は1億3000万円と7000万円足りなかった……

図表 E-2　制度会計とMQ会計の比較（2019年3期）

（単位：億円）

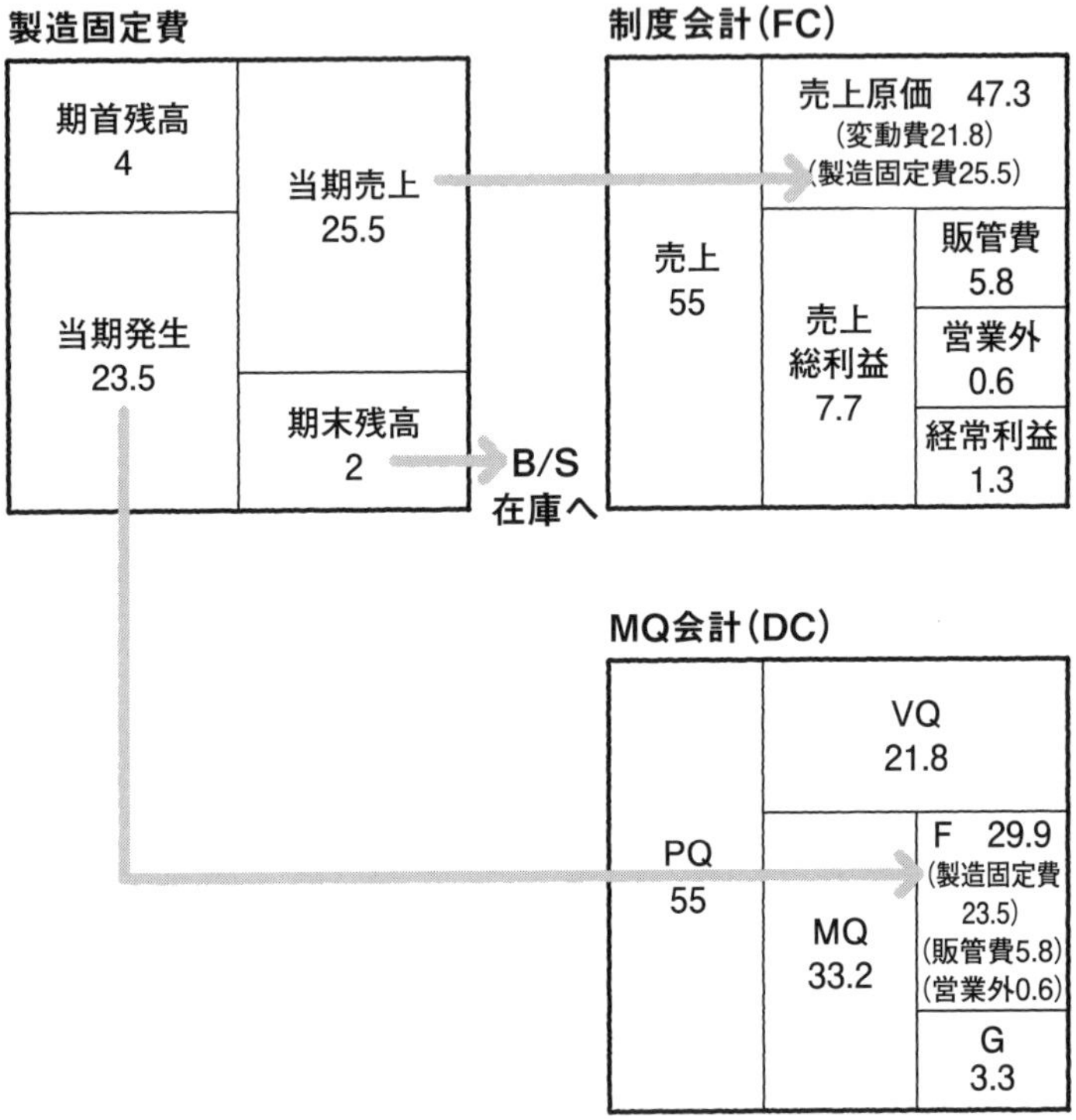

経常利益 1.3 − 本当の利益（G） 3.3 ＝ みせかけの損失※ ▲2

※みせかけの損失＝製造固定費【発生額】−製造固定費【原価計上額】
▲2　23.5　25.5

「社長。ここだけの話ですが……」

吉田は声を潜めて言った。

「原価計算の方法を少し変えれば、経常利益を2億円にすることは可能です」

「それって、もしかして『粉飾決算』をするということですか?」

早苗の質問に吉田は小さく頷いた。

「絶対だめです! このまま報告します!」

早苗は、粉飾決算は絶対にしないという川上との約束を思い出していた。

「このままって、社長が交代されるかもしれないんですよ!」

早苗は保守的な性格の吉田が自分の身を案じて言ってくれていることが嬉しかった。

「私のことを心配してくれているんですね。ありがとうございます。でも、ズルは絶対にしません! もし粉飾なんかしたら、川上先輩に顔向けできないですから。もう一つの条件である営業CFはしっかり結果が出ています。あとは『人事を尽くして、天命を待つ』ですね!」

早苗は自分に言い聞かせるように言った。営業CFは5億円以上という目標に対して、在庫、売掛金の削減による効果で10億3000万円という目覚ましい実績を挙げていた。

(先輩がいたら、なんて言ってくれたんだろう……)

川上は、もう日本にはいない。

4月1日、「もう俺が居なくても大丈夫だな」と言い残して、川上はアメリカに旅立っていた。「ハッピーアグリ」のCFOに就任し、ニューヨーク市場への株式上場に向けて、忙しい毎日を送っている。

新しい社長

「サナエさん。新規事業のTWWについて、詳しく聞かせてもらえますか?」

アンダーソンの質問は決算ではなく、TWWのことだった。

TWWの販売について、千葉精密とTFは「委託販売」を採用した。資金繰りの心配や在庫リスクを負うことがなくなったTFの沙織社長は、TWWをホワイトデー、入学、卒業祝いの目玉商品としてプロモーションに力を入れてくれた。

それとは別に、美樹が発売前のTWWをSNSで紹介すると大きな反響があり、女性ファッション誌「YanYan」にも取り上げられることとなった。

その結果、3月1日の発売前にすでに300個以上の購入予約があり、3月の1か月間で1000個を超える販売を記録した。

今では、TWWを取り扱いたいという時計販売店からの問い合わせが多く、今日も大下は隣の会議室で商談中だ。

また、工場では智子をリーダーとしたＴＷＷ専門チームも立ち上がり、生産を安定させるために試行錯誤を繰り返している。

超えなければならない壁はたくさんあるが、メンバーは前向きに取り組んでいる。

早苗はＴＷＷの将来性についてアンダーソンに熱を込めて語った。

「ありがとうございます。よく分かりました」

アンダーソンは顎に手を当ててしばらく考えこんだ。30秒ぐらいたっただろうか。アンダーソンは「ＯＫ」と小声で呟いた。

「サナエさん。私とのコミットは覚えていますね？」

「経常利益2億円、営業ＣＦ5億円です……」

「はい……」

「残念ながら、経常利益のコミットは達成できませんでしたね？」

「投資は継続しますので、資金繰りの心配はしなくて大丈夫です」

「あっ、ありがとうございます！」

「ただし、私のほうで改めて社長を選びます。よろしいですね？」

（やっぱり交代か、約束だから仕方ないわね……）

早苗の抱いていた微かな希望は消えた。

「いや、ちょっと待ってください！」

アンダーソンの言葉に一番初めに反応したのは山崎だ。

「たしかに経常利益は目標に達成しませんでしたが、営業ＣＦは目標の2倍を超えています！　それなのに社長を代えなければいけないんですか？」

「山崎さん、ありがとうございます。でも、コミットを達成できなかったのは事実ですから……。力及ばずにすみません。新しい社長のもと、頑張っていってください」

早苗はアンダーソンに異を唱える山崎の気持ちが嬉しかった。でも、アンダーソンは目標が達成できなかった時に社長を代えるという条件を行使する、ただそれだけのことだ。

「私も辞任する。社長だけに責任を取らせることはできんよ」

今度は島田だ。

「いや、島田さんは千葉精密になくてはならない人です。ぜひ残ってください！」

早苗は必死に島田を慰留した。

「ウェィ！　ちょっと待って！　話を先に進めないでください！」

アンダーソンは早苗たちの会話に割って入った。

「私は『改めて社長を選ぶ』と言っただけです」

「はい。ですから私は辞めても、島田さんと山崎さんには残ってもらって……」

「サナエさん。あなたが新社長です！」

「えっ？」

早苗はアンダーソンの言っていることをすぐには理解できなかった。

「たしかに経常利益のコミットは達成できませんでした。しかし、**製造業では、在庫を減らす過程で、その分だけ利益が減ってしまうという現象は必ず起きます。製造業を再建していく中で、何度も体験しています。在庫が減ったことによる利益の減少は、ノープロブレムです！**」

アンダーソンは両手の親指を立てた。

「それにサナエさん以上に、千葉精密を引っ張っていくことのできる経営者を見つけるのは簡単なことではありません」

「ポールさん。ありがとうございます」

早苗の胸に熱いものが込み上げてきた。

「お礼を言うのは私のほうです。千葉精密の企業価値を一年間で驚くほど向上させたことは、本当にすごいことです。あなたはこの一年間で、本物の経営者になりました。よくがんばりましたね」

アンダーソンの慈愛に満ちた眼差しに、早苗の頬に涙が伝った。

「コングラチュレーション！　新社長の就任おめでとうございます！」

アンダーソンはそう言うと早苗に大きな拍手を送った。

「おめでとう！」島田と山崎、吉田もそれに続いた。

惜しみない拍手の中、早苗は人目もはばからず泣いて、泣いて、泣きじゃくった。

下町イノベーション

その後も、千葉精密は大きな躍進を遂げる。

ＴＷＷのイメージキャラクターに美樹を起用したのが大当たりし、取り扱い店舗が２００店舗を超えた。インターネットによる販売を軌道に乗せると、工場併設のファクトリーショップをオープン。ショップの初代店長に大下が就任し、この売上・利益も増えている。ＴＷＷのファン向けサービスとして始めた工場見学も好評だ。

新商品の開発にも力を入れている。文字盤に「ＴＯＫＹＯ２０２０」と入ったオリンピックイヤー限定の時計を企画したところ、予約段階で完売した。

さらに、ＴＬＷ（Tokyo Lovers Watches）と名付けたペアウォッチも販売を始めた。恋人同士の記念日のプレゼント、プロポーズの時に婚約指輪の代わりにするなど、大きな話題になり、千葉精密を名実ともに躍進させるヒット商品となった。

既存のＢｔｏＢビジネスであるムーブメントの製造・販売も、外注を減らして社内での付加価値の向上、得意先への値上げ交渉によりＭＱは増加した。

最近では、大江戸銀行の伊藤支店長のほうから「私どもから借りてほしい」と頭を下げに来るほどだ。しかし、キャッシュ・フロー重視の経営により、借り入れの必要がないほど資金には余裕が出てきた。

社員教育にも力を入れている。マネジメントゲームやTOCダイスゲームを毎月開催し、MQ会計や全体最適の考えが社内に浸透してきた。副次的な効果として、社員同士のコミュニケーションが更によくなってきた。部署の垣根を超え、気軽に飲みにいったり、BBQやキャンプなどのイベントも、社員が自ら企画するケースが増えている。

千葉精密の目覚ましい活躍を世間は放っておかない。業界紙や経済紙から何度も取材があり記事となった。倒産の危機にあった下請工場から製造小売にビジネスモデルを転換し、成長を続けている千葉精密は、中小企業の期待の星だ。

「下町イノベーション」とは、ある経済紙がつけた見出しだ。千葉精密の社員は、この言葉がとても気に入り、合言葉にしている。

一方で、アメリカに渡った川上もさらに活躍を続けていた。

ハッピーアグリのニューヨーク市場への上場が決まったのだ。

川上は投資家に対する事業計画のプレゼン資料にMQ会計を使った。それがきっかけとなって、大学で講演すると大きな話題となった。うわさを聞きつけたアメリカの企業から次々とＭＱ会計の講演の依頼が殺到した。

川上は講演で常にこう伝えているという。

『**MQ Accounting is simple. But it's not easy.**』

（ＭＱ会計はシンプルだ。でも簡単じゃない）

ＭＱ会計は講演を聞いて、上辺だけ理解したつもりでも、実務で使えるようにならない。やはり体験的な学びが必要だ。川上はマネジメントゲームをアメリカで広めることを新たな目標にし、活動を続けている。


早苗の左手首にスワロフスキーのクリスタルが埋め込まれた時計がキラキラと輝いていた。傍らにいる川上の手首にもペアウォッチの片方がはめられている。

早苗は空を見上げた。すっかり日の暮れた東京の街並みに、ピンク色にライティングされた東京スカイツリーが姿を現していた。

完

▶ MQ会計の全体像

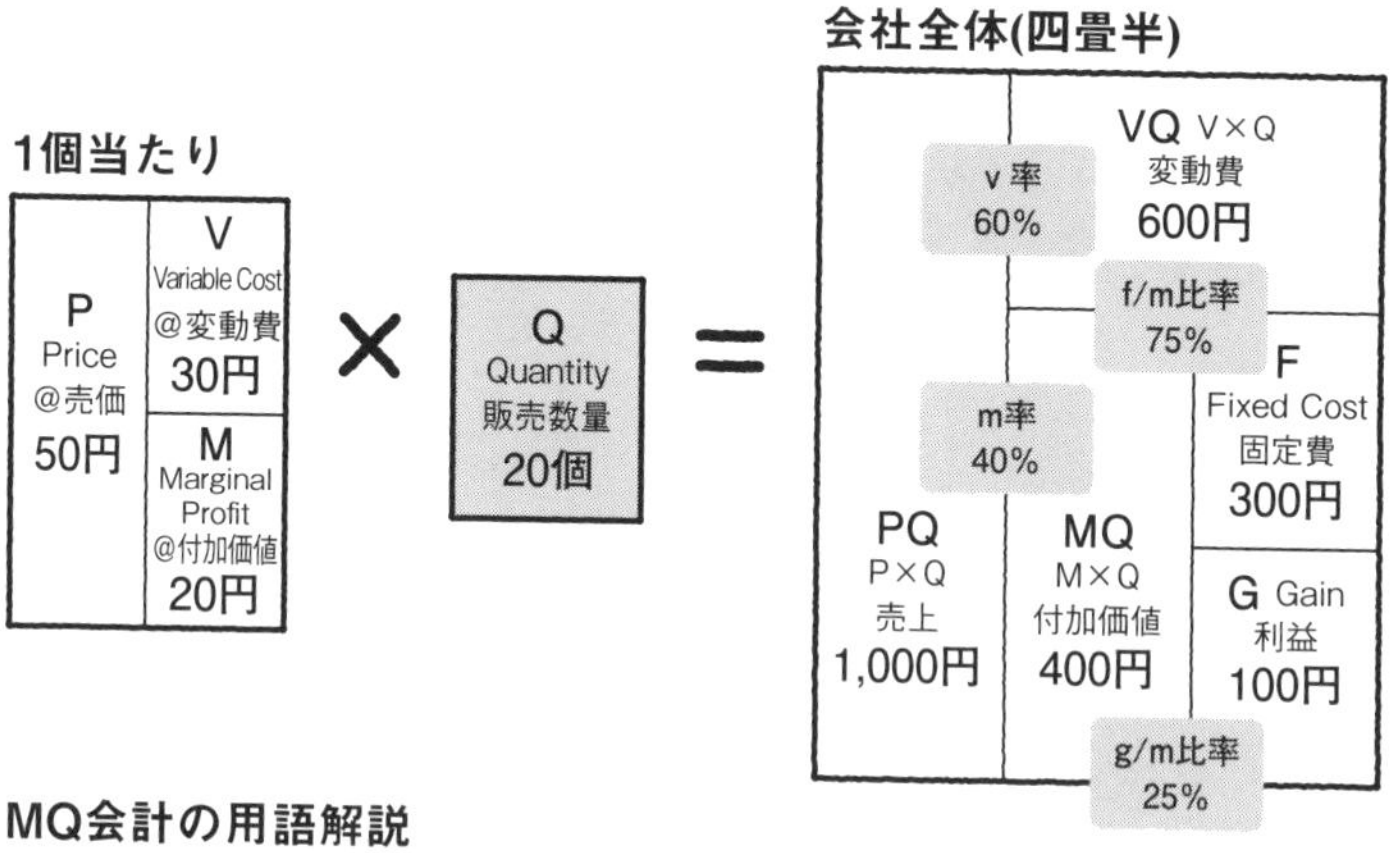

MQ会計の用語解説

P＝@売価

V＝@変動費(販売数量に比例して発生するコスト
　ex. 仕入単価、材料単価、外注単価など)

M＝@付加価値(粗利、限界利益、貢献利益)　※M＝P－V

Q＝販売数量(ex. 客数、個数、件数、重量、時間など)

F＝固定費(販売数量にかかわらず発生するV以外のすべてのコスト
　ex. 製造固定費、販売費及び一般管理費、営業外費用など)

G＝経常利益　※G＝MQ－F

PQ＝売上(@売価×販売数量)

VQ＝変動費(@変動費×売上数量)

MQ＝付加価値(@付加価値×販売数量)

v率＝変動費率(VQ÷PQ×100%)

m率＝付加価値率(MQ÷PQ×100%)　※v率＋m率＝100%

f/m比率＝損益分岐点比率(F÷MQ×100%)

g/m比率＝安全余裕率(G÷MQ×100%)　※f/m比率＋g/m比率＝100

企業方程式　PQ＝VQ＋F+G

あとがき

MQ会計×TOC＝「儲かる経営の方程式」だ！

新しい時代「令和」の幕が開けました。

平成は戦争のない平和な時代でした。しかし、日本経済はバブル崩壊からはじまったデフレを脱却することができず、世界の経済成長から取り残されてしまいました。

企業の時価総額ランキングでも、平成元年にはトップ50社中32社が日本企業だったのが、平成30年には32位にランキングしているトヨタ自動車が唯一の日本企業というありさまです。平成の日本経済は、まさに「失われた30年」となってしまったのです。

では、「失われた30年」を脱却して、日本経済が元気を取り戻すために、私たち一人ひとりのビジネスパーソンにできることとは何でしょうか？

一言で言えば、それは一人ひとりの**「思考と行動の革新（バージョンアップ）」**だと思います。私たち一人ひとりが自社や自部門の課題や業績を「自分ゴト」と捉え、部分最適ではなく「全体最適」の観点から、経営改善や改革につながるような発想や行動が求められるのではないでしょうか。

そのためには、企業を引っ張る「**リーダー**」や、変革をもたらす「**イノベーター**」へと、一人ひとりがさらに自らを進化させることが必要だと言えます。

本書では、企業の業績向上という課題や使命を担う主に経営者やリーダー層の方々に向け、そのために必須の会計と経営理論を楽しみながら学べるようにストーリー形式で説明しました。

本書のメインテーマは「**MQ会計×TOC（制約理論）**」です。この２つは、経営を革新するために不可欠な経営理論であり、リーダーやイノベーターの役割を担うビジネスパーソンの方々にぜひ知っておいていただきたい考え方だからです。

1、MQ会計

MQ会計は、ビジネスの現場の実践に使える会計理論であり、以下の３つの特徴があります。

①科学的な会計（制度会計の弱点である「みせかけの利益」がでない）
②戦略的な会計（経営の意思決定をするときの判断に役立つ）
③誰でも分かる会計（ビジュアル的に分かりやすい）

MQ会計をビジネスの現場で活用することにより、売上至上主義から脱して、付加価値重視の経営に舵を切ることができます。

2、TOC（制約理論）

TOCは、業績を阻害している要因（ボトルネック）を集中的に改善することによって、企業の業績を劇的に改善させることのできる経営理論です。小説『ザ・ゴール』は全世界で1000万部以上も読まれていますので、すでにご存じの方もいらっしゃるでしょう。

MQ会計とTOCについては、それぞれで何冊も書籍が出ていますが、その両方を取り上げミックスして紹介しているのが本書の一番の特徴です。この2つの理論は、それぞれ**付加価値（MQとスループットと表現は違っていますが）**を重視している点で、非常に親和性が高いというか、考え方がほぼ同じだということができます。

MQ会計とは、付加価値を重視した経営の指標であり、TOCは、付加価値を増やすための具体的な思考法なのです。

MQ会計でボトルネックとなっている要素（売価、販売数量、変動費、固定費、在庫）を特定して、TOCの考え方を使って、そのボトルネックを集中的に改善する。その結果、ボトルネックが解消され、企業の業績が劇的に向上していくという仕組みです。

本書の舞台となっている千葉精密は架空の企業ですが、本文中のストーリーはすべて筆者のMQ会計×TOCを活用したコンサルティングの実体験をもとに創作したものです。

実際に、製造業だけでなく、建設業、小売業、卸売業、飲食業、運輸業など業種を問わず、企業規模も売上2億円の中小企業から4兆円を超す大企業まで、多くのクライアントがこれにより業績を向上させることができています。

MQ会計×TOCの効果は実証済みです。MQ会計とTOCの2つが揃うことで、会社経営の車の両輪として相乗効果を発揮し、業績が向上していくのです。

つまり、**MQ会計×TOC＝「儲かる経営の方程式」**と言うことができます。

MQ会計×TOCという手法を学ぶことで、皆さんが現場のリーダーやイノベーターとして、業績改善や経営改革をリードしていって頂くことを願ってやみません。

また、マネジメントゲームやTOCセミナーを受講した経験がある読者にとっては、本書によって、MQ会計やTOCの理解をより一層深められるでしょう。

さて、本書を出版するまでに、さまざまな困難に直面しました。

そんな中、監修を引き受けてくださった西順一郎先生、出版のきっかけをつくってくれた石野雄一先生、法律面のアドバイスをくれた横張清威弁護士、出版まで多くの支援をしてくれた渡邉理香さん、企画、編集を担当していただいた高野倉俊勝さん、最後まで応援してくれたアヴァンティア・会援隊・西圏・日本TOC推進協議会の仲間、友人、そして家族の支えによって、なんとか本書を世に送り出すことができました。

私とご縁のあったすべての方に、この場を借りて心から感謝を申し上げます。

令和最初の夏　相馬　裕晃

44	クロスＳＷＯＴ分析	ＳＷＯＴ分析で把握した内部環境（強み、弱み）と外部環境（機会、脅威）を掛け合わせることで、今後取るべき戦略を立案する手法。Ｓ（強み）×Ｏ（機会）＝ＳＯ（積極）戦略など。
45	ペルソナ	理想の顧客となる一人の架空人物のこと。顧客の価値観が多様化し、従来の顧客をしぼらない「マスマーケティング」が通用しなくなった現在において、ペルソナの設定は重要。
46	４Ｐと４Ｃ	４Ｐとは、マーケティングの重要な要素である「Product（製品）」、「Place（流通チャネル）」、「Promotion（販売促進）」、「Price（価格）」の４つ。４Ｃとは、４Ｐを顧客視点で捉えなおしたもので、「Customer Value（顧客価値）」、「Convenience（利便性）」、「Communication（コミュニケーション）」、「Cost（コスト）」の４つ。
47	コンフリクト・マネジメント	コンフリクト（衝突、葛藤、対立）が生じた場合に、双方にとってWin-Winとなるような根本的な解決を目指す手法。
48	思考プロセス	ＴＯＣの組織的な問題解決手法。『ザ・ゴール２』で紹介された。思考プロセスには複数の手法が存在するが、本編で登場したのは対立のジレンマを解消する「クラウド」という手法。

38	運転資本回転期間	仕入代金の支払いから販売代金の入金までにどれくらいかかるかを示す指標。運転資本÷平均月商（＝売上÷12か月）
39	タックスシールド	節税効果のこと。本編のように売却損を計上した場合、損失金額×法人税率の分だけ、税金の支払いが少なくなる。「損して金取れ」。
40	バリューダイナミクス	価値の源泉となる企業の資産を５つに分類したフレームワークで、アーサーアンダーセンで開発された手法。目に見える物的資産、金融資産の２つと目に見えない顧客資産、人的資産、組織資産の３つからなる。特に目に見えない資産が企業の価値創造の源泉となっていることから、この資産をいかに育てるかが重要。
41	戦略費用	マーケティング費、研究開発費、人材教育費など、将来のＭＱを上げるための投資的な費用。戦略費用を減らせば、その期の利益は増えるが、長い目で見れば、投資をしていない企業は競争力を失ってしまう。
42	粉飾決算	決算書を意図的に操作することによって、利益を実際より大きくすること。税金の支払いを減らすため、利益を実際より小さくすることを「逆粉飾」と呼ぶ。粉飾により決算書はごまかせても、経営の実態はごまかせない。
43	ＳＷＯＴ分析	企業の内部環境（強み、弱み）と企業の外部環境（機会、脅威）を2つの軸から現状を分析する手法。SWOTとは「Strength（強み）」、「Weakness（弱み）」、「Opportunity（機会）」、「Threat（脅威）」の頭文字。

32	ボトルネック（制約条件）	企業の業績を阻害している最大の制約条件。本編のダイスゲームでは早苗が担当した第４工程がボトルネック工程。第３ゲームでボトルネックを改善することにより、第２ゲームとは見違えるような結果（利益、キャッシュ、在庫）となった。ボトルネックには①物理的ボトルネック、②市場のボトルネック、③方針のボトルネックの３つがある。
33	スループット	売上から真の変動費を引いて求められるＴＯＣの利益の概念。ＴＯＣではボトルネックを解消し、スループットを向上させることで企業の業績を高めることを目的としている。売上＝ＰＱ、真の変動費＝ＶＱであることから、スループット＝ＭＱと表現することができる。本編では「ＭＱ」と統一して表現している。
34	運転資本	企業が事業を行ううえで必要となる資金で、下記の計算式で求められる。売掛金（Ｕ）＋在庫（Ｚ）－買掛金（Ｋ）＝運転資本（ＵＺＫ）。本編では、品質問題による売掛金の増加と見込み生産の当てが外れて在庫が増加したことにより、千葉精密の運転資本が大きくなり、資金繰りが悪化した。
35	売掛金回転期間	売掛金がどれくらいの期間で回収されているかを示す指標。売掛金÷平均月商（＝売上÷12か月）
36	在庫回転期間	在庫を仕入れてからどれくらいの期間で売れているかを示す指標。在庫÷平均月商（＝売上÷12か月）
37	買掛金回転期間	在庫を仕入れてからどれくらいの期間で支払っているかを示す指標。買掛金÷平均月商（＝売上÷12か月）

27	生産性	インプットに対するアウトプットの比率。ＭＱ会計では、Ｆ（固定費）に対するＭＱ（付加価値）の比率で測られる。ＭＱの増加がなければ「稼働率が高い＝生産性が高い」とはいえない。
28	ＴＯＣ（制約理論）	Theory of constraintsの略で、イスラエルの物理学者であるエリヤフ・ゴールドラット博士が提唱した経営理論。企業の業績はボトルネックに依存していることから、ボトルネックを集中的に改善することで企業収益を向上させる手法。『ザ・ゴール』で紹介され、世界中の企業で目覚ましい成果を上げている。
29	ダイスゲーム	ＴＯＣの概念を理解するために『ザ・ゴール』で紹介されたゲーム。株式会社ソフトパワー研究所の清水信博氏がMQ会計を導入したゲームを開発し、ＴＯＣとＭＱ会計を一体として理解することができるようになった。本編のダイスゲームはその簡易版である。
30	統計的変動	作業時間のばらつき。例えば、平均して60秒で終わる作業を分析すると、30秒で終わる時もあれば90秒かかることもある。ダイスゲームでは「サイコロの目」で表現されている。
31	依存的事象	前後のつながり。前の工程の作業が終わっていなければ、次の工程の作業はできない関係のこと。ダイスゲームでは「前工程の在庫数」で表現されている。

22	みせかけの利益	全部原価計算（ＦＣ）を採用した場合、製造固定費の一部が在庫として資産計上されるため、在庫を増やせば増やすほど利益が増えてしまう現象。別名「全部原価計算の罠」と呼ばれている。本編では、千葉精密の本当の利益（Ｇ）は5000万円の赤字なのにもかかわらず、在庫が増加した影響で、みせかけの利益が2億円増加し、経常利益が1.5億円の黒字となってしまった。
23	ＭＱ会計®	ＤＣをベースに「数量」の概念を導入した管理会計の手法。Ｐ（@売価）、Ｖ（@変動費）、Ｍ（@付加価値）、Ｑ（販売数量）、Ｆ（固定費）、Ｇ（利益）の６つの要素から成り立っている。直接原価計算（ＤＣ）をベースにしているため、みせかけの利益は生じず、経営者の意思決定に役立つ。Ｐ／Ｌをボックスで表現しており視覚的に分かりやすい工夫がなされている。（株）西研究所の登録商標。
24	企業方程式®	ＰＱ＝ＶＱ＋Ｆ＋Ｇとなる公式。（株）西研究所の登録商標。
25	損益分岐点（比率）	伝統的な管理会計の手法では、利益＝０になる場合の売上高を指す。ＭＱ会計では、Ｇ＝０になる場合の各要素（Ｐ、Ｖ、Ｑ、Ｆ）の数値を求めることができる。
26	真性赤字と疑似赤字	全部原価計算（ＦＣ）では赤字となる製品をＭＱ会計で計算した場合、Ｍがマイナスとなる真性赤字とＭがプラスになる疑似赤字とに分かれる。真性赤字の製品は売れば売るほど赤字になるので販売をやめるべきだが、疑似赤字の製品の販売をやめた場合には、ＭＱは減少するので注意が必要。

15	財務活動による キャッシュ・フロー (財務CF)	営業活動及び投資活動を維持するためにどの程度のキャッシュが調達又は返済されたかを示す情報。企業の財務状況によってプラスにもマイナスにもなる。
16	減価償却	企業が長期間にわたって利用する資産（建物、車など）を購入した場合，いきなり全額を費用とはせずに、その資産が使用できる複数年の期間にわたって費用配分する会計処理。そのため費用計上する時点では支出はない。
17	原価の３要素	材料費（モノ）、労務費（ヒト）、経費（カネ）の３つ。
18	マネジメントゲーム	参加者一人ひとりが製造業の社長になり、経営を疑似体験するボードゲーム。楽しみながら経営と会計が学べる。「マネジメントゲームMG」マネジメント・カレッジ（株）の登録商標。「戦略MGマネジメントゲーム」（株）戦略ＭＧ研究所の登録商標。「ＭＱ戦略ゲーム」（株）西研究所の登録商標。
19	全部原価計算（ＦＣ）	すべての原価要素を原価計算の対象とする伝統的な手法。税務署に提出する決算書はFCで計算される。
20	変動費と固定費	変動費とは生産数量・販売数量に比例して発生する費用。固定費とは生産数量・販売数量にかかわらず発生する費用。
21	直接原価計算（ＤＣ）	変動費（材料費、外注費）のみを原価計算の対象とする手法で、管理会計の一つ。経営者の意思決定の役に立つ原価計算の手法。

8	純資産(自己資本)	企業のお金の出所で、返済が不要なもの。株主から出資された「資本金」、今まで企業が稼いだ利益である「利益剰余金」など。
9	収益	企業の事業活動の成果。①売上高（本業の収益）、②営業外収益（配当金の受け取りなど本業以外の収益）、③特別利益（臨時的な収益）の３つがある。
10	費用	収益を上げるために費やした犠牲。①売上原価（売上と直接ひもづく費用）、②販売費及び一般管理費（販売活動や管理活動の費用）、③営業外費用（借入金の利息など本業以外の費用）、④特別損失（臨時的な費用）、⑤法人税等（税金費用）の５つがある。
11	利益	収益から費用を控除した差額で、マイナスの場合は「損失」と呼ぶ。P／Lでは①売上総利益、②営業利益、③経常利益、④税引前当期純利益、⑤当期純利益の5つの利益が順番に計算される（段階利益）。
12	キャッシュ・フロー計算書(C/F)	企業の一定期間のキャッシュ・フローの状況を表す決算書。C／Fでキャッシュの出入りが分かることから企業の「家計簿」と言える。上場企業では作成が義務づけられているが、千葉精密のような非上場企業では作成していないことが多い。
13	営業活動によるキャッシュ・フロー(営業CF)	どの程度のキャッシュを主たる営業活動から獲得したかを示す情報で、プラスが望ましい。直接法と間接法の２つの表示方法の選択適用が認められている。本編では間接法を採用している。
14	投資活動によるキャッシュ・フロー(投資CF)	将来の利益獲得のために、どの程度のキャッシュを投資したかを示す情報。投資活動のため通常はマイナスとなる。

▶ 用語解説

NO	用語	内容
1	滞留在庫	仕入や生産をしたが思うように販売できずに長期間、残ってしまっている在庫。本編ではトーケイ社向けのムーブメントの販売が当初計画を下回り、千葉精密の在庫として残ってしまった。
2	転換社債	株式に転換する権利のついた社債。社債とは企業が資金調達のために発行する債券。株式に転換されれば返済が不要になる。
3	会計の５要素	資産、負債、純資産、費用、収益の５つ。５つの要素で企業の財政状態及び経営成績を表すことができる。
4	損益計算書(P/L)	企業の一定期間の経営成績を表す決算書。経営成績は、企業の事業活動の結果、どれだけの利益を獲得したかを意味する。P/Lで経営活動の良否が分かることから、企業の「通知表」と言える。
5	貸借対照表(B/S)	企業のある一時点の財政状態を表す決算書。財政状態は、企業に投入されたお金の使い道（資産）と、その出所（負債および純資産）を意味する。B/S を見ることによって、財務的な安全性が分かることから、企業の「健康診断書」と言える。
6	資産	企業に投入されたお金の使い道。販売をするために保有している「在庫」、得意先への債権である「売掛金」、製品を製造するために投資した「機械」など。
7	負債(他人資本)	企業のお金の出所で、返済が必要なもの。銀行からの融資である「借入金」、仕入先への債務である「買掛金」など。

参考文献

『事業性評価実践講座―銀行員のためのMQ会計×TOC』相馬裕晃／中央経済社
『利益が見える戦略MQ会計』西順一郎、宇野寛、米津晋次／かんき出版
『人事屋が書いた経理の本』協和醗酵工業、CDI監修／ソーテック社
『戦略会計STRACⅡ―ザ・テキスト・オブ・金儲け』西順一郎／ソーテック社
『伸びる会社の上手な資金管理のしくみ』横田真／日本能率協会
『道具としてのファイナンス』石野雄一／日本実業出版社
『ザ・ゴール―企業の究極の目的とは何か』エリヤフ・ゴールドラット／ダイヤモンド社
『ザ・ゴール2―思考プロセス』エリヤフ・ゴールドラット／ダイヤモンド社
『ゴールドラット博士のコストに縛られるな！』エリヤフ・ゴールドラット／ダイヤモンド社
『TOCによる学習のつながり』NPO法人教育のためのTOC日本支部／NPO法人教育のためのTOC日本支部
『イノベーション・ファシリテーター―3カ月で社会を変えるための思想と実践』野村恭彦／プレジデント社
『組織変革ファシリテーター―「ファシリテーション能力」実践講座』堀公俊／東洋経済新報社
『バリューダイナミクス―新しい価値創造のフレームワーク』リチャード・E.S.ボルトンほか／東洋経済新報社
『嫌われる勇気 自己啓発の源流「アドラー」の教え』岸見一郎、古賀史健／ダイヤモンド社
『金持ち父さん貧乏父さん』ロバート・キヨサキほか／筑摩書房

［監修者］
西 順一郎（にし・じゅんいちろう）

1937年長崎県平戸市生まれ。

東京大学卒業後、三菱重工業㈱長崎造船所勤労部、ソニー㈱経営開発室勤務。㈱CDI、㈶日本総合研究所経営研究部長を経て、現在㈱西研究所代表取締役。

著書に『会計はなぜマトリックスがいいのか?』『マトリックス会計入門』（以上共著、税務経理協会）、『戦略会計入門』『企業方程式』『安全経営してますか?』（以上ソーテック社）、『知的戦略の時代』（共著、ソーテック社）『人事屋が書いた経理の本』（㈱CDI監修、ソーテック社）、『利益が見える戦略MQ会計』（編著、かんき出版）などがある。

西研究所（http://www.nishiken.jp/）

［著者］
相馬 裕晃（そうま・ひろあき）

1979年千葉県船橋市生まれ。
2004年に公認会計士試験合格後、㈱東京リーガルマインド（LEC）、太陽ASG監査法人（現太陽有限責任監査法人）を経て、2008年に監査法人アヴァンティア設立時に入所。2016年にパートナーに就任し、現在に至る。
会計監査に加えて、経営体験型のセミナー（マネジメントゲーム、TOC）やファシリテーション型コンサルティングなど、会計＋αのユニークなサービスを企画・立案し、顧客企業の経営改善やイノベーション支援に携わっている。
年商500億円の製造業の営業キャッシュ・フローを1年間で50億円改善させるなど、社員のやる気を引き出して、成果（儲け）を出すことを得意としている。
著書に『事業性評価実践講座――銀行員のためのMQ会計×TOC』（中央経済社）がある。
ＭＱ会計を日本中に広めてビジネスの共通言語にする「会計維新」を使命として、公認会計士の仲間と「会援隊」を立ち上げ活動中。
監査法人アヴァンティア（http://www.avantia.or.jp/）
会援隊　隊長　（https://www.facebook.com/kaikeiishin/）
一般社団法人 日本TOC推進協議会　監事　（http://www.j-toc.jp/）
日本公認会計士協会 東京実務補習所　運営副委員長

なるほど、そうか！
儲かる経営の方程式
――ＭＱ会計×ＴＯＣで会社が劇的に変わる

2019年８月21日　第１刷発行
2024年３月18日　第６刷発行

監修者――――西 順一郎
著　者――――相馬 裕晃
発行所――――ダイヤモンド社
〒150-8409　東京都渋谷区神宮前6-12-17
https://www.diamond.co.jp/
電話／03･5778･7233（編集）　03･5778･7240（販売）

装丁――――――三森健太
カバー・本文イラスト―村山宇希（ぽるか）
本文デザイン･DTP――二ノ宮 匡（ニクスインク）
編集協力――――渡邉理香
製作進行――――ダイヤモンド・グラフィック社
印刷――――――八光印刷（本文）・加藤文明社（カバー）
製本――――――ブックアート
編集担当――――高野倉俊勝

ISBN 978-4-478-10427-9